中国高端服务业
集聚形成机理与集聚效应研究

ZHONG GUO GAO DUAN FU WU YE
JI JU XING CHENG JI LI YU JI JU XIAO YING YAN JIU

吴远仁◎著

中国出版集团
中国民主法制出版社

全国百佳图书
出版单位

图书在版编目（CIP）数据

中国高端服务业集聚形成机理与集聚效应研究 / 吴远仁著 . —
北京：中国民主法制出版社，2024. 4
ISBN 978-7-5162-3595-9

Ⅰ . ①中⋯ Ⅱ . ①吴⋯ Ⅲ . ①服务业－产业集群－研究－中国
Ⅳ . ① F726.9

中国国家版本馆 CIP 数据核字（2024）第 077022 号

图书出品人： 刘海涛
出 版 统 筹： 石　松
责 任 编 辑： 刘险涛　吴若楠

书　　　名 / 中国高端服务业集聚形成机理与集聚效应研究
作　　　者 / 吴远仁　著

出版·发行 / 中国民主法制出版社
地址 / 北京市丰台区右安门外玉林里 7 号（100069）
电话 /（010）63055259（总编室）　63058068　63057714（营销中心）
传真 /（010）63055259
http: // www.npcpub.com
E-mail: mzfz@npcpub.com
经销 / 新华书店
开本 / 16 开　　710 毫米 ×1000 毫米
印张 / 20. 5　**字数** / 271 千字
版本 / 2024 年 4 月第 1 版　　2024 年 4 月第 1 次印刷
印刷 / 三河市龙大印装有限公司

书号 / ISBN 978-7-5162-3595-9
定价 / 99. 90 元
出版声明 / 版权所有，侵权必究。

前　言

　　高端服务业具有较强的知识溢出效应，能够有效地带动三大产业的发展，实现经济的转型升级，因此已成为世界各国大力发展的产业。然而，我国高端服务业发展的滞后制约了我国的经济转型升级，而且没有充分发挥对制造业和服务业的带动作用。随着产业结构调整和经济转型升级的推进，高端服务业已经成为我国下一阶段发展的重点，而集聚发展则是高端服务业发展的一个重要方向。然而，目前针对中国高端服务业集聚的研究仍然相对薄弱，对于其形成机理和集聚效应的深入探索尚有待加强。因此，本书以高端服务业为研究对象，以高端服务业集聚的形成机理和集聚效应两个方面为主线，运用新经济地理学基本理论和空间计量经济学方法对高端服务业集聚的变化趋势、形成机理、影响因素和集聚效应等方面进行了深入分析和验证，以期为中国高端服务业的发展提供理论支持和政策参考。

　　本书在理论方面，利用新经济地理学理论构建了四个理论模型。一是高端服务业集聚形成机理模型，该模型是在结合高端服务业特点对知识溢出双增长模型（KSIBI 模型）做了两点修正的基础上得到。第一是将新经济地理模型中广义的运输成本修正为信息传递成本；第二是修正了 KSIBI 模型中有关知识溢出函数的假设。在此基础上构建了高端服务业集聚形成机理的理论框架。模型表明，高端服务业空间分布的稳定状态与贸易自由度和高端知识溢出程度有关。随着内生变量贸易自由度的提高，高端服务业的分布依次经历三个阶段：东西部对称均衡；东西部对称均衡和东西部中一方占优共存阶段；以东西部一方为核心的核心—边缘均衡。贸易自由度值越大，高端服务业越可能呈现集聚状态。在贸易自由度一定的条件下，伴随着高端知识溢出程度的提高，高端知识在区域间传播越便捷，高端服务业将由集聚状态转变为分散状态，即高端知识溢出是一种抑制高端服务业集聚的因素。二是高端服务业集聚、空间知识溢出影响制造业升级的机制模型，该模型表明高端服务业空间分布、空间溢出与制造业升级三者间呈现 U 形型曲线关系，即当区域间空间溢出强度保持不变，提高高端服务业集聚水平可以推动制造业加快升级；而提高区域间空间溢出水平，可以在任意高端服务业集聚水平下全面提高制造业升级的速度。三是高端服务业集聚、研发要素流动影响自身产业竞争力的机制模型，该模型表明高端服务业集聚与研发要素流动均能够提升高端服务业竞争力。四是高端服务业集聚、空间知识溢出影响经济增长的机制模型，该模型表明高端服务业的集聚能够促进知识的空间溢出，而空间知识溢出又进一步促进了经济增长。这四个理论模型为具体的实证研究提供了相应的理论框架。

本书在实证方面，一是对高端服务业及分产业集聚度进行衡量。运用空间基尼系数、区位熵、赫芬达尔系数和改进的空间集聚指数，从省级层面衡量了 2003 年以来我国高端服务业集聚程度的变化趋势。结果显示，高端服务业及其分产业的集聚水平整体不高，集聚程度提升并不显著，近年来甚至出现下降趋势；在绝大多数年份中，高端服务业分产业的集聚度由高到低依次为商务服务业、信息服务业、研发服务业和金融服务业。分东、中、西部来看，高端服务业及其分产业的集聚度在东部地区均为最高，表现出以东部为核心，中西部为外围的分布结构。二是基于构建的四种理论模型，分别利用我国省份层面面板数据进行验证。针对第一个理论模型，提出了高端服务业集聚的影响因素假说，通过利用探索性空间数据分析方法和空间面板数据方法对我国高端服务业及其分产业集聚的影响因素进行定量分析和验证。研究结果表明，我国各省域间高端服务业及其分产业集聚发展存在明显的空间正相关性，而且各个因素对高端服务业及其分产业的影响程度和方向存在一定的差异。针对第二个理论模型，利用探索性空间数据分析方法和空间面板数据方法对高端服务业集聚、空间知识溢出及对制造业升级的影响进行定量分析和验证。研究结果表明，我国制造业升级在省级层面之间存在正的空间相关性，且其空间正相关性主要表现在区域间的相关性上，相邻省域间形成了较强的空间依赖作用；高端服务业及其分产业集聚度的提高均显著促进了制造业升级，且其影响主要表现在地区的差异上，在时间维度上并不明显，高端服务业作为一个整体对制造业升级的促进作用更大。针对第三个理论模型，在分析提升高端服务业产业竞争力的必要性基础上，利用探索性空间数据分析方法和空间面板数据方法对高端服务业集聚、研发要素流动影响高端服务业竞争力进行定量分析和验证。研究结果表明，我国各省域间高端服务业及其分产业竞争力存在明显空间正相关性，在省域间两极分化明显，总体呈现一种低端集聚的现象；我国高端服务业或其分产业集聚度的提升不论是在空间层面还是时间层面均显著地促进自身竞争力的显著提升，而且在时间层面提升更加显著。针对第四个理论模型，利用探索性空间数据分析方法和空间面板数据方法对高端服务业集聚、空间知识溢出对经济增长的影响进行定量分析与验证。研究结果表明，我国省域间的经济增长具有显著的空间正相关性，表现出具有相似值的省域在空间上集聚的空间联系结构，并有不断加强趋势。高端服务业集聚度的提升能够显著促进本省份的经济增长，不同产业集聚水平对经济增长存在一定的大小差异，但对周边省份产生一定的抑制作用。同时验证了部分控制变量对制造业升级和高端服务业及分产业竞争力的影响。

通过上述研究后，笔者根据研究结论，给出促进中国高端服务业集聚发展的政策建议。

本书主要的创新点是：理论方面，重新界定了高端服务业的概念，利用新经济地理理论，构建了高端服务业集聚形成机理与三种高端服务业集聚效应模型，为研究我国高端服务业集聚提供了相应的理论框架。实证方面，在纳入空间效应前提下，利用探索性空间分析和空间计量模型方法分别对我国高端服务业集聚的形成机理与集聚效应进行验证，得到了一些有益的结论，为促进我国高端服务业集聚发展提供了有力的经验证据。

编写本书是一项艰巨且充满挑战的任务，编写的顺利完成离不开许多人的支持和帮助。在此，笔者对所有为完成本书的过程中付出辛勤努力的人们表示衷心的感谢。同时，由于笔者的水平有限，书中难免存在不足之处，向读者表达真挚的谦意，敬请您提供宝贵的意见和建议，以便笔者进一步完善本书的内容。

目 录

第1章 引言

1.1 研究背景

改革开放四十多年来，我国实现了经济快速增长，国内生产总值从 1978 年的 3678.7 亿元增长到 2021 年的 1143669.7 亿元，成为全球第二大经济体，创造了举世瞩目的"中国奇迹"。中国经济发展的主要动力是以开放促进改革。随着国家经济整体实力的提升，我国的服务业也获得了一定的发展，截至 2021 年，我国服务业增加值占 GDP 的比重达 53.3%，对经济增长的贡献率为 54.9%，拉动国内生产总值增长 4.5 个百分点，分别高出第二产业 13.9、16.5 和 1.4 个百分点，成为影响我国经济发展的重要引擎，也意味着我国经济从"工业化"向"服务化"转型的逐步加深（夏杰长、熊琪颜，2022）。中国经济在今后四十年或者半个世纪的时间里发展的核心动力在于"双循环相互促进"，既要以内循环带动外循环，以内部市场经济的高质量发展为对外开放创造更好的前提条件，使中国市场更具吸引力，也应以外循环的高水平发展推动中国特色社会主义市场经济的持续完善和发展（李晓，2021）。《中华人民共和国国民经济和社会发展第十四个五年规划和 2035 年远景目标纲要》提出坚持深化改革开放，形成对外开放新格局，加快建设现代化经济体系，加快构建以国内大循环为主体、国内国际双循环相互促进的新发展格局，到 2035 年基本实现社会主义现代化，建成现代化经济体系。

高端服务业被誉为当代经济发展的皇冠，其最基本的功能是能够促进制造业和服务业转型升级，已成为各国产业发展的制高点，甚至决定了国家产业发展。因此，高端服务业自然成为我国建设现代化经济体系的重要组成部分，是重要发展产业之一。同时，由于服务产品具有无形、难以储存和不可分割等属性，使得服务业对专业化劳动力和本地市场规模的依赖度较高，因此呈现出明显的集聚特征（李江帆，2018）。服务业集聚已经成为当今中国的典型事实之一，被视为我国加快生产性服务业发展坚持的基本原则之一。通过高端服务业集聚充分发挥其宏微观经济效应、纠正其资源错配效应，或许是中国未来提升资源配置效率、促进经济增长的重要突破口。同时，高端服务业集聚也已成为全球产业布局调整的焦点之一（戴美虹，2020）。

然而，随着中国经济规模的日益扩大，国家经济安全问题也日益突出。虽然我国的很多商品产量、出口量稳居全球首位，但缺乏对这些商品的定价权，没有较为稳固的国民经济发展所必需的原材料供应渠道；外资在我国一些关系国计民生的重要产业中占有很大的份额；我国存在资源配置不合理，缺乏在世界范围内统一配置的能力；虽然中国很多产品产量很高，却存在产品普遍质量不高，生产处在全球价值链的低端环节；很多重要企业存在核心技术缺失或者受制于外国企业的问题，虽然消费市场巨大，却没有引导全球消费的能力〔安瑟兰（Anselin）、斯尔米诺夫（Smirnov），1996〕。

中国存在的许多国家经济安全问题，其根源在于我国高端服务业的发展相对滞后。改革开放以来，我国主要实行基于比较优势理论的经济政策框架，即充分发挥我国的劳动力丰富且低成本的优势，以及我国初级资源优势，承接由发达国家向发展中国家转移的处于价值链低端环节的制造业和服务业，推进加工贸易超常规发展（李勇坚、夏杰长，2012）。例如，将农村剩余劳动力释放出来集中到工业部门实现工业化，将资源集中在出口部门实现出口导向战略等。然而，在经济全球化和国际贸易一体化的过程中，发达国家为了攫取价值链中大部分的价值，大力发展高端制造业和高端服务业，很多高端服务业环节，如研发、设计、定价、技术专利、品牌管理、融资等的控制权被发达国家牢牢掌握。同时，发达国家将一些相对低端的制造企业或服务业转移到发展中国家，或者促使发展中国家承接那些能够充分利用本国资源和区域优势、附加值较低的产品生产，从而将发展中国家紧紧锁定在产业链的低端环节，使发展中国家的产业结构严重失衡，出现发展中国家被"低端锁定"的现象。这种情况也促使我国形成了以投资拉动和出口驱动的粗放型增长模式，带来了日益严重的资源消耗、环境污染等问题。在产业发展模式上，我国形成了以第二产业发展为主，第一产业份额下降，第三产业缓慢增长的格局。当前的经济发展模式和产业格局已经难以持续，根据全球经济长期的发展趋势，下一阶段我国必须坚持以市场经济为基础，均衡发展产业和经济结构，以技术进步和效率提高驱动的集约型增长。而城市化和服务业的发展将开启经济"稳速增效"的第二增长阶段，以持续效率改进促进结构进一步优化是本阶段的主要特征（张平，2012），但高端服务业发展落后是当前制约中国经济转型的一个突出问题（李海舰，2012）。

自 2008 年全球金融危机以来，全球经济整体放缓，我国也进入了结构性减速的进程。针对危机发生的原因，许多发达国家提出"再工业化"的战略。然而，随着我国劳动力成本的上升和资源的过度消耗，我国第二产业中的某些行业有转移到比我国资源禀赋更为优越的发展中国家的危险。一方面，许多东南亚国家正致力于中低端制造业的发展，与我国争夺成本优势地位；另一方面，由于很多发达国家在金融危机后实施"再工业化"战略，使一些原来在我国生产的外资高端制造业回流到发达国家，导致我国吸引外资的优势正在逐渐消失。如果第二产业外迁，第三产业的比重将会上升，但是由于我国第三产业的发展水平较低，第二产业的劳动生产率普遍高于第三产业的劳动生产率，这将拉低我国整体的劳动生产率，加速我国的"结构性减速"进程（李文秀、夏杰长，2012）。为了能够有效应对"结构性减速"，积极推动高端制造业和高端服务业的发展成为我国当前升级产业结构，提高全社会劳动生产率增速，进而提升我国经济增长速度的重要选择。进入 21 世纪以来，全球服务业的增加值已经超过了制造业的增加值，并不断扩大，这主要源于服务业内具有较高增加值和较强带动作用，处于全球价值链高端的高端服务业的发展。然而，我国服务业发展水平不高，恰恰是因为高端服务业的发展水平相对较低。

发展高端服务业的重要性已经在我国政府部门间达成了共识，促进高端服务业的集聚发展已经成为我国政府产业政策调整的方向之一。对我国决策者和部门的一些会议（包括讲话）和文件进行梳理发现，21 世纪以来，我国政府对服务业重要性的认识逐步加深，产业政策依次向服务业、生产性服务业、高端服务业倾斜。2002 年，中国共产党第十六次全国代表大会上，江泽民同志提出要"加快发展现代服务业，提高第三产业在国民经济中的比重"。2006 年，《中华人民共和国国民经济和社会发展第十一个五年规划纲要》明确提出"拓展生产性服务业"，要"大力发展主要面向生产者的服务业，细化深化专业化分工，降低社会交易成本，提高资源配置效率"。为了进一步促进生产性服务业的发展，国务院在《关于加快发展服务业的若干意见》中首次提出，要尽快使服务业成为国民经济的主导产业，这充分说明了中国经济增长方式由粗放型转向集约型的紧迫性，也表明发展我国现代服务业的重要性。

为了促进产业结构调整，切实改变我国服务业发展迟缓的状况，2007 年1 月深圳市《关于加快我市高端服务业发展的若干意见》进一步将服务业发展的重点由现代服务业具体为生产性服务业的背景下要重点发展高端服务业，也第一次提出了高端服务业的概念。2007 年 10 月，胡锦涛同志在中国共产党第十七次全国代表大会上的报告中再次强调要"发展现代服务业，提高服业比重和水平"。国务院印发的《服务业发展"十二五"规划》更明确指出，服务业发展的重点之一就是"推动生产性服务业向中、高端发展，深化产业融合，细化专业分工，增强服务功能，提高创新能力，不断提高我国产业综合竞争力"。中国共产党第十八次全国代表大会报告也强调，"推动服务业特别是现代服务业发展壮大"。李克强在 2013 年 5 月 29 日的一次讲话中指出："但中国服务业依然是经济社会发展中的一块'短板'。2012 年，中国服务业增加值占国内生产总值的 44.6%，大大低于发达国家 70% 以上的份额，也比同等收入水平的发展中国家低 10 个百分点左右。"[①] 他指出，中国将把发展服务业作为提升中国经济的战略措施。2014 年 8 月，我国为了加快重点领域生产性服务业发展，进一步推动产业结构调整升级，国务院发布了《国务院关于加快发展生产性服务业促进产业结构调整升级的指导意见》，该意见指出："加快发展生产性服务业，是向结构调整要动力、促进经济稳定增长的重大措施，既可以有效激发内需潜力、带动扩大社会就业、持续改善人民生活，也有利于引领产业向价值链高端提升。"意见中还提到现阶段我国生产性服务业发展的主要任务是，"重点发展研发设计、第三方物流、融资租赁、信息技术服务、节能环保服务、检验检测认证、电子商务、商务咨询、服务外包、售后服务、人力资源服务和品牌建设"。而所有这些均是属于高端服务业的范畴。同时在意见中提出了生产性服务业发展的其中一个基本原则：坚持集聚发展。在《国务院关于加快发展服务贸易的若干意见》中指出，发展服务贸易主要任务的重点就是促进高端服务业的发展，提升高端服务业在服务进出口中的比重，从服务贸易角度对提升中国服务业的竞争力提出了总体要求，对高端服务业寄予厚望。十八届五中全会则明确提出了我国产业迈向中高端水平的目标。对服务业来说，就是要大力发展依托信息技术和现代管理理念

---

① 李克强.把服务业打造成经济社会可持续发展的新引擎［EB/OL］.（2013-06-01）［2023-12-01］. https://www.gov.cn/guowuyuan/2013-06/01/content_2591010.htm.

发展起来的高端服务业，原因是其不仅本身占据着价值链高端环节，而且还可通过其在其他产业中的渗透与融合提升其附加值，在全球价值链环节中获得绝大部分利润，更对其他分工主体形成一种控制力（马鹏、李文秀，2014）。

从针对服务业的会议和文件的密集程度及内容可以看出，我国对服务业发展重要性的认识越来越清晰，对服务业发展的重点领域越来越明确。笔者通过梳理上述文件并形成一条清晰的发展主线：2007 年，先提出要使服务业成为国民经济的主导产业，并提出了高端服务业的概念；到 2012 年，《服务业发展"十二五"规划》提出要促进生产性服务业向中、高端发展；再至 2014 年，国务院意见指出要发展高端服务业，而十八届五中全会则明确提出了我国产业迈向中高端水平的目标。这一目标意味着高端服务业是我国下一阶段发展的重点，而集聚发展则是高端服务业发展的一个重要方向。然而，高端服务业是一个具有中国特色的概念，国外虽然研究了高端服务业，但研究系统并不成熟，而我国高端服务业概念的提出较晚，对高端服务业的研究相对匮乏，对高端服务业发展的理论探讨还很少，基本上停留在对高端服务业的概念、内涵、外延及其发展重要性的定性分析上，对高端服务业集聚发展的研究非常少，结合高端服务业集聚效应的研就更少，而且绝大部分的相关研究只停留在对其定性描述上，有关的定量研究非常匮乏。研究范围基本上以全国为样本，缺少对我国区域的研究。同时，已有学者对高端服务业集聚的研究采用传统的经济理论，很多缺乏对我国区域间高端服务业集聚进行空间相关性的检验。由于忽视了空间效应的影响，仅使用传统的计量方法进行研究，可能造成模型的设定和估计是有偏或无效的。

我国高端服务业的发展现状如何？高端服务业是否存在集聚发展的现象？高端服务业集聚的影响因素是什么？高端服务业集聚能否促进制造业升级和自身产业竞争力的提升，进而促进经济增长？所有这些都是我们必须面对和解决的问题。本书是基于以上问题展开研究的。

1.2　研究目的和意义

第一，在我国急需转变经济发展方式的当下，高端服务业的发展已不再只是理论上的探讨，而是现实的迫切需要，是实现经济可持续发展的重要内容。

改革开放以来，我国经济的发展方式主要是充分利用劳动力成本优势和资源优势，积极承接发达国家向发展中国家转移的处于产业链低端的制造业和服务业，形成了主要依靠投资、出口拉动的发展方式，虽然在较长一段时间里实现了经济的高速增长，但资源的大量消耗和污染日益严重的负面作用也逐渐显现出来。当前的经济发展方式已经难以为继，我们必须转变经济发展方式，由主要依靠投资、出口拉动向依靠消费、投资、出口协调拉动转变，由粗放型向集约型转变。高端服务业作为服务业中处于高端环节的最重要的产业，具有低资源消耗、低污染、高技术、高智力、高资本、高附加值、高聚集、高产业带动力等特点。发展高端服务业将有助于我国产业结构的调整，促进高端制造业和其他产业的发展，实现各产业向高端化发展，并促进经济增长。因此，发展高端服务业将有利于转变我国的经济发展方式，实现经济的可持续发展。

第二，产业集聚是对资源进行优化配置的一种有效方式，研究高端服务业集聚的形成机理和集聚效应对于我国高端服务业的发展具有重要的指导意义。本书利用新经济地理理论构建高端服务业集聚形成机理与集聚效应的理论分析框架，并结合空间计量方法对其进行验证，希望为我国高端服务业的发展提供相应的理论框架和经验证据。

第三，促进高端服务业的集聚发展是当前我国产业政策调整的重要方向。从已有学者的研究和发达国家产业发展的实践来看，加快服务业发展，特别是促进具有知识密集型的生产性服务业，即高端服务业发展是多年来发达国家政府产业政策的重要导向之一，也是发达国家取得全球经济控制权的关键因素之一，这也应成为我国政府产业政策调整的方向。本书紧密围绕当前产业结构调整的前沿和热点问题，能为我国制定产业政策，特别是高端服务业发展的政策提供有益的参考。

第四，对高端服务业的集聚效应进行研究，能为我国高端服务业的集聚发展提供更强的理论和实证支持。只有充分认识高端服务业集聚发展所产生的产业带动效应和经济带动效应，即认识高端服务业集聚对制造业升级、高端服务业产业竞争力提升、中国经济增长影响效应的机理机制，并能够得到中国已有实践的验证，才能积极推进和有针对性地推进高端服务业的集聚发展。

1.3　研究目标

本书以新经济地理学理论为基础，以当前结构性减速背景下的产业结构调整为切入点，以高端服务业为研究对象，旨在系统研究中国高端服务业发展特别是集聚发展的整体状况。本书围绕高端服务业集聚发展的两条主线进行研究，一条是高端服务业集聚发展的影响机理及中国经验，主要是采用新经济地理学理论构建了高端服务业集聚发展的形成机理模型，系统衡量了中国高端服务业及其分产业的集聚发展水平并采用中国省份面板数据进行验证；另一条主线是高端服务业的集聚效应及其中国经验，分别从高端服务业集聚对制造业升级的影响效应、对自身产业竞争力的影响效应、对经济增长的影响效应三个方面进行理论建构与实证。以期为我国高端服务业的发展提供有益的参考。具体而言，研究目标包括以下八个方面。

第一，追踪高端服务业的最新研究动态。通过回顾和梳理国内外关于高端服务业的发展、产业集聚等与本主题密切相关的文献，了解高端服务业研究的现状和新动向，作为本书的研究起点，在此基础上展示本论题的拓展空间。

第二，构建高端服务业集聚形成机理的理论模型。根据第一条主线，通过分析新经济地理学在高端服务业下的适用性的基础上，对 LS 模型或者 KSIBI 模型的假设前提进行修正，构建在新经济地理学视角下的高端服务业集聚形成机理与集聚效应的理论模型，为验证我国高端服务业集聚的影响因素提供理论支持。

第三，利用多种集聚指标，系统分析了中国高端服务业的集聚水平，为后续章节做准备。

第四，利用第 3 章构建的高端服务业集聚形成机理模型，构建相应的指标，采用探索性空间分析技术，在纳入空间效应基础上利用空间面板分析技术对高端服务业集聚发展的影响因素进行量化分析。

第五，基于高端服务业集聚影响制造业升级的视角，利用新经济地理学理论分析了高端服务业集聚和知识溢出影响制造业升级的机理机制，在纳入空间效应的基础上利用我国省域面板数据进行验证。

第六，基于高端服务业集聚影响其自身产业竞争力的视角，利用新经济地理学理论分析了高端服务业集聚和研发要素流动影响自身产业竞争力的机理机制，在纳入空间效应的基础上利用我国省域面板数据进行验证。

第七，基于高端服务业集聚影响经济增长的视角，利用新经济地理学理论分析了高端服务业集聚空间知识溢出影响经济增长的机理机制，在纳入空间效应的基础上利用我国省域面板数据进行验证。

第八，利用前面的理论和实证研究，系统地有针对性地对我国高端服务业的发展提出相应的政策建议。

1.4　研究方法

本书以我国高端服务业为研究对象，侧重从产业的宏观层面对高端服务业的内部结构进行分析，以揭示我国高端服务业发展的空间集聚状况，探索产业集聚形成和发展的影响因素和区域差异，以及高端服务业集聚发展对我国制造业升级、自身产业升级，以及中国经济增长的影响效应，为我国高端服务业的发展决策提供指导。主要对一些诸如高端服务业就业人数、工资总额等宏观经济变量展开分析，综合使用了总量分析、结构分析、区域分析、时空地理学分析法等对高端服务业集聚形成机理和集聚效应进行研究。具体来说，本书采用的研究方法主要有以下四类。

第一，文献研究方法。文献研究法（Literature study）是最常用的研究方法之一。本书全面搜集、整理、鉴别与高端服务业研究相关的文献资料，包括论文、书籍、研究报告和新闻报道，了解高端服务业研究的现状和最新动态，据此界定高端服务业的内涵和外延，也为我国高端服务业的集聚发展提供了一定的理论依据。

第二，定性描述和定量分析相结合。本书采用定性描述方法阐述了相关的研究背景和相关理论，在实证方面，则充分利用现有成熟的软件，如Arcgis、OpenGeoda 和 Matlab 等软件对理论模型进行定量验证和分析。

第三，指标体系建构方法。指标作为评价研究对象的依据和标准，本书基于研究需要建构了衡量我国高端服务业集聚的指标和高端服务业产业竞争力等众多指标。

第四，时空地理分析方法。从空间层面，分析研究对象的空间分布、动态变化及其空间相关；从时间层面，研究事物现象的时序演变机理，是地理学的重要研究视角和手段。在空间上，由于我国地域辽阔，高端服务业的空间分布在不同区域间存在着较大的差异，而且在不同区域间存在相互影响；在时间上，随着高端服务业的发展，必然存在年度变化的差别。因此，本书运用较先进的探索性空间数据分析（Exploratory Spatial Data Analysis，ESDA）方法，将空间差异和空间关联以图形的形式可视化，揭示研究对象之间的空间作用机制和分布特征，并用多种空间面板计量模型对高端服务业集聚的时空特性进行分析验证。

1.5　结构安排

1.5.1　研究思路和技术路线图

本书在总结前人对高端服务业相关研究的基础上，重新定义了高端服务业的内涵和特征，并从高端服务业集聚的形成机理、集聚的效应两大方面展开研究。

在高端服务业集聚形成机理方面，本书对局部溢出模型（LS 模型）或知识溢出双增长模型（KSIBI 模型）前提假设进行修改的基础上，以及新经济地理模型有关运输成本的修改的基础上，构建高端服务业集聚形成机理与集聚效应的理论模型，使用探索性空间数据分析方法研究高端服务业的集聚情况，并使用空间面板数据模型对高端服务业集聚形成进行定量分析和验证。

在高端服务业集聚效应方面，本书立足高端服务业最本质的功能：促进制造业和服务业产业升级，进而促进经济增长。首先，分析了高端服务业集聚影响制造业升级的机理机制，通过探索性空间数据分析方法，使用多种空间面板数据模型对高端服务业集聚对制造业的升级进行定量分析和验证。其次，从提升高端服务业产业竞争力的视角，同样采用探索性空间数据分析方法构建多种空间面板数据模型对高端服务业集聚和研发要素流动影响自身产业竞争力进行研究。再次，运用新经济地理模型理论分析高端服务业集聚能否通过空间知识溢出，促进中国的经济增长，采用探索性空间数据分析方法运用多种空间计量模型对其进行实证检验。最后，根据以上的分析结果，提出中国高端服务业发展的政策建议。

本书的技术路线如图 1.1 所示。

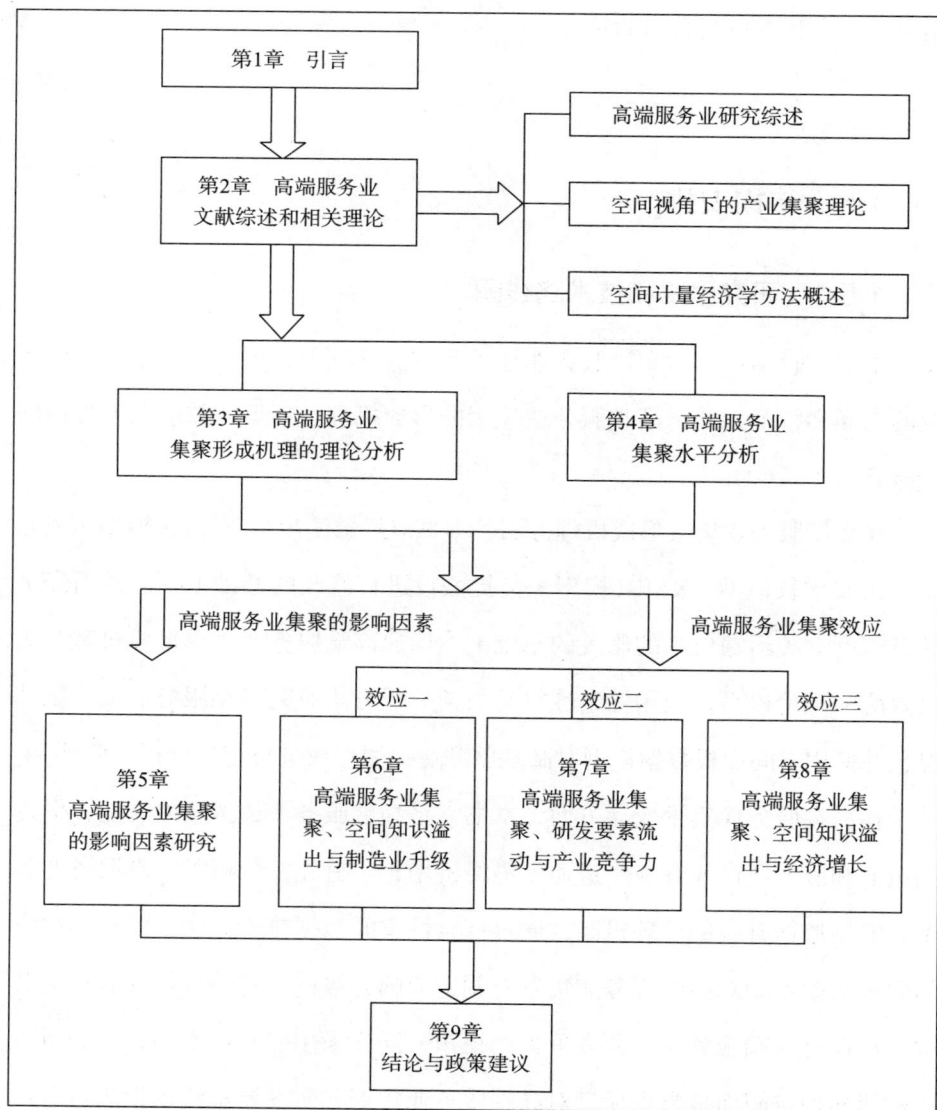

图 1.1　研究的技术路线图

1.5.2　研究内容

本书主要围绕我国高端服务业集聚的形成机理及其集聚效应这一主题展开研究，全书共分为九个部分，各章节的主要内容如下文所示。

第 1 章引言。本章介绍本书选题的背景及意义、研究内容和框架、研究方法与思路及研究的创新点。

第 2 章高端服务业文献综述和相关理论。本章对国内外关于高端服务业尤其高端服务业集聚研究的成果进行了总结归纳，得到了高端服务业的内涵、外延及其主要特点；回顾了产业集聚的相关理论，特别是对新经济地理中关于产业集聚理论进行了系统梳理，继而对本书实证时使用的空间计量经济学方法进行介绍，为进一步研究打下基础。

第 3 章高端服务业集聚形成机理的理论分析。在对局部溢出模型（LS模型）或者知识溢出双增长模型（KSIBI 模型）前提假设的修改，以及新经济地理模型有关运输成本的修改的基础上，构建高端服务业集聚形成机理的理论模型，为第 5 章的实证研究提供理论支撑。

第 4 章高端服务业集聚水平分析。在介绍常用的产业集聚指标的基础上，运用我国省域的数据对我国高端服务业的集聚水平进行计算和分析。

第 5 章高端服务业集聚的影响因素研究。本章在第 3 章和第 4 章的基础上，利用本书选取的 31 个省级行政区[①]2003—2019 年的高端服务业及其分产业的就业数据，以及其他变量面板数据，通过探索性空间分析，构建多种空间面板计量模型，验证了我国高端服务业及其分产业集聚在省份层面上的影响因素及各个影响因素的影响程度。

---

　　①　本书选取的 31 个行政区为：北京市、天津市、上海市、重庆市、河北省、山西省、辽宁省、吉林省、黑龙江省、江苏省、浙江省、安徽省、福建省、江西省、山东省、河南省、湖北省、湖南省、广东省、海南省、四川省、贵州省、云南省、陕西省、甘肃省、青海省、内蒙古自治区、广西壮族自治区、西藏自治区、宁夏回族自治区、新疆维吾尔自治区。

第6章高端服务业集聚、空间知识溢出与制造业升级。运用新经济地理模型，阐述了高端服务业空间分布、空间溢出与制造业升级关系的机制模型，具体阐明了高端服务业集聚促进制造业升级的机理机制，并利用本书选取的除西藏自治区外30个省级行政区的新产品销售收入率指标作为制造业升级的代理变量，通过探索性空间分析，运用多种空间面板计量模型进行验证，为我国促进高端服务业集聚发展提供理论支撑和经验证据。

第7章高端服务业集聚、研发要素流动与产业竞争力。本章在分析提升高端服务业产业竞争力的必要性基础上，利用新经济地理学理论构建了高端服务业集聚、研发要素流动影响高端服务业竞争力的理论模型。定义有关高端服务业产业竞争力概念，构建衡量本书选取的31个省级行政区的高端服务业产业竞争力指标，通过空间探索性分析构建高端服务业集聚对高端服务业产业竞争力的空间面板计量模型，评估高端服务业集聚对产业竞争力的影响效应。本章结论为我国进一步促进高端服务业集聚，统筹区际间研发要素流动，进而提升中国高端服务业竞争力提供政策启示。

第8章高端服务业集聚、空间知识溢出与经济增长。本章旨在考察高端服务业集聚能否通过空间知识溢出促进中国的经济增长。在运用新经济地理模型理论分析这一机制的基础上，以本书选取的31个省级行政区为研究对象，运用多种空间计量模型对其进行实证检验。本章结论为促进高端服务业集聚，统筹我国省域间区域发展，进而促进中国经济的可持续增长提供政策启示。

第9章结论与政策建议。我国高端服务业的发展任重而道远，加速发展我国高端服务业除了要有高瞻远瞩的战略方针外，还应具体制定推进其优先发展和深化改革的战略举措。本章为我国高端服务业的发展提出了相应的政策思路、政策框架和政策建议，具体从供给、需求、市场和制度环境三个方面提出了我国高端服务业发展的政策建议。

1.6　研究特色及创新之处

1.6.1　研究特色

第一，高端服务业是一个相对的、动态的概念，本书根据当前我国的发展状况，对高端服务业的内涵和外延进行了重新界定。

第二，在利用和修改新经济地理学理论的基础上，分别构建了高端服务业集聚、空间知识溢出对制造业升级的影响，高端服务业集聚和研发要素流动对自身产业竞争力的影响，高端服务业集聚、空间知识溢出对中国经济增长的影响的三种理论机制模型，为相应的研究提供理论支撑。

第三，综合运用了空间探索性分析方法和多种空间计量分析方法，利用中国 2003—2019 年面板数据对这些理论机制进行了验证。

1.6.2　创新之处

1.6.2.1　研究对象的创新

目前国内外关于服务业、生产性服务业、知识密集型服务业的研究成果较多，相比之下，专门对我国高端服务业发展的定量研究较少，而高端服务业是我国结构调整、产业升级和经济转型的关键力量。本书以高端服务业为研究对象，系统分析了我国高端服务业的发展状况、高端服务业集聚的影响因素、高端服务业集聚与制造业升级、高端服务业集聚与自身产业竞争力提升、高端服务业集聚影响中国经济增长的机理机制和中国经验。这是对我国高端服务业发展的一次比较系统的研究，也是对产业集聚研究的补充和延伸。

1.6.2.2　研究视角的创新

本书从新经济地理学的视角出发，构建了高端服务业集聚形成机理的理论分析框架，并利用空间面板计量方法进行验证。同时，从促进制造业升级和提升高端服务业产业竞争力、促进中国经济增长的视角，对高端服务业集聚效应展开研究，为促进我国高端服务业的集聚发展提供了更强的理论依据和经验证据。

1.6.2.3 研究内容和方法的创新

在理论方面，本书结合新经济地理理论，构建了高端服务业集聚形成机理与集聚效应模型，为其产业集聚的研究提供了一个理论框架。进而综合利用了现有高端服务业的数据对高端服务业及其分产业的集聚状况进行分析比较，为系统了解我国高端服务业集聚状况提供参考。

在实证方面，本书紧扣高端服务业集聚形成机理及其集聚效应两条主线，利用探索性空间分析和空间计量模型方法对我国高端服务业集聚的形成机理与集聚效应进行验证。首先，综合利用了现有高端服务业的数据对高端服务业及其分产业的集聚状况进行分析比较，为系统了解我国高端服务业集聚提供参考。其次，利用空间分析方法对影响我国高端服务业集聚的因素进行分析，对高端服务业集聚形成机理进行验证，为我国高端服务业集聚发展提供借鉴。最后，紧扣高端服务业集聚的主要功能是促进制造业和服务业升级，进而促进经济增长，分别利用新经济地理学理论分析了上述三种效应的理论机制，利用空间分析方法分别对这三种效应进行验证。验证结果支持了高端服务业最主要的功能是促进制造业和服务业转型升级，进而促进中国经济增长，为我国加快高端服务业集聚发展提供了强有力的经验支撑。

总之，本书对我国高端服务业发展状况展开研究，结合新经济地理理论，运用数理模型定性分析了高端服务业集聚的影响因素，通过阐述高端服务业集聚与制造业升级、高端服务业产业竞争力、中国经济增长的关系，综合运用了探索性空间分析和空间计量模型等方法，得到若干定量分析结果。既有总体层面上的高端服务业分析，又有高端服务业的四个产业层面上的分析。定性分析和定量分析遥相呼应，相互印证，有较强的说服力。

第2章 高端服务业文献综述和相关理论

本章对高端服务业的相关文献进行了梳理、归纳和总结，特别是有关高端服务业集聚方面的研究成果进行了较为系统的整理。介绍了产业集聚和空间计量的相关理论，着重介绍了空间计量经济学方法以及新经济地理理论与空间计量经济学方法相结合的成果。这些理论和方法为本书的理论构建和实证研究提供了理论基础和技术准备。

2.1 高端服务业研究综述

高端服务业是我国提出的一个较新的概念。虽然国外并没有系统地提及高端服务业，但许多发达国家却对高端服务业进行了比较系统的研究与实践。例如，美国实行科教主导行业、积极发展创意及交通物流等国家政策，1997年版的《新北美产业分类》中就增加了许多高端服务业方面的内容。而在2001年版的《欧盟产业分类》中虽未提及高端服务业，但所增加的内容也是高端服务业的内容（王廉，2009）。同时，我国对高端服务业概念提出较晚，对高端服务业的研究还比较匮乏，研究也不够深入，研究内容主要侧重于对高端服务业概括性介绍，如高端服务业概念、特征，高端服务业发展的必要性、路径、地区性发展效应等方面（陈章喜，2012），一些基础性理论研究非常匮乏。在研究方法上主要以定性研究为主，鲜有专门对高端服务业进行定量研究的文献。因此，不管是从研究内容还是研究方法来看，我国对高端服务业的相关研究尚未系统化。以下结合本书的研究内容从高端服务业的概念和内涵、高端服务业集聚、高端服务业与经济发展、高端服务业的区域研究、高端服务业政策研究五个方面进行阐述。

2.1.1 高端服务业概念和内涵

高端服务业是深圳市人民政府为了促进产业结构调整，加快我国服务业的发展，将服务业发展的重点领域由现代服务业具体为生产性服务业的背景下于 2007 年 1 月率先提出的，是一个具有中国特色的新概念。继而，发展高端服务业逐渐成为我国各省市现阶段优化产业结构的突破口。然而，对高端服务业的内涵与外延，不同的学者有不同的看法。黄刚伟和陈晓君（2009）认为，高端服务业具有历史性、服务对象和服务过程的高端性、产业的高度聚集性和辐射性的特征，并且认为高端服务业发展的一条重要准则是产业的高度聚集性和辐射性。申静和周青（2015）通过对国内外学者和组织对高端服务业的概念界定的系统分析，同时结合北京"十二五"规划提出的"高端引领、创新驱动、绿色发展"道路和中央确定的三次产业高端化、服务化、集聚化、融合化、低碳化的发展方向，将北京高端服务业的概念和内涵界定为："具有知识密集性、智力密集性、产业带动性、低资源消耗性和低环境污染性并具有知识互动、扩散和创新功能的现代服务业。"

尹燕霞（2015）综合其他学者的看法，从广义的角度将学术界对高端服务业的特征概括为"四化"（即智力化、资本化、专业化、效率化）、"四高"（即高附加值、高聚集性、高产业带动力、高开放度）、"三密集"（即技术、知识、资本密集）、"两低"（即低资源消耗、低环境污染），并认为这是一种用高端来定义高端的做法，特指服务业的高端部分（李文秀、夏杰长，2012；谢泗薪，2011；湛军，2014；等等），进而指出高端服务业应具备服务队伍、服务市场、服务手段、服务内容四个方面的高端化，还有服务形态多样性、服务理念个性化、标准化和可持续性的基本特性，是一种特殊的、高层次的服务业。王廉（2009）指出，高端服务业是经济发展的动力源和火车头，是经济上的皇冠，同时具有高智力、高效率、高资本、高收益、高时尚等"五高"的特征。原毅军和陈艳莹（2011）则从功能的视角将高端服务业定义为："现代服务业中具有较强的外溢效应，能够有效带动服务业和制造业升级，提高经济整体竞争力的服务行业的集合体。"湛军（2014）基本上沿用原毅军等学者对高端服务业的定义，指出高端服务业同时拥有生产性服务业和知识密集型服务业的核心特征，是两者的交集，高端服务业除了具有高科技与高附加值外，其最本质的功能是能够向其他行业释放出较强的外溢效应，带动产业升级。而这个最本质的功能几乎是以上这些学者一致的观点。但李勇坚和夏杰长（2012）认为，很多学者对高端服务业的定义聚焦于其高增加值的特征，忽视了高端服务业对国民经济的重要支撑作用及其对全球经济具有非常强的控制力方面的特征。

以上这些学者对高端服务业的特征、概念和功能进行了阐述。梳理他们的观点可以发现，他们一般都认为高端服务业是相对低端服务业而言，产生于工业化较发达阶段，以信息技术和现代管理理念为主要依托发展起来的，以提供技术性、知识性和公共性服务为主业，居于服务业高端的服务业。高端服务业是现代服务业的核心，同时具有生产性服务业和知识密集型服务业的特征，而其最本质的功能是其具有较强的外溢效应，能够带动产业升级。以上这些定义从高端服务业所具有的特征和功能给出了高端服务业的含义，都具有很强的参考价值，也符合我国当前经济发展的需要。因为高端服务业本身就是一种相对的、动态的概念，现在的某些高端服务业再过几年可能就会成为"夕阳产业"。所以，结合已有学者的研究和目前我国经济发展的实际情况，本书提出：高端服务业是现代服务业中具有较强外溢效应，能够带动服务业和制造业升级，对战略性资源具有较强的控制力，能够提高整体经济竞争力和控制力的服务行业的集合体。

对于高端服务业的外延，很多学者均认为信息、金融、商务和研发服务业四大类均属于高端服务业（原毅军、陈艳莹，2011；湛军，2014；尹燕霞，2015；等等）。在产业层面上，结合《国民经济行业分类》（GB/T 4754—2017）标准，高端服务业的外延形成了较为一致的看法，具有高端服务业特征的行业依次为：信息传输、计算机服务和软件业；金融业；租赁和商务服务业；科学研究、技术服务和地质勘查业。这也是本书实证时用到的高端服务业四个分行业，为了表达方便，下文通常以信息服务业、金融服务业、商务服务业和研发服务业来表达。

2.1.2　高端服务业集聚研究

产业集聚是产业在空间位置上的集中分布现象，它是促进高端服务业发展的一种有效的生产组织方式。韩冬芳（2012）认为，产业集聚是推进高端服务业发展的高效平台，而高端服务业发展的一条重要准则是产业的高度聚集性和辐射性（黄刚伟、陈晓君，2009）。然而，目前国内对高端服务业的集聚研究相对较少，大部分有关高端服务业集聚的研究着重对集聚现象和过程的描述，实证文献和定量分析非常匮乏，往往是将高端服务业集聚和制造业集聚合并在一起研究。但高端服务业细分行业较多且存在很大的差异，现有研究主要侧重对某个细分行业部门的集聚，如对金融业的相关研究就比较丰富。很多学者利用集聚指标的测算对服务业的集聚现象进行研究，但很少对影响服务业地方化的因素进行分析。所以，本小节对高端服务业集聚研究的综述采用"现象—机制—效应"的思路展开。

2.1.2.1 高端服务业集聚现象研究

区位熵是对高端服务业集聚现象进行研究使用最多的指标之一。伊列雷斯和希尔特（Illeris and Shilt，1995）借助区位熵分析发现，1991 年北欧国家的高端服务业主要集聚在首都和经济较发达地区。在对英国的研究中，豪威尔斯和格林（Howells and Green，1988）发现，53% 的高端服务业的就业人数集中在伦敦等大都市和经济核心区中。基布尔和布莱森（Keeble and Bryson，1996）发现诸如市场调研和管理咨询等高端服务业的集聚度最高，有 93% 的就业人员集中在伦敦和东南地区，米莱尔（Miler，2001）研究得出了相似的结论。奥多诺霍和宾·格莱夫（O'Donoghue and Gleave，2004）研究发现，英国商务服务业区位熵较高的地区主要集中分布在英国的东南部地区。格莱姆斯等（Grimes et al.，2007）利用区位熵指标对美国郡级计算机服务业的数据对其集聚状况进行研究发现，产业间的联系、合适的劳动力供给、港口的接近性以及空间过程能够较好的解释计算机服务业的集聚现象，而成本因素却无法解释计算机服务业集聚。芬格尔顿等（Fingleton et al.，2004）使用修正后的 LQ 指标（即 HC 指标）研究了英国 1991—2000 年的计算机服务业和研发产业的就业集聚状况，并在控制了一些因素的基础上构建了空间计量模型进行了验证。阎小培（1999）研究发现，广州信息密集服务业表现出多核集聚分布格局，发展重心明显北移。

2.1.2.2 高端服务业集聚形成机制研究

很多学者认为"集体学习过程""外部性""产业间的共同集聚"是有关高端服务业集聚形成的主要原因。基布尔和威尔金森（Wilkinson，2000）指出与"创新环境"有关的"集体学习过程"对于成功的知识型集群具有重要作用。基布尔和纳克曼（Nacham，2002）利用英国 300 家中小型管理和工程咨询的高端服务企业的调查数据，验证了集体学习过程对促进高端服务业集聚有重要的作用。斯坦（Stein，2002）则直接指出相似的社会文化与生产性服务业集聚有着密切的关系。

在外部性方面，蒋三庚（2008）从三个方面的外部经济性：人才的易获得性、市场的聚集与辐射性和知识、信息、技术的可获得性、范围经济和创新效应，阐述了现代服务业集聚在国际大都市的原因。马鹏和李文秀（2014）从全球价值链分工的视角，探讨了高端服务业的集聚机理，指出由于高端服务业的集聚对客观条件的要求更高，高端服务业倾向于集聚在资本、技术和人力资源禀赋较高的地区，并利用中国2003—2010年高端服务业的数据通过构建面板数据模型对其进行了验证。

在产业间的共同集聚方面，森（Senn，1993）的研究就隐含着服务业共同集聚的思想，他指出不同的服务业集聚在一起使得这些服务业之间可以方便、快捷地获得彼此间的服务。吕拉昌和阎小培（2005）研究指出，不同服务业之间往往具有互补性或竞争性，因此，形成了同种服务业或不同种服务业集聚共存的局面。而科尔科（Kolko，2007）研究指出，原有的对服务业集聚的研究文献往往只以单个产业为研究对象，且参考制造业集聚的范式进行研究，但原有的解释制造业集聚的很多因素已经无法对服务业集聚现象进行解释；因此，他从服务业共同集聚的视角解释了服务业集聚原因。

但斌等（2008）认为高端服务业的集聚机制不同会产生不同的分布模式，基于分工和交易费用产生依附于现代制造业周边的综合化集聚，基于外部规模经济和范围经济产生以中央商务区为核心的圈层式专业化集聚，关键要素的创新机制产生特定产业集群中配套的体系化集聚。

吴远仁等人（2015）在纳入空间效应前提下，构建高端服务业集聚形成机理的空间面板计量模型，对本书选取的31个省级行政区相关数据进行实证分析。研究表明：我国高端服务业集聚在省域之间具有较强的空间自相关性，并具有明显的集聚发展趋向，但各省域高端服务业集聚度有下降之势；

高技术产业发展水平较低阻滞了高端服务业的集聚；区域研究环境、城镇化率显著促进了高端服务业集聚；而智力支持、固定资产投入率总体对高端服务业的集聚促进作用不明显，但在时间维度上显著促进高端服务业的集聚。

2.1.2.3　高端服务业集聚效应研究

黄刚伟和陈晓君（2009）认为，高端服务业发展的一条重要准则是产业的高度聚集性和辐射性。李文秀和夏杰长（2012）认为，产业集群和产业联盟的形成有力推动了高端服务业的发展，并成为辐射全国乃至全球的重要载体。马鹏和李文秀（2014）通过理论分析和实证检验发现，高端服务业的集聚对行业控制力的提升带来正的"外部性"，促进了技术溢出效应和学习示范效应的发挥，使行业整体能力得到提升，进而获得行业控制力；同时，高端服务业的集聚不仅能避免行业企业集聚带来的负的"外部性"，还能促进行业企业在竞争加剧中加强创新，获得行业控制力。并讨论和量化了高端服务业集聚对产业控制力的影响，得到高端服务业集聚度的提高能显著促进产业控制力的提升。

由于制造业高质量发展概念提出不久，制造业高质量发展的指标体系的建立尚不完善，有关高端服务业集聚对制造业高质量发展影响的研究主要从高端服务业集聚对制造业转型升级的角度进行。生产性服务业因具有跨界服务性强、产业关联度高等特征而普遍存在空间上的集聚现象（于斌斌，2018；李诗琪、杨晨，2018），借由集聚这种空间组织形式，中国生产性服务业集聚与制造业升级之间具有高度的关联性（刘奕、夏杰长，2017），曹东坡等人（2014），认为高端服务业与先进制造业在空间上具有协同集聚的关系。先进制造业集聚为高端服务业发展创造了大量需求，而高端服务业通过建立集聚区满足了先进制造业发展对各类高端要素投入的需要，进而嵌入到先进制造业的生产中，而技术、知识的空间溢出增加了两种产业协同定位的可能性。生产性服务业集聚可以提高制造业生产效率（Arkell，2011），实现制造业在全球价值链体系中向中高端升级，其所带来的规模经济、要素重组以及知识溢出等，能够有效促进区域技术扩散、激励研发创新、提高生产效率以及加速人力资本积累，进而推动高技术产品出口技术复杂度的提升，实现出口结构的转型升级（张营营等，2020）。

众多学者主要从产业分工（阿诺德等，Arnold et al.，2016；西米、施特兰巴赫，Simmie and Strambach，2010）、协同集聚（张治栋、黄钱利，2020；韩同银、李宁，2017）、溢出效应（斯莫尔等，Small et al.，2014）等角度，研究高端服务业集聚对制造业生产效率、结构升级、价值链提升等的影响（周小亮等，2019），几乎都认可高端服务业集聚能够促进制造业的升级，但存在一定门限特征（卢飞、刘明辉，2016）和地区差异性（陈元刚和王慧，2020），不同高端服务业集聚、不同空间层面如我国省级和市级层面效应中也存在差异（姚战琪，2020）。

服务业集聚的跨区域溢出能够显著促进制造业企业的创新绩效（麦克弗森，Macpherson，2008；苏晶蕾等，2018），对制造业效率具有显著的空间外溢效应，促进了本地区制造业升级，也影响了周边区域的制造业升级（韩峰、阳立高，2020；宣烨，2017；盛丰，2014），并且这种空间外溢效应会存在具有空间衰减特征的地理边界（詹浩勇、冯金丽，2016）。

2.1.3 高端服务业与经济发展

梳理已有学者对高端服务业与经济发展方面的研究发现，相关的研究比较少，没有形成系统化，主要采用定性的描述，基本上停留在通过理论阐述高端服务业促进其他产业和经济发展的关系的阶段，继而提出相应的政策建议，定量研究非常缺乏。而且基本上支持高端服务业的发展能够促进经济的发展，特别是能够通过其强大的外溢效应促进制造业和服务业的转型升级。

理论分析方面，里德利（Riddle，1986）、弗里德曼（Thomas，2006）均认为，高端服务业是一个城市获得全球产业控制力甚至全球经济控制力的利器。查尼奇（Czarnitzki）和斯皮尔坎普（Spielkamp）（2012）认为，知识密集型高端服务业是技术变革和经济增长的最主要推动者之一。萨森（Sassen，2000）研究指出，少数全球城市由于在高端服务业方面占有绝对优势，从而对全球经济具有强大的控制力。已有学者指出，发展高端服务业能够促进经济现代化和提高经济竞争力，并极大地促进地区创新能力。墨索里尼（Musolesi）和惠班（Huiban）（2012）研究指出高端服务业能够极大地提升产业竞争力。汉弗莱（Humphrey）和施密茨（Schmitz）（2002）认为，发展中国家为了避免陷入"比较优势陷阱"和被"低端锁定"，必须大力发展高端服务业，提升自己在价值链高端环节中的控制力，从而获得可持续竞争力。波特（Porter，2003）研究指出，高端制造业和高端服务业两者在需求上具有互补关系，一方的发展需要另一方对其的需求的增加。

针对高端服务业对经济发展的重要性，我国学者对其展开了相应的研究。杜人淮（2007）认为，高端服务业的发展是经济稳定发展的重要支撑，也是经济持续发展的必然选择，是经济转型升级的内在要求，并提出了引入高端服务业、催生高端服务业和服务业高端化三条发展路径。王廉（2009）指出高端服务业是当代经济发展的皇冠和发动机，也是现代服务业的龙头和话语权经济。李勇坚（2012）认为，高端服务体系的建立、健全及竞争力的提升，是维护国家经济安全的核心与关键。

从产业结构调整角度来看，高端服务业具有较强的外溢效应，能够有效带动服务业和制造业升级，提高经济整体竞争力。王小平（2010）认为，高端服务业是转变经济发展方式的突破口，是优化产业结构的先导口；陈玉宝等（2010）认为，高端服务业是经济稳定发展的重要支撑，发展高端服务业是产业升级的内在要求，是经济持续发展的必然选择，是经济转型升级的战略动力；高端服务业不仅占据着价值链的高端环节，而且还可通过高端服务业在其他产业中的渗透与融合提升其附加值，在全球价值链环节中获得绝大部分收益，更对其他分工主体形成一种控制力，发展高端服务业有助于提升产业的整体层次，并掌握一些关键产业价值链的控制权，进而在全球分工中获取对某些产业的控制力。马鹏和李文秀（2014b）从理论上分析高端服务业对产业控制力提升的作用机理，认为高端服务业可以通过提升企业绩效、产业能级和全球价值链上的地位而提升一国或地区的产业控制力。曹东坡、于诚、徐保昌（2014）研究了上海高端服务业与长三角地区先进制造业协同发展的机制，认为两者的协同发展有助于促进地区产业升级和经济发展方式转变。

李勇坚和夏杰长（2012）认为，改革开放以来，我国基于比较优势理论，尽量发挥我国劳动力充裕和低成本优势，积极承接发达国家向发展中国家转移的加工贸易，使我国经济获得了超常规的发展。但在发展过程中，忽略了高端服务业在国家经济安全方面的重要作用，造成了我国的高端服务体系比较落后，使国家经济安全问题日益严重。他们认为，高端服务业的发展是保障国家经济信息安全的基础；能够使原来的很多产业安全问题成为"伪问题"；通过提升全球经济控制力，提升产业安全。夏杰长和李文秀（2012）从获取经济控制力的角度，对高端服务业促进经济增长的内在机理进行探讨，并结合广东省高端服务业发展现状及存在的问题，给出相应的对策与启示。李勇坚（2012）从流通产业的发展出发，认为我国流通产业原有的经营模式已经难以为继，我国流通产业企业想要在价值链上获得控制权的核心在于流通产业应该与以信息、研发、商务、金融等为代表的高端服务业进行深度融合互动。

2.1.4　高端服务业区域研究

高端服务业的区域研究主要集中在对我国超级大城市，如北京、上海、天津以及长三角、珠三角等一些重点城市的研究，鲜有对我国整体各个区域的研究。同时，一般均是遵循总结现有成熟的高端服务业发展的成功区域，如纽约、东京、伦敦等城市的发展经验，进一步分析区域发展高端服务业的必要性和现状、存在问题，进而提出对策建议的研究思路进行。

王江和魏晓欣（2014）通过对比北京与其他世界城市高端服务业的发展情况，结合北京的实际情况，提出了促进其成长进而促进北京建设世界城市的对策。洪涓和邓唯佳（2014）利用数据包络分析（DEA 模型）比较了北京和 10 个世界城市高端服务业的竞争力水平，总结了世界城市具有代表性的"树品牌""勤转型""立总部"的高端服务业发展模式，以期为北京高端服务业的发展提供参考。还有刘艳和江成城（2014）对广州高端服务业战略布局及对策的研究，关伟（2011）对大连市高端科技服务业的研究，也是如此。尹燕霞（2015）从"黄三角"发展高效生态经济区的视角，对阻碍高端服务业发展的主要因素进行分析，提出了"黄三角"高效生态经济区内高端服务业协调、快速、健康发展的途径。陈章喜和翟敏如（2012）认为，高端服务业的发展对澳门经济转型升级以及澳门城市竞争力提升具有重要的战略地位，并使用数据包络方法（DEA 模型）测算了高端服务业的发展效率，进而提出高端服务业发展的政策路径。陈章喜（2015）探讨了澳门高端服务业的发展动能，分析了澳门高端服务业的发展效应，结合珠海和澳门高端服务业发展的基本特点，提出了两地高端服务业合作的政策路径。天津市经济发展研究所高端服务业课题组（2011）通过综合比较北京、上海、重庆、广州和深圳六市的高端服务业发展环境，认为天津市高端服务业的发展环境排在六市之末。《天津经济》课题组（2011）认为，天津市服务业发展的重点是构建与北方经济中心和现代国际港口城市相适应的高增值、强辐射的现代高端服务业体系。

2.1.5　高端服务业政策研究

梳理现有文献发现，很多学者对服务业产业政策的研究主要集中在传统服务行业方面，采用传统的土地和税收优惠政策，但这些政策已经不再适用于高风险、高回报和高技术含量的高端服务业。

杜人淮（2007）通过分析高端服务业发展的必要性基础上，提出了发展高端服务业的三条基本路径：引入、催生高端服务业、服务业高端化。原毅军，陈艳莹（2011）分析比较了高端服务业与传统服务业的不同特征，并针对这些特点从供给、需求和环境三个方面系统研究能够促进高端服务业发展的政策，提出促进高端服务业发展需要将市场机制、政府引导和非市场机制三种力量综合在一起构建系统的政策体系，政策着力点应该放在支撑高端服务业发展的微观基础建设，重点是非市场机制的政策创新。谢泗薪（2011）、陈玉宝等人（2010）从探索有效路径、找准优势领域、创造有利条件方面剖析了高端服务业的战略发展模式，并分别从热点园区、产业链和新知识经济三个视角，研究了高端服务业的战略发展模式。和云和何胜锐（2013）依据北京经济社会发展和高端服务业发展的总体战略，遵循人才体系构建的顶层设计和上下联动的系统发展思路，从政府、企业、教育科研机构三个方面提出了高端服务业人才建设的策略。韩冬芳（2012）根据产业链的价值创新机理，提出了以产业融合为路径、以产业聚集为载体、以技术创新为先导、以管理创新和政府转型为支撑的全方位、多层次、立体化的高端服务业高速发展运行机制。龙继林（2013）通过分析发展高端服务业的重要意义基础上，提出应从加强对高端服务业发展重要性的全面理解和产业规划，制定和完善政策法规，借鉴发达国家发展高端服务业的经验，结合当地实际和优势，加大高端服务业人才的培养力度六个方面入手发展高端服务业。李文秀和夏杰长（2012）认为，主要应从拓宽资金来源、优化城市功能、建设高端人才队伍、加大技术研发投入、实施税收优惠、加大对外开放力度等综合措施，促进高端服务业发展。

2.2　空间视角下的产业集聚理论

马歇尔（Marshall）在 1890 年首次提出了工业区位的三个主要因素：专业化的劳动力市场、知识溢出效应和产业关联效应（后向和前向关联、专业化技能的厚实市场、技术溢出）。马歇尔的产业区三因素论成为以后研究产业集聚现象的重要理论基础。自 1909 年韦伯（Weber）在《工业区位论：区位的纯粹理论》（*Uberden Standort der Industrien*）一书中首次提出集聚的概念，并建立了一套有关集聚的规则与模型以来，众多学者根据时代发展特点和基于不同角度对其展开大量的研究，硕果颇丰。这些研究依次经历了胡佛（Hoover）对聚集经济的划分、新"产业空间"、新经济地理学兴起三次研究高潮。但是，不管是哪个时期的产业集聚理论都不同程度地将空间因素纳入分析范式，只是在不同时期、不同理论设定的假设条件不同。因此，本节主要以空间因素为线索，对产业集聚理论进行适当地梳理，重点对新经济地理学理论与产业集聚进行概述，这也是本书模型建构的理论基础。

2.2.1　古典区位理论与产业集聚

2.2.1.1　农业区位论

冯·杜能（Johann Heinrich Von Thünen，1826）在《孤立国同农业和国民经济的关系》（*Der Isolierte Staat in Beziehung auf Landwirtschaft und*

Nationalo konomie）（通常被称为《孤立国》）一书中，通过总结他长期经营农场的观察和思考，提出了著名的农业区位理论，首创了一个经典的包括六个环形圈带的农业杜能圈模型：第一圈为生产蔬菜及鲜奶等食品的自由式农业圈；第二圈是为城市提供烧柴及木料的林业圈；第三至第五圈都是集约化程度逐渐降低的以谷物生产为主的轮作式农业圈、谷草式农业圈和三圃式农业圈组成的农耕圈；第六圈为畜牧业圈，最外侧则为未开垦的荒野。该模型认为地租高低决定了农业的生产布局，而地租则由农产品价格、生产成本和运输成本共同决定，从而将运输成本纳入了研究框架，这是李嘉图（Ricardo）的农业地租理论没有考虑的因素。

2.2.1.2　工业区位论

韦伯（1909）在《工业区位论：区位的纯粹理论》中对工业区位的选择进行了系统研究，提出了决定工业区位的成本最小化原理，指出集聚、劳动力和运输成本是影响工业企业区位的最重要因素，奠定了继杜能之后区位理论的领导地位。他指出导致企业集聚的最重要原因是集聚收益与集聚增加的成本的差额，如果该差额大于0，企业就产生集聚；相反，如果该差额小于0，则企业就会分散。韦伯考虑了区位与运输成本问题，在一定程度上解决了马歇尔外部性理论存在的问题，成为经济区位布局的一般理论，为20世纪90年代克鲁格曼（Krugman）等学者的新经济地理学的兴起奠定了一定的基础。

2.2.1.3　马歇尔理论

马歇尔是第一个比较系统研究产业集群现象的学者，将经济规模区分为外部和内部规模经济两种。马歇尔认为，外部规模经济是指产业发展的规模，是一种专业化的集中，它导致了产业的集聚。他在说明产业集群现象时认为产业规模扩大使知识量的增加以及促进了技术信息的传播，从共享的劳动力市场、中间产品的投入、技术外溢三个方面阐释了空间集聚收益递增现象之间的关系。他指出共享的劳动力市场能够增加劳企双方在信息方面的对称性，减少企业寻找劳动力的成本，中间产品的存在能够起到降低最终产品价格作用，而技术外溢则容易引致创新。马歇尔的研究无疑是具有开创性的，使产业集聚形成的原因得到了部分的解释，对以后学者对产业集聚现象的研究产生非常重要的影响。但是，他没有研究区位和运输成本等问题，对外部性的来源没能进行很好地解释。

2.2.1.4　胡佛理论

胡佛（Hoover，1948）最早将聚集经济分为我们现在熟知的局部化经济、内部规模经济和城市化经济三个不同层次，而这种划分后来被奉为经典。胡佛在 1970 年出版的《区域经济学导论》（*An Introduction To Regional Economics*）对他的区域经济学思想进行了系统论述，对韦伯的工业区位论进行了拓展。在《区域经济学导论》一书中，胡佛对运输成本、自然资源优势和集中的经济性三个基本因素对产业集聚的影响进行了系统地分析。他认为产业集聚规模过大或者过小都不利于聚集效应的发挥，而是存在一个最佳的规模经济。他还扩展了运输概念，指出运输不能够只局限于传统意义上的货物运输，还应该将无形的信息、服务和能量等的传输包括在内，运输的距离、运输的方向、运输的数量以及运输服务等都直接影响着运费，进而造成产业区位的变化。在胡佛的运输成本结构中不仅包括直接的运输成本，还包括场站作业费、时间费用等因素，已经逐步向广义的运输成本转变。

区位理论对产业集聚解释具有以下三个特点。

第一，区位理论是一种微观的静态资源空间配置优化理论。区位论研究对象主要是企业个体如何获得最优的生产区位，对于比较宏观的层面，如国家或地区的研究较少，没有涉及区域间的贸易问题，采用的分析方法主要是静态方法或者比较静态的方法。

第二，初步体现了空间要素在产业集聚理论中作用。尽管不同的区位理论对运费的内涵看法存在差异，但均认为运费因素是一个影响产业集聚的非常重要的因素。同时，对运输费用进行了简单化的线性处理，如杜能使用单一距离决定运输费用，韦伯继而提出了等费线的分析方法，克里斯塔勒的运输费用通过价格杠杆决定产业的空间布局，而帕兰德（palnder）、胡佛对运输费用做了一定的拓展。

第三，重视经济因素的作用。不同的区位理论对产业集聚形成的解释的角度有所不同，杜能、胡佛、勒施（Losch）分别致力于从成本最小化、规模经济、外部经济的视角对产业集聚进行解释。但他们均忽略了信息传递时产生的成本、政府的政策、不确定性等因素。

总体上看，区位理论也存在很大的局限性。它并没有形成一个完整的产业集聚的理论分析框架，还是在理性经济人和完全竞争假设的前提下对生产行为进行研究，难以真正对产业集聚的原因进行解释，这受到很多学者的质疑。同时，区位空间的均质性、信息的对称性、决策的完全理性和最佳区位选择等假设也跟现实情况产生严重的冲突。

2.2.2 增长极理论与产业集聚

增长极理论最早是由佩鲁（Francois Perroux，1955）提出的，后经布德维尔（Boudeville）、米达尔（Myrdal）、弗里德曼（Frideman）、赫希曼（Hirschman）、帕尔（Parr）等学者的进一步发展与完善。增长极在地理意义上是指具有一定规模的核心区或者中心城市，在经济学上则表现为具有推进性的先导工业部门。极化和扩散效应是增长极对所在区域产生作用的两种力量，而且两种效应在区域经济发展的不同阶段产生的效应及其作用强度存在差异。在区域经济发展初期，增长极主要依靠极化效应发挥作用，吸引周边地区的各种要素向中心集中。当区域经济发展到一定规模后，扩散效应逐步增强并超过极化效应，将区域经济的发展优势扩散到周边地区，促使区域经济发展由集中转向分散。

赫尔希曼（1958）进一步发展了增长极理论，认为我们无法避免地区间经济增长的不均衡。他指出不同地区间的资源、企业家等因素的差异是导致区域间发展不均衡的原因，极化和涓滴效应是增长极对所做区域产生作用的两种力量，但两种效应在区域经济发展的不同阶段产生的效应及其作用强度存在差异。在区域经济发展初期，增长极主要依靠极化效应发挥作用，吸引周边地区的各种要素向中心集中。而当区域经济发展到一定规模后，涓滴效应逐步增强并超过极化效应，将区域经济的发展优势扩散到周边地区，促使区域经济发展由集中转向分散，从而缩小区域差异。

2.2.3　"新产业区"理论与产业集聚

20 世纪 70 年代，世界经济走向萧条，传统的"大企业优先发展模式"受到人们的质疑，而"第三意大利"地区的成功则引起了人们的关注。在此背景下，巴卡提尼（Becattini）最早提出了"新产业区"的概念。随后，经过众多研究者的不断完善，形成了新产业区理论。这一理论是对马歇尔产业区理论的继承和发展，它强调了制度因素在区域经济发展中的重要作用。新产业区理论主张追求较小的交易费用是促进地方企业集群的最重要措施。斯科特（Scott）研究指出，新产业区中，中小型企业的柔性专业化生产能够降低交易成本，这也是形成企业空间集聚的重要原因。

2.2.4　新经济地理学与产业集聚

虽然传统经济学对经济的空间因素进行了一定的研究，但这一领域并未能成为主流经济学研究的重心。直到 1991 年，克鲁格曼在挖掘自己

1979 年《收益递增、垄断竞争与国际贸易》（*Increasing returns, monopolistic competition, and international trade: Revisiting gains from trade*）一书的思想内涵的基础上，在《政治经济学杂志》（*Journal of Political Economy*）上发表了新经济地理学的奠基之作《经济地理与收益递增》（*Increasing Returns and Economic Geography*）（1991b）的论文，建立了具有里程碑意义的核心—边缘模型，简称 CP（Core-Periphery Model）模型，从而复兴了新经济地理学。克鲁格曼指出，产业经济最显著的特点是其具有的经济地理现象，所以在研究产业集聚和经济增长等现象时，必须纳入空间要素进行研究。此后，越来越多的经济学家在 CP 模型的基础上，将空间因素纳入研究框架中，并对模型的假设进行放宽和扩展。如今，新经济地理学已经发展得比较成熟和完善，并出现了多种理论模型。本小节将重点介绍新经济地理学的基本思想和主要模型，并重点介绍本书后面章节将借鉴的新经济地理的内生增长模型，为第 3 章的理论建模做铺垫。

2.2.4.1　新经济地理学的基本理论

新经济地理学的开山之作——CP 模型运用。1977 年，迪克希特（Dixit）和斯蒂格利茨（Stiglitz）提出的迪克希特—斯蒂格利茨模型（即 D—S 模型）。该模型将不完全竞争、规模收益递增和运输成本相结合，构建了一个包含空间概念的垄断竞争一般均衡分析框架，为以后分析经济发展的区位选择和空间布局提供了微观支持，而 D—S 模型的垄断竞争和冰山交易技术正是新经济地理学的理论基础。

新经济地理学承认区域间的自然条件、资源禀赋等外在条件的差异会使经济活动的空间布局产生差异。然而，它更注重寻找使整个经济增长的内生力量，并研究这些内生力量如何导致经济空间布局的差异。新经济地理模型的基本假设是经济活动在一个平面上进行，初始时两个区域是对称的，即北部区域和南部区域初始时的各方面条件是一样的，每个区域都包括农业和工业部门；生产企业使用劳动力和资本两种生产要素。由于初始时，两个地区的各种条件相同，所以，该理论研究的是影响经济集聚的内生变量。新经济地理学用向心力和离心力来解释这种内生力量，同时结合一般均衡假设和个体选择行为，阐释了原来两个完全对称的地区如何在自我强化的循环累积效应下形成核心—外围模式的过程。

新经济地理学的向心力指的是由于企业与市场接近而带来的优势，是促进区域间经济活动集聚的力量。而离心力则是指由于企业间的竞争关系降低了企业的获利能力，促使企业向外围地区迁移的力量。新经济地理学认为，决定区域间经济活动在空间上长期稳定分布的因素是向心力与离心力间的大小关系。当向心力大于离心力时，经济活动趋于集聚；而当离心力大于向心力时，经济活动趋于分散。在许多新经济地理模型中，运输成本、工业制成品的支出份额和消费者多样性偏好等三个参数决定向心力和离心力的大小。工业品支出份额越大、消费者多样化偏好越强，向心力就越大，而运输成本同时影响向心力和离心力。当贸易成本较高时，离心力大于向心力，两个地区对称的生产结构是稳定的；当贸易成本下降到某一临界水平时，向心力超过离心力，两个地区内生为工业化的中心和非工业化的外围（杨海余，2004；张勇，2012）。而向心力和离心力的相对大小决定了经济活动空间长期稳定的分布模式。向心力对应着两种效应：本地市场效应（或称为市场接近效应）和价格指数效应（或称为生活成本效应），这两种效应能够促使企业在空间集聚，而且都具有自我强化的作用，即循环累积因果特征。在新经济地理学模型中，大部分模型都包含这两种集聚力，但也有个别的模型只包含其中一种力量。离心力对应着市场拥挤效应（或称为本地竞争效应），它会促使企业分散。

另外，新经济地理学模型还普遍具有以下几种特征：突发性聚集、内生的非对称性、循环累积因果关系、聚集租金、区位的黏性、人们预期的变化、"黑洞"条件等。

2.2.4.2 新经济地理学的主要模型

CP 模型清晰地解释了运输成本、要素流动和集聚三者之间的内在联系。然而，由于模型中存在许多前提假设条件，很难用已有的经验数据进行验证，通常只能借助于数字模拟方法进行模拟。自 CP 模型提出以来，众多研究者就致力于对其进行改进，并对其假设条件进行放松，使得新经济地理模型与现实更加接近，更好地解释了集聚经济的空间布局。学者们主要从三个方面对新经济地理模型进行修正和扩展。

第一，对要素流动性假设的修正。马丁（Martin）和罗杰（Rogers）（1995）针对 CP 模型只将劳动力作为唯一生产要素的不足，将企业的生产要素修改为劳动力和资本。他们根据资本自由流动比劳动力自由流动容易的现实条件，假定劳动力不能流动，而资本能够在区域间流动，但其收益必须返回到流动要素来源地进行消费，建立了自由资本模型（FC 模型）。由于 FC 模型中资本的收益只能回流至其来源地消费，因此无法形成需求关联和成本关联的循环累积效应。奥塔维亚诺（Ottaviano，2003）和福尔斯利德（Forslid，1999）修正了劳动力的假设，提出了自由企业家模型（FE 模型）。他们将劳动力区分为技能劳动者和非技能劳动者，并分别作为企业生产的固定投入和可变投入。两种劳动力在区域内均能够自由流动，但在区域间的流动性是不同的。前者能够在区域间自由流动，而后者则无法在区域间流动。

第二，中间投入品的引入。克鲁格曼（1996）、维纳布尔斯（Venables，1996）、藤田昌久（Fujita，1999）的研究中均假设资本和劳动力无法在区域间流动，但区域内劳动力可以在不同行业间自由流动（即可以在农业部门和工业部门间自由流动）的前提下，将生产企业的上游部门和下游部门合成为一个部门，从而产业间的投入产出联系从原来的垂直联系转变为不同企业之间的水平联系，建立了核心—边缘垂直联系模型（CPVL 模型）。罗伯特（Robert）和尼古特（Nicoud）（2002）放宽了 CPVL 模型中资本在区域间不能流动的假设，引入工业企业在生产中的投入产出联系，提出了自由资本垂直模型（FCVL 模型）。奥塔维亚诺（2001）在自由企业家模型（即 FE 模型）的基础上，将投入产出联系引入模型中，提出了自由企业家垂直联系模型（FEVL 模型）。

第三，技术和知识溢出的引入。鲍德温（Baldwin，1999）提出了资本创造模型（CC 模型），该模型引入了两种新变量，即资本折旧和资本形成。同时假设资本在区域间不流动，有活力的地区通过创造更多的资本而使地区工业份额增加，缺乏活力的地区则因为资本折旧使得该地区工业份额下降。马丁和奥塔维亚诺（1999）首次将经济增长作为内生变量引入到新经济地理模型中，认为资本存量的溢出效益影响新资本的形成成本，提出全域溢出模型（GS 模型）。鲍德温、马丁和奥塔维亚诺（1999）将溢出效应与空间因素结合起来，提出了局部溢出模型（LS 模型）。GS 模型和 LS 模型都假设技术是内生的，但区别在于 GS 模型知识溢出没有空间的限制，而 LS 模型假设知识溢出随着距离的增加而减弱。

2.2.4.3　新经济地理学内生增长模型

在上文中的新经济地理学模型中，资本创造模型（CC 模型）、全域溢出模型（GS 模型）和局部溢出模型（LS 模型）是现有新经济地理学框架下的三个经济增长模型。他们通过引入资本创造部门，从而将经济区位的形成及其与经济增长相互影响的研究结合起来，但这三个模型对知识资本的空间和时间溢出效应的假设有所不同。

资本创造模型（CC 模型）首次引入了知识和技术创造部门，掀开了新经济地理学对经济区位和经济增长之间关系的研究。然而，CC模型忽略了知识资本的时间溢出效应，使得以后知识资本的创造与以前的知识存量没有关系。由于知识资本创造成本固定不变，使得知识和技术的边际收益无法实现恒定为正，经济的内生持续增长也就无法实现。

全域溢出模型（GS模型）在引入了知识和技术创造部门的基础上，进一步假设知识和技术具有时间溢出效应，即新的知识资本创造可以利用和借鉴原有的知识资本存量，并在此基础上进行创造。因此，知识资本的创造成本会随着资本存量的增大不断降低，使得知识资本的边际收益始终为正值，经济的内生增长也就可以实现。马丁和奥塔维亚诺在GS模型中假设本地的资本存量和外地的资本存量对本区域的影响程度是一样的，因此，本地的资本存量和外地溢出的资本存量并没有区别。GS模型假设北部的资本创造成本 $a_I=1/(K+K^*)$，其中，K为北部的资本存量，K^*为南部的资本存量。同样，南部的资本创造成本也为 $a_I=1/(K+K^*)$。

局部溢出模型（LS模型）是在GS模型的基础上进一步引入知识和技术的空间溢出效应，认为经济现象之间的相互作用遵循所谓的距离衰减法则，也被托布勒（Tobler，1970）称为"地理学第一法则"，知识的空间溢出虽然是一种自发的过程，但必然也遵循这一规律。因此，LS模型对GS模型的资本创造成本做了修正，引入距离的减函数 λ 来度量知识空间溢出的大小。北部的资本创造成本 $a_I=1/(K+\lambda K^*)$，南部的资本创造成本为 $a_I^*=1/(\lambda K+K^*)$，其中，K为北部的资本存量，K^*为南部的资本存量。

知识溢出双增长模型（KSIBI模型）是我国学者曹骥赟提出的。他针对现有局部溢出模型（LS模型）虽然假设知识溢出随空间距离而衰减，但不能回答"知识局部溢出条件下，空间既定的区域间区位如何变动和经济如何增长""知识的空间溢出是通过何种途径和机制"和"如果找到知识空间溢出的途径和机制，那么对空间区位和经济增长如何协同影响"等关键性问题。针对这些疑问，曹骥赟假设区际知识溢出函数 $f(\Phi) = (1+\Phi)/2$，即与贸易自由度 Φ 正相关，从而实现了知识空间溢出的内生化。同时，将新增长理论中知识积累的外部性思想引入模型并进行扩展，假设知识积累不仅能够促进资本创造成本的不断改善，还能够促进企业生产效率也得到不断改善。通过这两方面的创新，构建了知识溢出双增长模型（Knowledge Spillover Induced Bi-Increasing Model 模型），简称 KSIBI 模型。

KSIBI 模型表明，随着贸易自由度 Φ 的提高，分散的经济空间结构最终走向集聚。随着贸易自由度的提高，KSIBI 模型依次存在三种长期均衡阶段：对称均衡阶段、对称均衡和核心—边缘均衡共存阶段、核心—边缘均衡阶段。经济增长速度和资本增长速度在对称均衡时都随着贸易自由度的提高而增长，而在核心—边缘均衡时都与贸易自由度无关。并且经济增长速度和资本增长速度在核心—边缘均衡时大于对称均衡时的增长速度，表明经济空间的集聚能够提高经济增长率，也就是经济区位能够影响经济增长。此外，经济增长速度和资本增长速度在两种均衡条件下，都与市场支出份额和劳动力数量无关，但与产品间替代弹性、资本收益率的折现率、资本折旧率负相关。另外，由于 KSIBI 模型具有突发性、非线性和不连续性等特征，也具有了非常丰富的政策性含义和福利含义。

2.2.4.4　新经济地理学理论的应用

自核心—外围模型提出以来，已有众多研究者运用新经济地理学理论对产业集聚问题进行了实证检验。从国外研究来看，奥德斯和费尔德曼（Audretsch and Feldman，1996）利用新经济地理学模型验证了技术外溢与产业集聚的关系。迪迈等人（Dumais et al.，1997）研究美国 307 个地区 134 个产业中企业的层面数据，发现产出关联、劳动力市场集聚、技术外溢均显著促进制造业集聚。布吕哈特和特里翁费蒂（Brulhart and Trionfetti，1998）

利用部分国家和部分行业的截面数据进行实证检验，结果显示新经济地理学理论、新贸易理论、资源禀赋理论的所有变量均显著促进了产业集聚。哈兰德等人（Haaland et al., 1998）利用1985年和1992年欧盟13个国家35个制造行业的横截面数据，研究欧洲一体化对制造业相对集聚和绝对集聚的影响，结果表明市场潜力、行业劳动力密集度、行业人力资本密集度是影响行业相对集聚的主要因素，而本地区支出和行业内投入产出关联能显著促进相对集聚。罗森塔尔（Rosenthal）和斯特兰奇（Strange）（2001）运用空间集聚指数对美国4位数行业集聚度的回归分析表明，劳动力市场、技术外溢、产品运输成本、投入品依赖程度是影响制造业集聚的主要因素。

从国内研究来看，越来越多的研究者也从新经济地理学角度对产业集聚进行研究。例如，宋玉华和吴聃（2006）将运输成本与关税合成为贸易成本，分析两国不对称的关税升级体系对制造业发展的影响，认为垄断竞争产业在关税升级程度高的国家将拥有更多发展机会，在关税升级程度低的国家也有可能实现集聚式的发展。殷广卫（2009）利用新经济地理学理论构建了产业集聚机制的理论框架，分析了近十年来我国的区域差异问题，认为东部沿海地区发展较快的原因是区位优势、政策优势、产业集聚三种因素共同作用下的循环累积因果机制的结果。在利用新经济地理学理论对生产性服务业集聚现象研究方面，郑飞虎和史潇潇（2010）结合跨国公司直接投资理论和新经济地理学理论，利用北京数据验证了跨国公司海外R&D集聚所引发的创新效应。结果表明范围经济、路径依赖与空间联系等新经济地理因素显著地促进北京地区跨国公司R&D机构的集聚创新活动。陈建军等人（2009）利用新经济地理学理论构建了生产性服务业集聚的理论框架，对我国生产性服务业集聚的成因、影响因素及其发展趋势进行研究，并利用我国2006年的222个地级以上城市的截面数据进行检验，研究结果表明知识密集度、信息技术水平、城市和政府规模显著地促进了生产性服务业集聚发展，并表现出一定的区域差异性。生产性服务业集聚受地理因素和累积循环因果关系的影响都比制造业集聚小。张勇（2012）将新经济地理中的运输成本修正为信息传递成本的基础上，研究了我国 266 个城市的生产性服务业集聚情况。詹浩勇（2013）运用新经济地理学理论构建了生产性服务业集聚与制造业转型升级的理论模型，并对其进行了验证。

新经济地理学通过引入运输成本和贸易自由度等变量将空间要素和产业集聚结合起来，有力地解释了产业集聚的现象，具有与传统产业集聚不同的特点。

第一，提出了非线性运输成本。新经济地理学中的运输成本突破了狭义的或者传统意义上的交通运输成本，不仅包括交通运输成本，还包括信息传递、税收等，因而是一种广义上的非线性运输成本。

第二，放松了空间均质性的假设。新经济地理学理论把产业最初的集聚归结为历史偶然事件，由于产业集聚具有路径依赖性，在运输费用和规模报酬递增的前提下，从空间均质到"中心—外围"空间格局的形成。

2.3　空间计量经济学方法概述

由于长期被主流经济学所忽视，空间因素在经济研究中往往被简化为均质性。经济学家们通常假设经济事物之间不存在空间联系，并广泛使用普通最小二乘法（OLS）进行模型估计。然而，这种做法容易导致模型设定偏差和估计偏误或者无效的问题。佩林可（Pacelinck，1974）针对传统计量经济学模型中假设的不足进行修正，开创性地提出了空间计量经济学概念及其思想，进而由安瑟林（Anselin，1988）系统提出，解决了传统计量经济学模型无法估计纳入空间因素的问题。克鲁格曼（1991）和藤田昌久（1999）则将空间概念引入主流经济学中，提出新经济地理理论。这一理论主要关注区域间经济活动的探讨和理论模型的构建。然而由于参数众多，许多模型无法得到显性解，只能采用数值模拟的方法，相应的实证研究很难进行。空间计量经济学恰好弥补了新经济地理学的这一不足，在新经济地理学对现实经济问题构建的理论分析框架基础上，运用空间计量经济学模型代入实际经济数据进行检验。空间计量经济学通过设置空间权重矩阵来描述被解释变量、解释变量和误差扰动项的自身空间依存性，并且能够通过结构方程来验证新经济地理提出的假设和量化新经济地理因素的影响。

利用新经济地理学构建理论模型而运用空间计量方法对理论模型进行估计，越来越多的研究者将空间因素引入到主流经济学。运用新经济地理理论探讨和构建经济活动的理论分析框架，进而使用空间计量经济模型将距离、地理位置、运输成本等空间因素纳入分析框架，运用空间探索性分析和空间计量经济学方法，将经典统计和计量方法应用于与地理位置及空间交互作用相关的地理空间数据，通过地理位置与空间联系建立的统计与计量关系，以统计和计量方法识别和度量空间变动的规律与空间模式的决定因素，为本书高端服务业集聚研究提供了一个崭新的分析思路。

本节通过简要介绍空间计量经济方法的基础上，着重归纳了目前空间计量经济方法对新经济地理学的实证应用，涵盖贸易、国民经济、产业空间集聚等多个领域。

2.3.1　空间计量经济学的基本思想

虽然空间计量经济学在 1979 年以前已有少量的文献出现，但作为一门学科的诞生，是以佩林可和克拉森（Klaassen）于 1979 年出版的《空间计量经济学》（*Spatial Econometrics*）一书为标志的。这本书全面论述了空间经济学的研究领域、研究内容和基本模型，为该学科奠定了基础。而后经过卢卡斯·安瑟林的努力，空间经济学得以系统化。

空间计量经济学模型不同于传统经济计量模型的主要方面在于模型中引入空间效应，空间效应有两种表现形式：空间相关性和空间异质性（安瑟林，1988）。空间相关性也称为空间依赖性（spatial dependence）或空间自相关性（spatial autocorrelation），一般情况下三种称法可以相互替代。空间相关性一般泛指模型截面单元间存在空间上的相互影响作用。空间异质性则是指地理空间上的区域空间结构是非均衡的，各个主体行为之间表现出明显的空间结构性差异。

高夫 - 马尔科夫（Gauss-Markov）假设是传统计量经济方法的前提，它将各种经济变量假设为相互独立，在空间和时间上是不相关的。同时，为了使最小二乘法（OLS）的估计量一致有效，误差扰动项的方差假设为 0。而空间计量经济模型与马尔科夫假设中的截面不相关，将空间相关因素纳入到模型中，并借助空间权重矩阵对经济事物间的空间关系进行度量。

2.3.2　空间数据及其探索性分析

空间数据（spatial data）是指通过不同方法获取的各种数据，具备明确变量的空间位置特征的能力，也被称为地理数据。而空间数据分析技术则是一种能够揭示空间数据隐藏的信息或规律，进而对地理对象的空间效应进行研究的技术，通常包括探索性和确认性空间数据分析。在经济学领域，确认性空间数据分析即是空间计量经济学。空间数据分析的一般步骤是：首先，利用探索性空间数据分析以表格或图形等可视化形式对空间数据进行描述，借以发现变量的空间分布特点；其次，如果变量间存在空间相关性等特点，利用空间计量经济方法对该问题和相关理论展开深入分析和验证。

探索性空间数据分析通常使用空间统计方法。空间统计的基础假设是空间数据具有空间多维特征和时空相关性。这两点是空间统计区别于传统统计的最大特征。主要有三类空间统计指标：一是全局空间统计指标，主要关注空间分布的区位及属性变量的全局特征，如地理范围、空间密集指数和重心等。二是空间距离指标，主要侧重于描述空间分布的区位及距离，如K密度、K函数和L函数等。K密度、K函数、L函数利用完全空间随机的偏离水平对一个空间分布的集聚性进行描述（马尔孔、普埃奇，Marcon and Puech，2003；杜兰顿、奥弗曼，Duranton and Overman，2002）。三是局部空间统计指标，主要侧重属性变量的区际差异，如E-G系数、Gini系数、克鲁格曼（Krugman）专业化系数、赫芬达尔–赫希曼系数（Herfindahl-HirschMan Index，简称HHI）、首位度（或最大百分比）等（克鲁格曼，1991；埃里森、格拉泽，Ellison and Glaeser，1997；戴维斯、温斯坦，Davis and Weinsetein，2002）。

探索性空间数据分析能够以直观的方式展示空间数据的分布特征，主要用于探测空间布局的非随机性的空间自相关。它是一种"让数据自己说话"的分析技术，也是一种由数据驱动的探索过程。主要使用全局空间相关性和局部空间相关性进行测度。全局空间相关性用来测度空间数据在经济体内隐藏的整体分布特点，往往使用莫兰指数（Moran's I）（莫兰，1950）、吉里指数（Geary's C）（吉里，1954）度量；局部空间相关性用来分析空间数据在局部经济子系统所表现出的分布特征，通常使用Moran散点图、LISA（Local Indications of Spatital Association）系数和概化系数（generalizability coefficient，也称G系数）进行度量。

2.3.2.1 全局空间自相关性

莫兰指数I（下文用Moran's I指数表示）是应用于全局空间自相关检验的最早也是最常用的方法（克利夫、奥德，Cliff and Ord，1981）。Moran's I检验在整个研究区域内临近地区间是相似（空间正相关）、相异（空间负相关），还是相互独立的。安瑟林（2006）提出的全局Moran's I指数的定义为：

$$I = \frac{n\sum\limits_{i=1}^{n}\sum\limits_{j=1}^{n} w_{ij}(y_i-\bar{y})(y_j-\bar{y})}{\sum\limits_{i=1}^{n}\sum\limits_{j=1}^{n} w_{ij}\sum\limits_{i=1}^{n}(y_i-\bar{y})^2} = \frac{\sum\limits_{i=1}^{n}\sum\limits_{j=1}^{n} w_{ij}(y_i-\bar{y})(y_j-\bar{y})}{S^2\sum\limits_{i=1}^{n}\sum\limits_{j=1}^{n} w_{ij}} \qquad (2.1)$$

式中，$S^2=\dfrac{1}{n}\sum\limits_{i=1}^{n}(y_i-\bar{y})^2$；$\bar{y}=\dfrac{1}{n}\sum\limits_{i=1}^{n}y_i$；$y_i$ 表示第 i 个区域的观测值；n 为区域单元数；w_{ij} 为空间邻接权重矩阵 W 的元素值，一般选用二进制空间邻接矩阵（即如果区域 i 和区域 j 相邻，则 $w_{ij}=1$，否则区域 i 和区域 j 不相邻则 $w_{ij}=0$）。Moran's I 值可以看作观测值 y_i 与其空间滞后（spatial lag）之间的相关系数，变量 y_i 的空间滞后是变量 y_i 在邻域 j 的平均值，定义为：

$$y_{i,-1} = \sum_j w_{ij}\, y_{ij} \,/\, w_{ij} \qquad (2.2)$$

因此，$-1 \leqslant$ Moran's $I \leqslant 1$，地区的空间相关性以 0 为分界，超过 0 代表呈空间正相关，值越大说明具有更强的正相关性；低于 0 代表呈空间负相关，值越接近 -1 说明空间负相关性越强；Moran's I 值接近于 0 说明属性是随机分布的，不存在自相关性。需要指出的是，在空间面板数据模型的实证检验时需要用分块对角矩阵代替 Moran's I 等计量公式中的空间权重矩阵对面板数据模型进行分析。

全局聚类检验常用的另外一个指数是 G 系数（即 Geary 指数 C），其具体的计算公式为：

$$G = \frac{(n-1)\sum\limits_{i=1}^{n}\sum\limits_{j=1}^{n} w_{ij}(y_i-y_j)^2}{2\sum\limits_{i=1}^{n}\sum\limits_{j=1}^{n} w_{ij}\sum\limits_{i=1}^{n}(y_i-\bar{y})^2} \qquad (2.3)$$

式中，G 系数的取值一般在 0—2 之间，以 1 为区分点，小于 1 表示正相关，等于 1 表示不相关，而大于 1 表示负相关。因此，G 系数与 Moran's I 刚好相反。

2.3.2.2　局部空间自相关

安瑟林（1995）提出了一个局部 Moran's I（Local Moran index），称为 LISA，能够对局部区域间的观察值是否存在相似聚集或者相异聚集进行检验。具体而言，区域 i 的局部 Moran's I 值能够度量区域 i 与其周围区域之间的关联程度，定义为：

$$I_i = \frac{(y_i - \bar{y})}{S^2} \sum_{j \neq i} w_{ij}(y_i - \bar{y}) \qquad (2.4)$$

式中，$I_i > 0$ 表示相似聚集，即区域 i 的高观察值被邻域的高观察值包围（高 – 高），或者是区域 i 的低观察值被邻域的低观察值包围（低 – 低）；$I_i < 0$ 表示相异聚集，即区域 i 的低观察值被高观察值包围（低 – 高），或者是区域 i 的高观察值被低观察值包围（高 – 低）。

类似的，格蒂斯（Getis）和奥德（1992）开发了一个用于局部聚类检验的 Geary 指数（Gistatistic），简称 G_i 指数。该指数用于检验局部地区是否存在高的观察值或低的观察值在空间上趋于集聚。具体定义为：

$$G_i = \sum_{j \neq i} w_{ij} y_j \Big/ \sum_{j \neq i} y_j \qquad (2.5)$$

高的 G_i 指数表示高观察值的地区集中在一起，而低的 G_i 指数表示低观察值的地区集中在一起。

2.3.3　空间计量经济学的基本模型

作为计量经济学的一个分支，空间计量经济学经过三十几年的发展，已经形成了三代模型。第一代基于横截面数据的空间计量模型；第二代基于空间面板数据构成的静态空间面板数据模型；第三代基于空间面板数据构成的动态空间面板数据模型。

2.3.3.1　横截面的空间计量模型

广义嵌套空间（GNS）模型，其表达式为：

$$Y = \rho WY + \alpha \tau_N + X\beta + \delta WX + u, \ u = \lambda Wu + \varepsilon \qquad (2.6)$$

式中，W 是空间权重矩阵；WY、WX、Wu 分别是因变量、自变量和误差项的空间滞后项；τ_N 是单位列向量。ρ、δ 和 λ 则表示空间回归系数；β 是需要估计的解释变量 X 的参数向量。根据对因变量、自变量和误差项的约束不同，常见的空间回归模型主要有以下几类。

广义空间自回归（SAC）模型，表达式为：

$$Y = \rho WY + \alpha \tau_N + X\beta + u, \ u = \lambda Wu + \varepsilon \qquad (2.7)$$

空间滞后（SAR 模型），表达式为：

$$Y = \rho WY + \alpha \tau_N + X\beta + u \qquad (2.8)$$

空间误差（SEM）模型，其表达式为：

$$Y = \alpha \tau_N + X\beta + u, \ u = \lambda Wu + \varepsilon \qquad (2.9)$$

空间杜宾（SDM）模型，其表达式为：

$$Y = \rho WY + \alpha \tau_N + X\beta + \delta WX + u \qquad (2.10)$$

空间杜宾误差（SDEM）模型，其表达式为：

$$Y = \alpha\tau_N + X\beta + \delta WX + u, \ u = \lambda Wu + \varepsilon \qquad （2.11）$$

2.3.3.2 静态空间面板数据模型

面板数据是同时具有时间和截面两个维度的二维数据，也称为时间序列截面数据。由于同时具有截面数据的特征和时间序列数据的特征，面板数据能够为回归分析提供更完备的信息。面板数据模型（Panal data model）不仅考虑了不同截面数据间存在的共性，还能够分析各截面数据间的个体异质性，这是其优于截面数据模型的地方。面板数据的基本模型通常有混合模型、随机效应模型（random effect model）和固定效应模型（fixed effect model）三种。这三类模型均假定截面个体间相互独立，而且不存在时间序列相关。由于普通面板数据模型的估计方法和经济计量检验已经非常成熟，在经济计量实证研究中被广泛应用。但是，很多模型变量在区域间存在着空间效应，使模型违背了普通面板数据模型的基本假设，仍然采用普通面板数据模型的研究方法将导致检验统计量出现水平扭曲，以及参数估计量不一致或非有效的估计量等问题。因此，需要进一步考虑空间效应，探讨空间面板数据模型的检验、参数估计方法。

空间面板数据模型（spatial panel data model）的优势在于其将变量的空间效应问题纳入研究，既能够控制截面数据间的个体异质性，又兼顾了截面数据间的空间相关性，其实际应用前景更加广泛。

常见的空间面板数据模型有以下两类。

第一，空间混合模型。如果截面数据间的个体异质性没有差异，则可以使用混合效应的空间面板数据模型。常见的混合效应的空间面板数据模型如下所示。

混合效应空间面板滞后模型：

$$y_t = \rho W y_t + X_t \beta + \mu_t \qquad (2.12)$$

混合效应空间面板误差自相关模型：

$$y_t = X_t \beta + \mu_t, \quad \mu_t = \lambda W \mu_t + \varepsilon_t \qquad (2.13)$$

式中，W、ρ、λ 的意义与横截面的空间计量模型相同，为避免模型方差出现奇异性问题，假设 $-1 < \rho < 1$，$-1 < \lambda < 1$；y_t 和 X_t 分别代表因变量和自变量向量，β 是需要估计的解释变量 X 的参数向量。式（2.12）中，假定误差项 $\mu_t \sim N(0, \sigma_\mu^2 I_N)$；式（2.13）中，假定 $\varepsilon_t \sim N(0, \sigma_\varepsilon^2 I_N)$。

第二，空间个体效应模型。如果截面个体的截距不同，则应该考虑个体效应对模型的影响。

个体效应空间面板滞后模型：

$$y_t = \rho W y_t + X_t \beta + \alpha + \mu_t \qquad (2.14)$$

个体效应空间面板误差自相关模型：

$$y_t = X_t \beta + \alpha + \mu_t, \quad \mu_t = \lambda W \mu_t + \varepsilon_t \qquad (2.15)$$

与普通面板数据模型类似，根据 α 是否与自变量矩阵 X 相关，分为固定效应和随机效应模型。若 α 代表随机效应，则假定 α 与 μ_t，ε_t 相互独立，且设 $\alpha_t \sim N(0, \sigma_\alpha^2 I_N)$。

2.3.3.3　动态空间面板数据模型

如果在普通的动态面板数据模型中将因变量的滞后项引入模型，从而引入了空间效应，形成了动态空间面板数据模型。根据空间相关性的形式，分别得到动态面板数据空间滞后模型（dynamic panel data spatial lag model）和动态面板空间误差自相关模型（dynamic panel data spatial error autoregression model）。

动态面板空间滞后模型：

$$y_t = \gamma y_{t-1} + \rho W y_t + X_t \beta + \alpha + \mu_t \qquad (2.16)$$

动态面板空间误差模型：

$$y_t = \gamma y_{t-1} + X_t \beta + \alpha + \mu_t, \quad \mu_t = \lambda W \mu_t + \varepsilon_t \qquad (2.17)$$

其中，γ 是因变量序列滞后项的相关系数；其他参数与变量的定义与前文一致。

2.3.4 空间计量经济学在新经济地理学中的应用

2.3.4.1 规模经济，外部性与空间邻近影响

马歇尔外部性、产业间规模经济和公共产品成本分担是新经济地理学中考虑规模经济的三个方面（汪文姣、陈志鸿，2013）。这些由不完全竞争产生的递增的规模经济效应通常使用迪克西特和斯蒂格利茨（Disit and Stigltiz，1975）构造的 D—S 模型进行描述，在垄断竞争条件下，产业内贸易会产生相应的外部性，导致两个区域的经济布局发生变化。

在实证分析中，通常利用 Moran's I 指数、Geary 系数和 Moran 散点图等指标来检验变量的空间相关性。如果经济变量存在空间相关性，则采用空间计量模型进行验证。其中，空间滞后模型 SAR、空间误差模型 SEM 和广义空间自回归模型 SAC 是应用最广泛的三种空间计量模型，而空间杜宾模型 SDM 在近几年也得到了广泛应用。

贝尔纳特（Bernat，1996）、芬格尔顿和麦康比（Fingleton and McConbie，1998），庞斯－诺维尔和维拉德坎斯－马萨尔（Pons-Novell and Viladecans-Marsal，1999）利用空间计量方法对规模经济展开分析，验证了技术进步在地区间存在明显的空间相关性，并具有较强的溢出效应，同时还

证明了生产率增长同样存在较强的溢出效应。克拉克（Clark，1992）和芬格尔顿（2003）的实证分析指出，知识在地区间存在非常明显的溢出效应，但其效应强度与距离成反比。埃尔图尔和科赫（Ertur and Koth，2007）同样利用空间计量方法发现，知识技术在地区间存在非常明显的溢出效应，但其效应强度与距离成反比。

在国内，以龙志和、林光平、陈青青等学者为核心的团队对空间计量经济学的理论及应用进行了较为详细的研究与应用。对中国的研究中，绝大多数文献研究结果表明，中国沿海地区对内陆地区具有非常显著的空间溢出效应，但其效应强度与距离成反比。

2.3.4.2　空间集聚与空间结构的形成

新经济地理学用向心力和离心力之间的大小关系来解释经济的空间布局。C—P 布局的出现和维系正是这两种力共同作用的结果。而这两种力的动态作用会导致层级空间模式的产生。

新经济地理学认为，规模经济和外部性是推动经济活动在空间上集聚的重要因素。在分析外部性的影响时，通常是在核心—外围模型中加入外部性因素，进而分析外部性对经济活动的影响。一般衡量方法是利用与核心区的距离，最主要的计算方式是使用圆距离和有界矩形距离。实证检验欧盟制造业生产率发现，距离核心区越远的地区，由于受到核心区的溢出效应较小，其生产增长速度越慢。然而，这种影响在短期内并不显著，在时间上具有一定的滞后性。

对于经济活动空间结构形成的检验及影响来看，空间经济学通常首先检验经济变量是否存在集聚现象。这通过空间相关性检验来实现，验证该经济变量的空间结构分布是否均匀，或者该经济变量在区域间是否存在异质性。如果集聚变量存在空间相关性，则进一步采用空间计量经济方法对理论模型进行验证。苏格尔顿（2000）推导和构建了区域内生产增长率的 SAC 模型，并利用空间计量方法进行检验。龙（Long，2000）从核心—外围的角度利用空间经济学方法对我国 1978—1994 年省域层面的经济扩散效应进行了分析和检验；研究结论支持了我国沿海地区与内陆地区的经济增长之间存在核心—外围结构，其各自的溢出效应之间具有非均衡性。勒沙杰（Lesage，1999）利用空间计量经济方法研究指出，中国省域层面的经济增长存在非常显著的空间相关性和空间集聚模式。袁海和曹培慎（2011）分析了经济地理和产业政策因素对我国文化产业区域集聚的影响，并利用空间计量经济方法进行检验。顾乃华和朱卫平（2010）基于新经济地理学角度，探讨了产业转移和劳动力转移（即双转移）受产业互动和服务业集聚的影响，并且利用广东省地级市数据使用空间计量方法进行检验；研究发现，由于工业与服务业间具有明显的互动效应，并且存在显著的服务业集聚，因此，产业转移和劳动力转移对服务业集聚产生负向影响，从而降低了产业互动效应。陈俊等人（2013）利用中国省域层面的面板数据使用空间计量方法对影响中国金融产业集聚的因素展开研究，结果发现，我国金融业在省域层面具有显著的正向空间自相关，并有逐渐加强趋势；我国金融业在省域层面具有显著的空间集聚性，也有逐渐加强趋势，且在相邻地区存在明显的溢出效应；新经济地理和产业政策变量正向促进金融集聚。

2.3.4.3 增长趋同与经济收敛

由于世界经济地区间存在非常明显的差异，在认识到知识和技术具有显著的空间溢出效应后，区域经济收敛成为空间经济格局演变的另一个实证研究领域。β 收敛和 σ 收敛是经济趋同的两种基本态势。空间自回归模型通过引入空间权重矩阵，能够估计出地区经济收敛速度，从而分析整个区域空间经济格局的时间变化。从新经济地理学的角度来看，空间误差模型能够详细描述突出空间溢出作用的经济趋同，将地理空间效应加入增长趋同和经济收敛的考虑中，能够有效验证新经济地理学的经济增长与收入分配差异理论。在这方面比较有代表性的文献有雷伊（Rey，2001）、拉马霍和休宁（Ramajo and Hewing，2008）、达勒巴和勒加洛（Dall'erba and Gallo，2004）、林光平等（2006）、吴玉鸣（2006，2007）、何江和张馨之（2006）、洪国志等人（2010）。

2.4　研究述评

通过对高端服务业相关文献、新经济地理学理论以及空间计量经济学的梳理和介绍，体现出以下五个特点。

第一，促进高端服务业发展的重要性已经达成共识，但相关研究非常缺乏。这主要表现在专门研究高端服务业的文献较少，并且主要集中在对高端服务业的概括性介绍，如高端服务业的概念、特征的定义，发展高端服务业的必要性，以及地区性高端服务业的发展效应等方面，一些基础性理论研究非常匮乏；在研究方法上主要以定性研究为主，鲜有专门对高端服务业进行定量研究的文献。因此，从研究内容和研究方法来看，我国对高端服务业的研究尚未深入和系统化。

第二，关于高端服务业的内涵和特征，学界并未形成统一界定。通过对我国服务业相关政策和研究文献的梳理发现，虽然高端服务业的内涵和特征达成了一定的共识，但未能形成一个被广泛认可的概念。本书结合已有学者的研究尝试性地提出了我国当前阶段高端服务业的概念为：高端服务业是现代服务业中具有较强外溢效应、能够有效带动服务业和制造业升级、对战略性资源具有较强的控制力、能够提高整体经济竞争力和控制力的服务行业的集合体。

第三，在高端服务业与经济发展、高端服务业的区域研究、高端服务业政策研究方面，已有研究普遍认为高端服务业的发展能够促进经济发展，并提出了一些具有可操作性的政策建议。但相关研究基本停留在理论探索方面，结合我国经济运行数据的实证研究较少，而且相关研究主要集中在我国的一些发达地区，鲜有文献对我国高端服务业在区域间的相互影响进行深入研究。

第四，高端服务业集聚现象已经形成。关于高端服务业集聚形成机制的研究主要着重于"集体学习过程""外部性""产业间的共同集聚"和一些其他因素。然而，目前尚未发现有文献利用新经济地理理论对我国高端服务业集聚进行深入研究，也没有发现有文献对我国高端服务业集聚的空间效应进行深入研究。

第五，新经济地理学和空间计量经济学作为空间经济学的两个分支，分别用于建立经济现象间的理论模型和对构建的理论模型进行实证检验。随着空间经济学的不断发展完善，空间计量经济学能够更好地将人员、贸易、资金流动等地理经济因素结合入模型内，进而对中国广大区域经济之间的空间联系和相互作用进行研究。这为本书提供了强有力的理论建模工具和实证验证工具。

总体而言，虽然高端服务业作为我国当前急需发展的产业之一，已经引起各级政府的重视并上升为国家战略。然而，我国高端服务业的发展却严重滞后于经济发展的实际，对高端服务业的相关研究非常缺乏，特别是对高端服务业的发展方向、路径等缺乏系统的研究，对当前高端服务业的集聚形成机理和集聚效应也缺乏深入的研究。本书拟利用新经济地理理论构建高端服务业集聚形成机理与集聚效应的理论模型，进而利用我国省域层面的数据使用空间计量经济学方法对这两个方面进行理论分析与验证，以丰富服务业集聚特别是高端服务业集聚的相关研究，并为高端服务业集聚发展提供一个理论框架和经验支持。

第3章　高端服务业集聚形成机理的理论分析

　　将有关制造业的一些指标或者方法运用于服务业的研究是否合理，历来是学者关注研究的话题。然而，服务业的研究不管在国外还是国内均严重滞后于制造业的研究是一个不争的事实。所以，在现有服务业指标或方法体系缺乏或者不完善的情形下，使用制造业的相关方法进行研究不失为一个可行的选择，但必须分析其合理性的问题，甚至必须对其进行改造。高端服务业的集聚也是如此，在引入借用新经济地理学理论构建高端服务业集聚理论分析框架时，先要考虑其合理性，即适用性问题，而不能全盘照搬。

　　本书认为，高端服务业的增长在经济系统中是内生性的，它不能独立于农业和制造业的发展而发展。很多新经济地理学的内生增长模型如资本创造模型（CC 模型）、全局溢出模型（GS 模型）、局域溢出模型（LS 模型）、知识溢出双增长模型（KSIBI 模型）都在原有核心—边缘模型（CP 模型）的基础上引入了资本创造部门，且均假设知识是由资源创造部门创造的，而该资源创造部门一般就是为制造业提供服务的服务业部门，所以都暗含着一个假设，那就是服务业与制造业一样，均具有消费的多样性需求，而且这种需求是随着制造业的增长而增长的。例如，郑长德（2012）利用金融新经济地理模型（FNEG 模型）分析了金融业集聚与经济增长的关系；许培源和魏丹（2015）利用知识溢出双增长模型（KSDIM 模型）分析了知识创新的空间分布和溢出以及对经济发展的影响。

然而，在曹骥赟（2007）的 KSIBI 模型中，假设知识溢出函数为 $f(\Phi)$ = （1+Φ）/2，则其潜在的假设即是：知识溢出程度与贸易自由度 Φ 对产业或经济的影响方向是一致的，而在众多的新经济地理模型中均已经证明贸易自由度 Φ 的增大能够促进集聚，由此可以推理出，知识溢出也必将促进集聚，KSIBI 模型中也确实如此。但张勇（2012）以 CP 模型为基础推出的生产性服务业集聚的理论框架表明，知识溢出对生产性服务业的集聚是一种抑制因素。产生这种分歧的重要原因在于，张勇（2012）模型中的知识溢出是外生的，它与贸易自由度之间并没有确定的同向或者反向的关系，而 KSIBI 模型中将知识溢出设定为贸易自由度的增函数，或者是运输成本的减函数。但是，我们如果不把知识溢出的函数 $f(\Phi)$ =（1+Φ）/2 代入 KSIBI 模型中，而是将其作为一个相对独立的变量进入模型中，则知识溢出对产业集聚或经济的影响就与张勇（2012）的结论一样。

因此，本章首先对新经济地理学集聚理论应用于高端服务业集聚的适用性进行分析。接着，主要是在 KSIBI 模型的基础上，针对高端服务业的特点做了两点修正：一是对新经济地理模型运输成本进行修正，将新经济地理模型中广义的运输成本修正为信息传递成本；二是对 KSIBI 模型中有关知识溢出函数进行修正，即，将 KSIBI 模型中知识溢出函数 $f(\Phi)$ =（1+Φ）/2 修正为 $f(\lambda)$ =（1+λ）/2，即认为区域间高端知识的溢出程度是高端知识开放度 λ 的增函数，从而排除了知识溢出与区域间的贸易自由度正相关的假设。在此基础上，推导出高端服务业集聚形成机理与集聚效应的理论框架模型，为下文各章的实证研究提供理论支撑。

3.1　新经济地理学集聚理论适用性分析

努瓦尔（Noyelle，1985）指出，尽管内生性产业集聚理论和外生性产业集聚理论在解释服务业集聚时具有一定局限性，但也能对其进行部分解释。江小涓（2008）研究指出，无论是可见的商品还是无形的服务，他们都是由一系列要素共同组合而形成的，相应地，贸易的本质也就是这些要素组合的贸易。因此，基于要素禀赋差异的分工理论均适用于对商品和服务贸易。而高端服务业最初是在制造业中孕育和发展并最终脱离出来的，与制造业存在很多共同的特征。所以，很多产业集聚理论在很大程度上也能对高端服务业集聚进行解释，新经济地理学也不例外。在对其进行修正或改进的基础上，新经济地理学能够较好地对高端服务业集聚现象进行解释。已有越来越多的研究者开始运用新经济地理学理论来解释生产性服务业集聚现象，并利用中国数据进行了实证验证。例如，郑飞虎和史潇潇（2010）对北京 R&D 投资集聚的研究，陈建军等人（2009）对我国城市层面生产性服务业集聚的分析都采用了新经济地理学理论。张勇（2012）将新经济地理中的运输成本修正为信息传递成本，运用新经济地理学理论对我国 266 个城市的生产性服务业集聚情况进行研究。詹浩勇（2013）运用新经济地理学理论构建了生产性服务业集聚与制造业转型升级的理论模型，并对其进行了验证。

在新经济地理学中，产业集聚受到向心力和离心力大小的影响，这两种力的大小与区际间的贸易自由度有关。而区际间的贸易自由度的大小主要取决于产业的规模经济和运输成本，这两个经济地理因素对于服务业生产活动的重要性可能比制造业更为突出。新经济地理学中，运输成本被定义为限制贸易发展的所有因素的总和，是一种广义上的运输成本，而非狭义上的。张勇（2012）认为，服务业企业与制造业相比，狭义上的运输成本显得微不足道，甚至可以忽略不计；但在广义上，由于服务过程具有无形性，价格是预先确定好的，服务提供者和顾客间由于存在更明显的信息不对称性，经常会有机会主义和道德风险矛盾出现。因此，为了保证供求双方交易的顺利进行，供求双方必须进行信息的收集、甄别、签订契约等交易活动，从而形成了广义上的交易成本。这种成本显然脱离了由物理上的运输距离而产生的成本。由于高端服务业提供的产品或服务具有高知识含量、高技术等特性，其广义的运输成本比一般的服务企业更加突出。服务贸易的距离弹性至少与有形商品的距离弹性相同，甚至超过有形商品的距离弹性。陈建军等人（2010）、张勇（2012）在研究生产性服务业空间集聚时均将信息传递成本代替狭义上的运费，成为影响生产性服务业空间集聚的重要因素。

在服务业规模经济方面，已有很多研究者指出生产性服务业同样存在明显的规模报酬特点。马库森（Markusen，1989）研究指出，很多服务业存在明显的集聚现象，而生产性服务业则具有更加显著的规模报酬递增特点。马芮威耶克（Marrewijk，1997）研究则指出，不同服务行业之间由于存在异质性特点，彼此间并没有完全替代性，在供给方面具有显著的规模效应。陈建军也指出，生产性服务业的产出主要是为制造业和服务业提供产品和服务，其消费替代弹性系数比制造业小、多样性需求比制造业更强，因此生产性服务业企业具有更强的规模报酬递增现象。杨向阳和徐翔（2004）利用超越对数生产函数模型研究了中国1900—2001年服务业的生产率与规模报酬状况，研究发现这段时期中国服务业规模弹性处于2.0704—2.0938之间，呈现稳定的规模报酬递增现象。

3.2 关于新经济地理模型运输成本的修正

由于新经济地理学所界定的运输成本已经超越了狭义上的范畴，而是一种广义上的概念。方远平等（2008）学者认为，随着信息技术的不断进步，传统的运输成本已经逐渐被交易成本所取代。陈国亮（2010）利用新经济地理学理论构建了生产性服务业集聚的理论分析框架。在分析全国 222 个地级城市的生产性服务业集聚影响因素时，他利用信息传递成本来代替新经济地理学中的冰山运输成本，并假设信息传递成本与两地间的信息化水平和信息化效率呈反向关系。此外，他认为服务业在为消费者提供信息或服务时必然会有一些失真，这种失真与有形产品在运输途中的损耗相类似，因此将其视为信息的传递成本。本书将所有限制高端资源服务贸易的因素总和定义为高端服务业提供信息或服务的传递成本。采用张勇（2012）的做法，将两地间的距离、信息的复杂程度设定为与信息传递成本成正比，将信息化水平和两地的制度完善程度设定为与信息传递成本成反比，信息传递成本 T_{rs} 可表示为：

$$T_{rs} = e^{\frac{K\tau_{rs}}{I_{rs}S}}$$

式中，K 为信息的复杂程度；τ_{rs} 为地区 r 与 s 之间的空间距离；I_{rs} 为地区 r 与 s 的信息技术水平；S 为地区 r 与 s 的制度完善程度。

3.3　模型假设

高端服务业的从业人员通常具备较高的教育水平，他们从事的是脑力劳动，其劳动成果通常是无形且科技含量高的知识产品。在产业形态上，高端服务业通常是由产业价值链分解或延伸而产生的，它们针对某一特定的细分市场提供专业服务。因此，高端服务企业通常具有规模小、创新性强、业务领域较窄、对上下游的依存度高等特点。

本书认为高端服务业的产出是一种高端知识产品，是经济生产活动的重要资源，也是制造业企业生产过程中必需的生产要素。从这个角度分析，区域间高端知识溢出对高端服务业生产成本有重要作用，进而对整个区域经济产生增长效应。因此，本书基于表述的需要，高端知识、高端资源其实是作为同一个概念。高端知识作为一种高级的生产要素，其知识溢出的方式具有特殊性，溢出程度往往受到许多复杂因素影响。而区域间高端服务业务交易量决定了区域间高端知识的溢出程度，高端服务业务交易量与高端知识溢出程度呈正相关。从高端服务业务的复杂性或交易费用可以看出，区域间高端知识交易通常受区域内不同地区的政策法规、知识保护意识、风俗习惯差异和区域间进行高端知识交易产生的风险等因素的影响。本书将上述因素统一表示为高端知识开放度，并用 λ 来测量，并将其定义为 $\lambda = T^{1-\sigma}$，即高端知识开放度与信息传递成本 T 呈负相关，信息传递成本越小，高端知识开放度越大，而 σ 则是高端服务产品的替代弹性系数。

在模型的基本假设方面，本书与局部溢出 LS 模型和知识溢出双增长 KSIBI 模型相似。假设整个经济体中存在东部和西部两个地区、三个部门（农业部门 A、制造业部门 M 和高端知识创造部门 H）、两种要素（劳动力 L 和高端知识 R）。其中，高端知识 R 是高端知识创造部门 H 即本书研究的高端服务业部门的产出；劳动力在三个部门中的名义工资相同，分别用 w 和 w^* 表示东部和西部的劳动力工资（本书东部的经济变量用不加"*"的变量表示，西部的经济变量用加"*"的变量表示）。劳动力和高端资源资本可以在地区内部门间自由流动，但在区域间不能流动。并且假设整个经济体投入到高端知识创造部门的劳动力在任何时候为 1，东部占 r_L，西部占 r_L^*，即 $r_L + r_L^* = 1$，本书为了对投入制造业和高端服务业部门的劳动力进行区别，将投入到高端服务业的劳动力称为熟练技术工人，但本书并未区分一般劳动力与熟练技术工人之间的差别，而是简单地假设他们的工资相等，这对于本书的分析并没有产生影响。

农业部门处于完全竞争市场中并且规模收益不变，以劳动作为唯一的投入要素，生产的农产品是同质的，且生产一单位同质农产品需要 a_A 单位劳动力，假设农产品价格为 P_A，在同一地区内和不同地区间农产品的交易成本为零。制造业部门处于垄断竞争的市场环境中，并且具有规模收益递增的特征。同一地区内制造业产品的交易无运输成本，而不同地区间制造业产品的交易存在"冰山"运输成本。某一地区要销售一单位制造业产品到其他地区时必须运输 τ（$\tau \geqslant 1$）单位制造业产品，因为有 $\tau - 1$ 单位制造业产品在地区间运输过程中"融解"掉了。制造业部门生产的每种差异化制造业产品的固定投入为一单位的高端资源，而可变投入为 a_M 单位的劳动力。由于每个制造业企业生产一单位的差异化的制造业产品，假设高端资源的收益率为 π，工业品的产出量为 x，劳动力的名义工资为 w，则代表性制造业企业的成本函数为 $\pi + w a_M x$。其中，π 为高端资源的收益率，x 为工业品的产出量，w 为劳动力的名义工资。

高端知识创造部门以熟练技术工人作为其唯一的投入要素，每单位高端知识产出需要投入 α_R 单位熟练技术工人。高端知识具有跨期溢出的效应，能够使高端知识创造部门创造单位高端知识的成本递减。为了研究方便，假设本地区内的高端知识存量可以全部被利用，而其他地区的高端知识存量的可利用程度与地区间的高端知识开放度有关。以东部为例，以 λ 表示区际的高端知识开放度，则西部对东部的高端知识溢出 $f(\lambda)$ 可以表示为开放度 λ 的增函数。增函数的形式较多，但为了模型的易操作性，本书采用较为简单的线性函数形式，但正如曹骥赟（2007）[①] 所论述的线性增函数必须具备的三个限制条件，本书采用 $f(\lambda) = \dfrac{1+\lambda}{2}$，即认为区域间高端知识的溢出程度是高端知识开放度 λ 的增函数，从而排除了知识溢出与区域间的贸易自由度

---

① 曹骥赟（2007）在设置线性的溢出函数时认为应该满足三个条件：一是函数是严格递增的，开放度的提高使得溢出增加；二是当开放度为零，溢出不能为零，因为还有其他方式可以溢出；三是当开放度充分大时，空间不存在交易成本，知识能够全部溢出，即区际知识共享。

正相关的假设。假设高端知识存量用高端资源存量来表示。同时，假设高端知识创造部门的成本函数为"可以利用的高端知识存量"做分母的"反比例函数"形式，对于东部来说，高端知识创造的边际投入为 $a_R = \dfrac{1}{F + f(\lambda)F^*}$，其中，$F$ 和 F^* 分别为东部和西部的高端知识存量。所以，东部和西部的高端知识创造成本 G 和 G^* 分别为：

$$G = wa_R, a_R = \frac{1}{F + f(\lambda)F^*}, f(\lambda) = \frac{1+\lambda}{2}$$

$$G^* = w^* a_R^*, a_R^* = \frac{1}{F^* + f(\lambda)F}, f(\lambda) = \frac{1+\lambda}{2} \tag{3.1}$$

由于高端知识作为中间投入品参与到制造业产品的生产中，高端知识溢出降低区域高端知识创造成本，促进该区域高端知识资本的积累。而产品的生产效率必然也会从高端知识资本的积累中获益，降低产品的生产成本，即产品的生产效率也应随着"可利用的总的高端知识资本存量"增大而增大。在空间经济学中，往往用新增单位产出的投入即边际投入 a_M 来表示生产效率的大小，边际投入 a_M 越大，则产品的生产效率越低，边际投入 a_M 越小，则产品的生产效率越高，即生产效率与边际投入 a_M 成反比，因此，可以用边际投入 a_M 的倒数 $1/a_M$（即新增单位投入的产出即边际产出）来表示产品生产效率的大小。为了反映高端知识积累对产品生产效率的影响，应该构建边际投入 a_M 与"可利用的总的高端知识资本存量"负相关的关系的函数，借鉴曹骥赟（2007）的方法，采用"负幂函数"的形式来表示，则：

东部为：$a_M = (F + f(\lambda)F^*)^{\frac{1}{1-\sigma}} = (F + \frac{1+\lambda}{2}F^*)^{\frac{1}{1-\sigma}}$

西部为：$a_M^* = (F^* + f(\lambda)F)^{\frac{1}{1-\sigma}} = (F^* + \frac{1+\lambda}{2}F)^{\frac{1}{1-\sigma}}$ $\tag{3.2}$

假设东部和西部地区在技术、资源禀赋、交易水平等方面都相同，消费者的偏好也相同且都具有双重效用。总效用函数 U 是指消费者根据自身的收入情况，将总支出按照一定的比例购买农产品和制造业产品时产生的效用，用柯布—道格拉斯型函数（即 CD 函数）表示，其中，C_A 代表同质农产品的消费量，也可以表示对农产品消费的效用大小，C_M 代表对不同的差异化的工业品组合的消费量，也可以表示对工业品组合消费的效用大小；子效用函数 C_M 用不变替代弹性（CES）函数表示，是指消费者对一组差异化的制造业产品组合进行消费的效用。因此，代表性消费者的效用函数形式化表达如式（3.3）所示：

$$\text{总效用：} \quad U = C_M^{\mu} C_A^{1-\mu}$$

$$\text{子效用：} \quad C_M = [\int_0^{n^w} (c_i)^{\frac{\sigma-1}{\sigma}} di]^{\frac{\sigma}{\sigma-1}}, 0 < \mu < 1 < \sigma \qquad （3.3）$$

其中，$n^w = n + n^*$，代表整个经济体总的制造业产品种类，n 和 n^* 分别为东部和西部制造业产品的种类数量；c_i 代表用户对第 i 种制造业产品的消费数量；μ 为消费者对制造业产品的支出份额；σ 代表不同制造业产品之间的替代弹性（这里假设所有替代弹性都相同）。由于本书假设差异化的制造业产品使用一单位的高端资源，所以 σ 也代表了对高端资源的替代弹性。

消费者效用最大化受到消费者可支配收入的约束，具体为：

$$P_A C_A + \int_0^{n^w} p_i c_i di = Y \qquad （3.4）$$

式中，P_A 和 p_i 分别代表农产品价格和第 i 种制造业产品价格；Y 代表消费者收入。东部和西部的支出分别以 E 和 E^* 代表，占东西部总支出份额分别用 s_E 和 s_E^* 表示，且 $s_E + s_E^* = 1$；两区域的总支出为 $E^W = E + E^*$；本书假设收入等于支出，因此，$Y = E^W$。假设东西部总的劳动力为 L^W；东部和西部的高端

资源分别以 F 和 F^* 表示，占东西部地区总的高端资源份额分别用 s_n 和 s_n^* 表示，且 $s_n + s_n^* = 1$；东部和西部总的高端资源存量 $F^W = F + F^*$；前面假设每一制造业企业使用一个单位的高端资源作为固定投入，因此，s_n 和 s_n^* 也代表了东部和西部的制造业企业数分别占东西部总的制造业企业数的比重。

3.4　模型的短期均衡

3.4.1　农业部门

由于农业部门处于完全竞争市场中并实行边际成本定价方法，东部为 $p_A = w a_A$，西部为 $p_A^* = w^* a_A$，其中，p_A 和 p_A^* 分别为东部和西部农产品价格，a_A 为生产一单位农产品需要投入的劳动力。由于在同一地区内和不同地区间农产品的交易成本为零，所以东部和西部地区的农产品价格相等，即 $p_A = p_A^*$，进而 $w = w^*$，这意味着劳动力在东部和西部两个区域的工资是相等的。只要两个区域都生产农产品，那么这种关系总能成立，这种条件称为农业非完全专业化条件，即不存在一个地区专门生产农产品而另一个地区不生产农产品的情况。

以 a_A 单位的农业部门劳动投入作为一个计价单位，则农业部门中变量的关系为：

$$p_A = p_A^* = w = w^* = 1 \qquad （3.5）$$

3.4.2　制造业部门

3.4.2.1　企业产出量决定

以东部为例，假设 E 为东部的消费水平，等于东部劳动力的收入与东部高端知识收益之和减去东部高端知识的创造投资的差值，则东部对制造业产

品的支出为 μE，在收入一定的约束下，根据消费者效用最大化条件，很容易求出东部对制造业产品 j 的消费量，即 [1]

$$c_j = \mu E \frac{p_j^{-\sigma}}{p_M^{1-\sigma}} = \mu E \frac{p_j^{-\sigma}}{\Delta n^w}$$

$$\Delta n^w = \int_{i=0}^{n^w} p_i^{1-\sigma} di \qquad （3.6）$$

式中，p_j 是制造业产品 j 的价格；n^w 是工业企业生产的产品种类总数或生产企业总数。由于每个生产企业的产品供应给东部和西部的消费者，制造业产品在区域内运输无成本，但在区域间运输存在"冰山"运输成本，所以供应制造业产品 j 的企业的生产量为：

$$x_j = c_j + \tau c_j^* \qquad （3.7）$$

3.4.2.2　产品价格的决定

制造业企业是在垄断竞争的市场进行生产，对产品的定价采用边际成本加成定价法（谭余夏，2013），在均衡时获得零净利润，所有的制造业企业的产量和价格均处于均衡水平。以东部为例，由于东部产品出售到西部时存在"冰山"交易成本，因此西部消费者获得的东部产品价格是东部消费者消费东部产品价格的 τ 倍，进而得出下式 [2]：

$$P = \frac{w a_m \sigma}{\sigma - 1}, \quad P^* = \frac{\tau w a_m \sigma}{\sigma - 1} \qquad （3.8）$$

由于制造业企业是垄断竞争的市场结构，采用边际成本加成定价法对产品进行定价，因此均衡价格大于完全竞争市场均衡时的价格。这是由于制造

---

[1]　具体推导过程可以参见附录 A。

[2]　具体推导过程可以参见附录 B。

业产品的差异化导致各自产品具有一定垄断利润，因此均衡价格除去覆盖可变成本外还包含另外一部分，这部分被称为"加价"（make-up），"加价"部分也就是资本的收入部分。每个制造业企业拥有一个单位资本作为固定成本，而可变成本为每单位产出需 a_m 个单位劳动力，因此增加每一单位产出增加的成本为 wa_m，从 $p=wa_m/（1-1/\sigma）$ 中可以看出，单位价格中可变成本 wa_m 所占份额为 $1-1/\sigma$，固定成本所占的份额为 $1/\sigma$。

3.4.2.3 高端资源收益率

前面假设每个制造业企业使用一个单位的高端资源作为固定成本，所以高端资源收益率就是制造业企业的经营利润[1]：

$$\pi = \frac{px}{\sigma} \qquad （3.9）$$

制造业企业的经营利润为：

$$\pi = bB\frac{E^W}{F^w} , \quad B = (\frac{s_E}{\Delta} + \Phi\frac{1-s_E}{\Delta^*})\chi , \quad b \equiv \frac{\mu}{\sigma}$$

$$\Delta = \chi s_n + \Phi(1-s_n) , \Delta^* = \chi\Phi s_n + (1-s_n)$$

$$\chi = (\frac{a_m}{a_m^*})^{1-\sigma} = \frac{s_n + f(\lambda)(1-s_n)}{(1-s_n) + f(\lambda)s_n} \qquad （3.10）$$

$$\pi^* = bB^*\frac{E^M}{F^w} , \quad B^* = (\Phi\frac{s_E}{\Delta} + \frac{1-s_E}{\Delta^*})\chi , \quad b \equiv \frac{\mu}{\sigma}$$

$$\Delta = \chi s_n + \Phi(1-s_n) , \Delta^* = \chi\Phi s_n + (1-s_n)$$

---

① 具体推导过程可以参见附录 C。

$$\chi = (\frac{a_m}{a_m^*})^{1-\sigma} = \frac{s_n + f(\lambda)(1-s_n)}{(1-s_n) + f(\lambda)s_n} \qquad (3.11)$$

3.4.2.4　市场支出份额

假设经济体的收入全部用于消费，即经济体的收入等于支出。经济体的收入为劳动力收入加上高端服务业企业的收益剩余（即高端资本的收益剩余）。市场支出份额是指当整个经济体在短期均衡情况下东部和西部各自的消费支出分别占整个经济体消费支出的比重。东部的支出等于东部的劳动力收入和高端资源的收益之和减去高端资源创造的支出，西部的支出与此类似。高端资源创造支出包括两部分，一是补充高端资源的利用所产生的消耗即折旧的部分，为 $\delta F^W a_R$；二是维持高端资源的净增长的投入，为 $gF^W a_R$。因此，东部和西部的支出表达式为：

东部经济支出为：

$$E = s_L L^w + s_n bBE^w - (g+\delta) Fa_R \qquad (3.12)$$

西部经济支出为：

$$E^* = (1-s_L)L^w + s_n^* bB^* E^w - (g+\delta) F^* a_R^* \qquad (3.13)$$

经济体的总支出为：

$$E^W = L^W + bE^W - (g+\delta)(Fa_R + F^* a_R^*)$$

$$= L^W + bE^w - (g+\delta)(\frac{F}{F + f(\lambda)F^*} + \frac{F^*}{F^* + f(\lambda)F})$$

$$= L^W + bE^W - (g+\delta)(\frac{s_n}{s_n + f(\lambda)(1-s_n)} + \frac{1-s_n}{(1-s_n) + f(\lambda)s_n})$$

$$= \frac{L^W - (g+\delta)(\frac{s_n}{s_n + f(\lambda)(1-s_n)} + \frac{1-s_n}{(1-s_n) + f(\lambda)s_n})}{1-b} \quad （3.14）$$

东部支出占整个经济体总支出的比重即为东部的市场支出份额：

$$s_E = \frac{E}{E^W} = \frac{\frac{[(s_n + f(\lambda)(1-s_n))s_L L^w - (g+\delta)s_n](1-b)}{(s_n + f(\lambda)(1-s_n))L^W - (g+\delta)[s_n + \frac{(1-s_n)(s_n + f(\lambda)(1-s_n))}{(1-s_n) + f(\lambda)s_n}]} + \frac{s_n b \Phi}{\Delta^*}}{1 - s_n b(\frac{1}{\Delta} - \Phi\frac{1}{\Delta^*})}$$

$$（3.15）$$

3.5 模型的长期均衡

3.5.1 均衡条件

长期均衡就是指在一定的区际高端知识开放度和贸易自由度范围内，经济系统的区位模式保持稳定，即高端资源的空间分布 s_n 保持长期稳定状态。同时，区域的支出份额 s_E 也保持稳定。有对称均衡和核心—边缘均衡两种长期均衡区位（核心—边缘均衡包括以东部为核心，西部为边缘或者以西部为核心，东部为边缘的区位模式）。对称均衡情况下，制造业企业和高端资源在东部和西部区域均等分布，东部和西部具有相同的高端资源创造速度，且高端资源价值均与高端资源创造成本相等，依据"托宾 q 理论"，对称均衡情况下高端资源价值与高端资源创造成本的关系可以用式（3.16）表示；在核心—边缘均衡情况下，所有的生产企业和高端资源都集中到核心区，此时高端资源价值与高端资源创造成本相等，而对于边缘区而言，高端资源创造由于高端资源价值小于高端资源创造成本而停止。所以，可以用式（3.17）表示核心—边缘均衡的均衡条件。

$$q = \frac{v}{G} = 1, \quad q^* = \frac{v^*}{G^*} = 1, \quad 0 < s_n < 1 \tag{3.16}$$

$$q = \frac{v}{G} = 1, \quad q^* = \frac{v^*}{G^*} < 1, \quad s_n = 1, \quad 或 q = \frac{v}{G} < 1, \quad q^* = \frac{v^*}{G^*} = 1, \quad s_n = 0 \tag{3.17}$$

式中，q 即托宾的 q 值，为高端资源价值（东部为 v，西部为 v^*）与高端资源创造成本（东部为 G，西部为 G^*）的比率。

当达到长期均衡时，不仅高端资源的空间分布（S_n）达到稳定的定值，而且高端资源存量的增长率（g）也必然为定值，根据式（3.14）：$E^W = L^W + bE^W - (g + \delta)(Fa_R + F^* a_R^*)$，在长期均衡状态下，经济体的总收入 E^W 也为定值。此时高端资源的总收益（即生产企业的总营业利润）：

$$\pi s_n F^W + \pi^*(1 - s_n) F^W = bE^W$$

由于此时经济体总收入 E^W 不变，因此高端资源的总收益也保持不变，为一个定值。另外，经济中制造业产品种类随着高端资源存量以 g 的速度积累而增加，但单位高端资源的收益却随着高端资源存量增加以 g 的速率下降，可以表示为：

$$\pi(t) = \pi e^{-gt}$$

同时，还应该注意高端资源拥有者收益的时间价值，并且假设其折现率为 ρ。综合前面的分析，本期单位高端资源的价值为：

$$v = \int_0^\infty e^{-\rho t} e^{-\delta t} (\pi e^{-gt}) \, dt = \frac{\pi}{\rho + \delta + g}$$

同理可得，

$$v^* = \frac{\pi^*}{\rho + \delta + g} \tag{3.18}$$

式中，g 是长期均衡时的高端资源 F^W 的增长速度。

对称均衡状态下，由 $V=G$ 可得：$\pi = (\rho+\delta+g) G$，假设劳动力在东部和西部对称分布，即 $s_L = \dfrac{1}{2}$，根据式（3.10）和式（3.12），得出：

$$E = \frac{L^W}{2} + \rho S_n / [S_n + f(\lambda)(1-S_n)] \tag{3.19}$$

同理，根据式（3.10）和式（3.13），得出：

$$E^* = \frac{L^W}{2} + \rho(1-S_n) / [f(\lambda) S_n + (1-S_n)] \tag{3.20}$$

根据式（3.19）和式（3.20）可以得到东部的市场支出份额（即下文的长期均衡曲线 EE）：

$$S_E = \frac{E}{E^W}$$

$$= \frac{1}{2} + \frac{\rho f(\lambda)(S_n - \frac{1}{2})}{[S_n + f(\lambda)(1-S_n)][f(\lambda) S_n + (1-S_n)]L^W + \rho[((f(\lambda) S_n + (1-S_n))S_n + (S_n + f(\lambda)(1-S_n))(1-S_n)]}$$

$$= \frac{1}{2} + \frac{2\rho(1+\lambda)(S_n - \frac{1}{2})}{[2S_n + (1+\lambda)(1-S_n)][(1+\lambda) S_n + 2(1-S_n)]L^W + 2\rho[((1+\lambda) S_n + 2(1-S_n))S_n + (2S_n + (1+\lambda)(1-S_n))(1-S_n)]} \tag{3.21}$$

在长期均衡条件下，通过式（3.21）可以得到高端资源的空间分布对东部市场支出份额的影响，得出：

$$\frac{dS_E}{dS_n} = \frac{4\rho f(\lambda)}{[1 + f(\lambda)]\{[1 + f(\lambda)]L^W + 2\rho\}}, \frac{dS_E}{dS_n} > 0 \tag{3.22}$$

$$\frac{d^2 S_E}{d^2 S_n} = \frac{4\rho L^W[1 - f^2(\lambda)] + 8\rho^2}{[1 + f(\lambda)]^2 [(1 + f(\lambda))L^W + 2\rho]^2}, \frac{d^2 S_E}{d^2 S_n} > 0 \tag{3.23}$$

由式（3.22）容易看出，当高端资源的空间分布主要集中在东部地区时，即 $S_n > \dfrac{1}{2}$，高端资源份额的增加将导致东部地区支出比重的增加，同时 $\dfrac{\mathrm{d}^2 S_E}{\mathrm{d}^2 S_n} > 0$，高端资源份额的增加将导致东部地区的支出以递增的速度增加。

3.5.2　高端服务业集聚的区域均衡条件

在东部和西部对称均衡情况下，$s_n = s_n^* = \dfrac{1}{2}$。将高端资源的创造成本代入到整个经济体的总支出定义式 $E^W = L^W + bE^W - (g+\delta)(Fa_R + F^* a_R^*)$，可以得到：

$$E^W = L^W + bE^W - (g+\delta)(Fa_R + F^* a_R^*)$$

$$= \frac{L^W - (g+\delta)\left(\dfrac{s_n}{s_n + f(\lambda)(1-s_n)} + \dfrac{1-s_n}{(1-s_n) + f(\lambda)s_n}\right)}{1-b}$$

$$= \frac{1}{1-b}\left[L^W - \frac{4(g+\delta)}{3+\lambda}\right] \tag{3.24}$$

根据式（3.1）推导出

$$q = q^* \Rightarrow \pi[s_n + f(\lambda)(1-s_n)] = \pi^*[f(\lambda)s_n + (1-s_n)]$$

$$\Rightarrow \pi\left[\frac{s_E}{\chi s_n + \Phi(1-s_n)} + \frac{\Phi(1-s_E)}{\chi\Phi s_n + (1-s_n)}\right] = \pi^*\left[\frac{\Phi s_E}{\chi s_n + \Phi(1-s_n)} + \frac{(1-s_E)}{\chi\Phi s_n + (1-s_n)}\right] \tag{3.25}$$

从式（3.25）中推导出（即下文的区域均衡曲线 nn）：

$$s_E = \frac{1}{2} + \frac{[-2\Phi + f(\lambda)(1+\Phi^2)]\left(s_n - \dfrac{1}{2}\right)}{(1-\Phi^2)[-2(1-f(\lambda))s_n^2 + 2(1-f(\lambda))s_n + f(\lambda)]}$$

$$= \frac{1}{2} + \frac{[-4\Phi + (1+\lambda)(1+\Phi^2)]\left(s_n - \dfrac{1}{2}\right)}{(1-\Phi^2)[-2(1-\lambda)s_n^2 + 2(1-\lambda)s_n + (1+\lambda)]} \tag{3.26}$$

从式（3.26）可以看出，区域均衡条件下高端服务业支出比重受到高端资源空间分布的影响，假设东部和西部地区的高端资源资本对称分布，即 $s_n = \frac{1}{2}$ 时，我们分析 s_n 的微小变动对高端服务业支出比重和高端资源资本创造的影响。

在高端资源空间对称分布时：

$$q = \frac{v}{G} = \frac{\pi}{(\rho + g + \delta)wa_R} = \frac{bBE^w}{(\rho + g + \delta)F^w a_R}$$

将东部高端资源收益率表达式（3.10）和东部高端资源创造成本式（3.1）代入可得：

$$q = \frac{bE^w}{\rho + g + \delta}[s_n + \frac{1+\lambda}{2}(1-s_n)][\frac{s_E}{s_n + \Phi(1-s_n)} + \Phi\frac{1-s_E}{\Phi s_n + (1-s_n)}]$$

通过在 $s_E = s_n = \frac{1}{2}$ 处对 q 进行全微分，得到：

$$dq|_{sym} = \frac{bE^w}{\rho + g + \delta}\left\{\left[\frac{(\lambda+3)(3-\Phi^2)}{2(\Phi+3)(\Phi+1)}\right]ds_E + \frac{(\lambda+3)}{2}\left[\frac{(\Phi-1)}{(\Phi+1)^2} - \frac{\Phi(\Phi+1)}{(\Phi+3)^2}\right]ds_n\right.$$

$$\left. + \left[\frac{(1-\lambda)(\Phi^2 + 2\Phi + 3)}{2(\Phi+3)(\Phi+1)}\right]ds_n\right\},$$

$$\frac{ds_E}{ds_n} = \frac{4\rho f(\lambda)}{[1+f(\lambda)][(1+f(\lambda))L^W + 2\rho]} \tag{3.27}$$

或者，

$$\frac{ds_E}{ds_n} = \frac{8\rho(1+\lambda)}{(3+\lambda)[(3+\lambda)L^W + 4\rho]} \tag{3.28}$$

在式（3.27）中，第一项即 $\mathrm{d}s_E$ 前面的系数 $\dfrac{(\lambda+3)(3-\Phi^2)}{2(\Phi+3)(\Phi+1)}$ 是需求关联效应，由于 $0<\lambda<1$，$0<\Phi<1$，故该系数肯定大于 0，因此，东部市场支出份额增加肯定提升 q 值，提高东部地区的高端资本份额，从而对高端服务业始终表现为集聚力。第二项是市场拥挤效应，因为 $\dfrac{(\lambda+3)}{2}\times[\dfrac{(\Phi-1)}{(\Phi+1)^2}-\dfrac{\Phi(\Phi+1)}{(\Phi+3)^2}]<0$，所以增加东部高端资源资本份额，必然使托宾 q 值减小，将会导致东部的高端资源资本创造速度，是抑制高端资源资本集聚的力量，也是维持高端资源空间分散的力量。第三项的系数为知识溢出效应，因为 $\dfrac{(\Phi^2+2\Phi+3)}{2(\Phi+3)(\Phi+1)}>0$，所以 $\dfrac{(1-\lambda)(\Phi^2+2\Phi+3)}{2(\Phi+3)(\Phi+1)}>0$，当东部高端资源资本份额增加时，必然使托宾 q 值增加，所以高端资源开放度 λ 值（或者知识溢出 $f(\lambda)=\dfrac{1+\lambda}{2}$）减小，$\dfrac{(1-\lambda)(\Phi^2+2\Phi+3)}{2(\Phi+3)(\Phi+1)}$ 增大，东部对高端资源资本的吸引力增强，就越有利于高端服务业向东部集聚。

式（3.28）代入式（3.27），可得：

$$\frac{\mathrm{d}q}{q}=\frac{8\rho f(\lambda)(1-\Phi)+4\{[1+f(\lambda)]L^W+2\rho\}\{[\Phi-f(\lambda)]+\Phi(1-f(\lambda)\Phi)\}}{[1+f(\lambda)]\{[1+f(\lambda)]L^W+2\rho\}}\mathrm{d}s_n$$

$$=\frac{[8\rho(1+\lambda)(1-\Phi)+4(3+\lambda)L^W+4\rho][(2\Phi-1-\lambda)+\Phi(2-\Phi-\lambda\Phi)]}{(3+\lambda)[(3+\lambda)L^W+4\rho]}\mathrm{d}s_n \quad (3.29)$$

因为 $0<\lambda<1$，$0<\Phi<1$，故 $(2-\Phi-\lambda\Phi)>0$，由于 $(2-\Phi-\lambda\Phi)>0$，式（3.29）必然为正值，所以高端资源资本空间对称分布无法保持不变，提升东部资本份额，增加东部的高端资源资本价值或者减少高端资源创造成本，能够促进 q 值提高，将促进东部地区高端资源资本的创造，东部高端资源资本份额增大。因此如果贸易自由度 Φ 较大，高端资源开放度 λ 较小，则 $\Phi>\dfrac{1+\lambda}{2}=f(\lambda)$ 成立，那么高端服务业资本将形成核心—边缘的空间分布结构。

当高端资源资本的长期均衡条件式（3.21）和区域均衡条件式（3.26）相等时，高端资源资本的空间布局将处于稳定状态，可得到以下三个均衡解：

$$s_E = s_n = \frac{1}{2}$$

$$s_n = \frac{1}{2} \pm \frac{1}{2}\sqrt{\frac{[1+f(\lambda)][1+f(\lambda)-2T]}{[1-f(\lambda)][1-f(\lambda)-2T]}} = \frac{1}{2} \pm \frac{1}{2}\sqrt{\frac{(3+\lambda)(3+\lambda-4T)}{(1-\lambda)(1-\lambda-4T)}}$$

其中，$T = \dfrac{2\rho\Phi[1-f(\lambda)\Phi]}{L^W[-2\Phi+f(\lambda)(1+\Phi^2)]} = \dfrac{2\rho\Phi[2-(1+\lambda)\Phi]}{L^W[-4\Phi+(1+\lambda)(1+\Phi^2)]}$

由于 $s_n \in [0,1]$，因此 Φ、$f(\lambda)$（或者 λ）取值在某个区间范围，后两个均衡解才存在，在暂不考虑 $f(\lambda)$（或者 λ）的情况下，通过解不等式 $0 < \dfrac{[1+f(\lambda)][1+f(\lambda)-2T]}{[1-f(\lambda)][1-f(\lambda)-2T]} < 1$，解得 Φ 在以下范围，存在三个内部均衡解。

$$\frac{[(1+f(\lambda))L^W+2\rho]-\sqrt{(1-f^2(\lambda))[(1+f(\lambda))L^W+2\rho]^2+4\rho^2 f^2(\lambda)}}{f(\lambda)[1+f(\lambda)]L^w+4\rho f(\lambda)}$$

$$< \Phi < \frac{(L^W+\rho)-\sqrt{(L^W+\rho)^2-f^2(\lambda)L^W(L^W+2\rho)}}{f(\lambda)(L^W+2\rho)}$$

$$或者\ \frac{2[(3+\lambda)L^W\rho]-\sqrt{(1-\lambda)(3+\lambda)[(3+\lambda)L^W+4\rho]^2+\rho^2(1+\lambda)^2}}{(1+\lambda)(3+\lambda)L^w+8\rho(1+\lambda)}$$

$$\leq \Phi \leq \frac{2(L^W+\rho)-\sqrt{4(L^W+\rho)^2-(1+\lambda)^2 L^W(L^W+2\rho)}}{(1+\lambda)(L^W+2\rho)}$$

将 $\dfrac{[(1+f(\lambda)L^W+2\rho]-\sqrt{(1-f^2(\lambda))[(1+f(\lambda))L^W+2\rho]^2+4\rho^2 f^2(\lambda)}}{f(\lambda)[1+f(\lambda)]L^w+4\rho f(\lambda)}$ 和

$\dfrac{(L^W+\rho)-\sqrt{(L^W+\rho)^2-f^2(\lambda)L^W(L^W+2\rho)}}{f(\lambda)(L^W+2\rho)}$ 分别定义为 Φ_B 和 Φ_S。

在 $\Phi_B < \Phi < \Phi_S$ 状态下，高端资源资本的空间分布在

$$s_n = \frac{1}{2} \pm \frac{1}{2}\sqrt{\frac{[1+f(\lambda)][1+f(\lambda)-2T]}{[1-f(\lambda)][1-f(\lambda)-2T]}} = \frac{1}{2} \pm \frac{1}{2}\sqrt{\frac{(3+\lambda)(3+\lambda-4T)}{(1-\lambda)(1-\lambda-4T)}} \ \text{和} \ s_n = \frac{1}{2} \ \text{时，高}$$

端服务业的空间分布是稳定的。我们不难看出，高端资源资本空间分布的稳定状态与贸易自由度 $\varPhi$ 和高端知识溢出程度 $f(\lambda)$（或者高端资源开放度 λ）有关。以下两节分别对贸易自由度 $\varPhi$ 和高端知识溢出程度 $f(\lambda)$ 影响高端服务业资本空间分布进行讨论。

3.5.3　贸易自由度与高端服务业集聚

在坐标轴中，定义横坐标为 S_E，纵坐标为 S_n。将长期均衡条件式（3.21）用 EE 曲线表示，区域均衡条件式（3.26）用 nn 曲线表示。由于 EE 曲线的斜率与 $\varPhi$ 值无关，故 EE 曲线是一条斜率固定的斜线，而 nn 曲线则与 $\varPhi$ 值有关系，故是一条曲线，当 $\varPhi$ 值由小变大时，区域均衡曲线 nn 将围绕对称点（1/2，1/2）向左旋转。

斜线 EE 和曲线 nn 在贸易自由度 $\varPhi < \varPhi_B$ 状态下的图形（见图 3.1）。

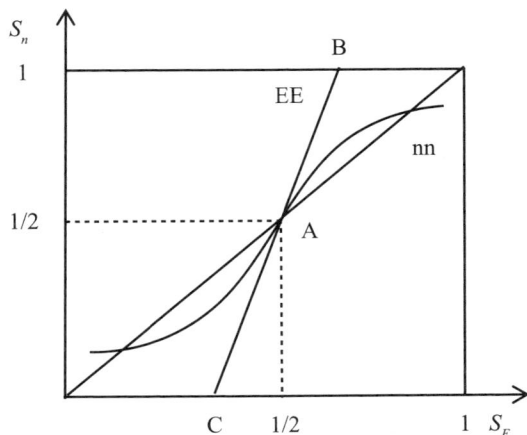

图 3.1　贸易自由度 $\varPhi < \varPhi_B$ 状态下的剪刀图解 [1]

---

① BALDWIN R，FORSLID R，MARTIN P. *Economic Geography and Public Policy* [M]. Princeton：Princeton University Press，2003. 图 3.1—图 3.5 均参考此书。

从图 3.1 可以看出，曲线 nn 在贸易自由度 $\Phi < \Phi_B$ 状态下，当经济体受到某种冲击，偏离对称点 A（1/2，1/2）时，如果偏离点在 nn 曲线的右下方时，则 $q=1$，$q^* < 1$，东部地区资本创造成本降低，资本创造增加，东部企业资本份额 s_n 增加；如果偏离点在 nn 曲线的左上方时，则 $q < 1$，$q^*=1$，西部地区资本创造成本降低，资本创造增加，西部企业资本份额 s_n^* 增加，则东部企业资本份额 s_n 减少。因此，在贸易自由度 $\Phi < \Phi_B$ 状态下，当高端资源资本达到对称均衡分布时，经济体在受到某种冲击情况下，任何偏离对称点 A 的偏离点由于受到 EE 曲线的约束，均会重新恢复到对称点 A，所以对称均衡是唯一的稳定均衡。

斜线 EE 和曲线 n′n′ 在贸易自由度 $\Phi > \Phi_S$ 状态下的图形（见图 3.2）。

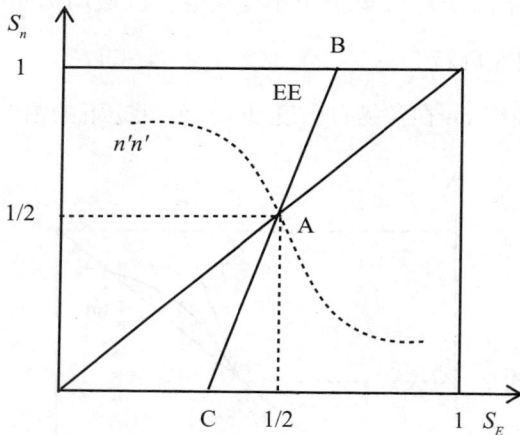

图 3.2　贸易自由度 $\Phi > \Phi_S$ 状态下的剪刀图解

通过图 3.2 与图 3.1 比较发现，随着 Φ 值的增加，曲线 nn 围绕对称点 A（1/2，1/2）向左旋转，转移到 n′n′。曲线 nn 在贸易自由度 $\Phi > \Phi_S$ 状态下，当经济体受到某种冲击，偏离对称点 A，当偏离点位于 n′n′ 曲线的右上方时，在相同 s_n 的情况下，n′n′ 曲线右上方任何偏离点的 s_E，都大于 n′n′

曲线上对应的 s_E，因此偏离点将会向上沿着 EE 移动到 B 点。同理，当偏离点位于 $n'n'$ 曲线的左下方时，在相同 s_n 的情况下，$n'n'$ 曲线左下方任何偏离点的 s_E，都小于 $n'n'$ 曲线上对应的 s_E，偏离点将会向下沿着 EE 移动到 C 点。因此，在贸易自由度 $\Phi > \Phi_S$ 状态下对称均衡不再稳定，处于以 B 点为核心或者以 C 点为核心的核心—边缘结构成为稳定状态。

斜线 EE 和曲线 nn 在贸易自由度 $\Phi_B < \Phi < \Phi_S$ 状态下的图形（见图 3.3）。

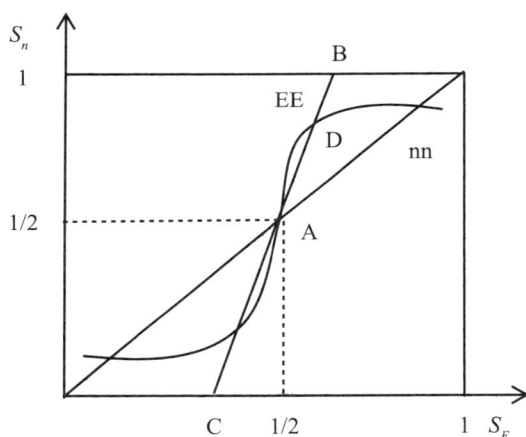

图 3.3　贸易自由度 $\Phi_B < \Phi < \Phi_S$ 状态下的剪刀图解

从图 3.3 可以看出，当贸易自由度 $\Phi_B < \Phi < \Phi_S$ 时，如果贸易自由度 Φ 值由小到大，当 $\Phi = \Phi_B$ 时，对称均衡点 A 开始变得不稳定，随着 Φ 值的逐渐上升，稳定的均衡点沿着长期均衡 EE 曲线从对称点 A 向两侧移动，在 A 点附近出现两个长期均衡曲线与区域均衡曲线的两个交点 D 点和 E 点，即两个新的长期均衡点。如果 Φ 值由 1 到小变化，当 $\Phi = \Phi_S$ 时，这时以 B 点或者 C 点为核心的核心—边缘结构开始变得不稳定，随着贸易自由度 Φ 值逐渐下降，长期稳定均衡点沿着长期均衡曲线 EE 从 B 点或者 C 点向对称点 A 靠拢。因此，当 $\Phi_B < \Phi < \Phi_S$ 时，长期稳定的均衡点既不是图 3.1 中的对称均

衡点 A 也不是图 3.2 中的核心点 B 点和 C 点，而是图 3.3 中的 D 点和 E 点。

根据以上贸易自由度 Φ 与高端服务业集聚关系的分析，可得到以下结论：当贸易自由度 $\Phi < \Phi_B$ 时，高端服务业企业在整个经济体的分布是对称的，空间布局是分散的；当贸易自由度 $\Phi_B < \Phi < \Phi_S$ 时，高端服务业企业在整个经济体的分布是非对称分布，其空间布局表现为在东部和西部地区中有一个地区占有相对较大的份额，而另一个地区占有较小的份额，但却能够保持稳定均衡的状态；当贸易自由度 $\Phi > \Phi_S$ 时，高端服务业企业在整个经济体的分布是集中的，其空间布局表现为在东部集聚或者在西部集聚。综合图 3.1—图 3.3 我们可以得到贸易自由度 Φ 与高端服务业集聚关系如图 3.4 所示。

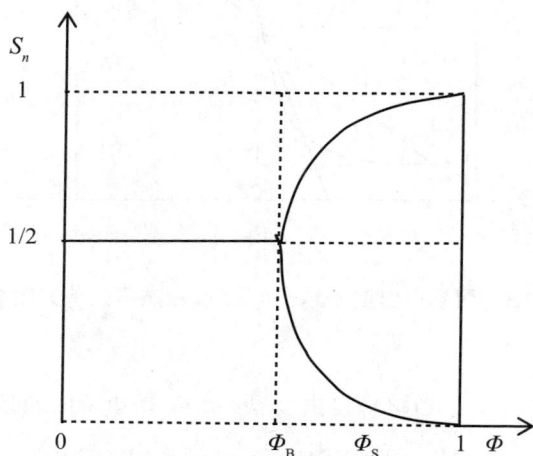

图 3.4 高端服务业集聚下的战斧图

因此，贸易自由度 Φ 值越大，高端服务业越可能处于集聚状态，这一点与新经济地理学理论中贸易自由度 Φ 对制造业集聚的影响一致。而贸易自由度 Φ 的高低与运输成本 τ 和高端服务产品的替代弹性 σ 有关。 $\Phi = \tau^{1-\sigma}$，

$\partial \Phi \big/ \partial \tau = (1-\sigma)\tau^{-\sigma}$，$\sigma > 1$，$\partial \Phi \big/ \partial \tau < 0$，因此贸易自由度 Φ 与运输成本 τ 呈反向关系；$\Phi = \tau^{1-\sigma}$，$\partial \Phi \big/ \partial \sigma < 0$，所以替代弹性 σ 的增加，将导致 Φ 的降低。

3.5.4　高端知识溢出与高端服务业集聚

从贸易自由度 Φ 与高端服务业集聚的分析中，可以看出高端服务业的集聚状态与 Φ_B、Φ_S 的大小有关，当 $\Phi < \Phi_B$ 时，高端服务业企业在东西部均衡分布，当 $\Phi > \Phi_S$ 时，高端服务业企业集中在东部地区或者是西部地区，当 $\Phi_B < \Phi < \Phi_S$ 时，高端服务业企业的空间布局在东部地区和西部地区是非对称分布，而 Φ_B 和 Φ_S 的大小受高端知识溢出程度 $f(\lambda)$ 的影响，本节主要分析 $f(\lambda)$ 对 Φ_B 和 Φ_S 的影响，进而分析高端知识溢出程度 $f(\lambda)$ 对高端服务业的集聚状态的影响。

由于：$\Phi_B = \dfrac{[(1+f(\lambda))L^W + 2\rho] - \sqrt{(1-f^2(\lambda))[(1+f(\lambda))L^W + 2\rho]^2 + 4\rho^2 f^2(\lambda)}}{f(\lambda)[1+f(\lambda)]L^w + 4\rho f(\lambda)}$

故：$\partial \Phi_B \big/ \partial f(\lambda) > 0$，$\partial^2 \Phi_B \big/ \partial^2 f(\lambda) < 0$。

由于：$\Phi_S = \dfrac{(L^W + \rho) - \sqrt{(L^W + \rho)^2 - f^2(\lambda)L^W(L^W + 2\rho)}}{f(\lambda)(L^W + 2\rho)}$

故：$\partial \Phi_S \big/ \partial f(\lambda) > 0$，$\partial^2 \Phi_S \big/ \partial^2 f(\lambda) < 0$

所以 Φ_B 和 Φ_S 的曲线均为凹函数，我们以高端知识溢出程度 $f(\lambda)$ 为纵坐标，以贸易自由度为横坐标，描绘不同 $f(\lambda)$ 下的 Φ_B 和 Φ_S 的曲线，可以更加直观地看出高端知识溢出程度 $f(\lambda)$ 对高端服务业集聚状态的影响，如图 3.5 所示。

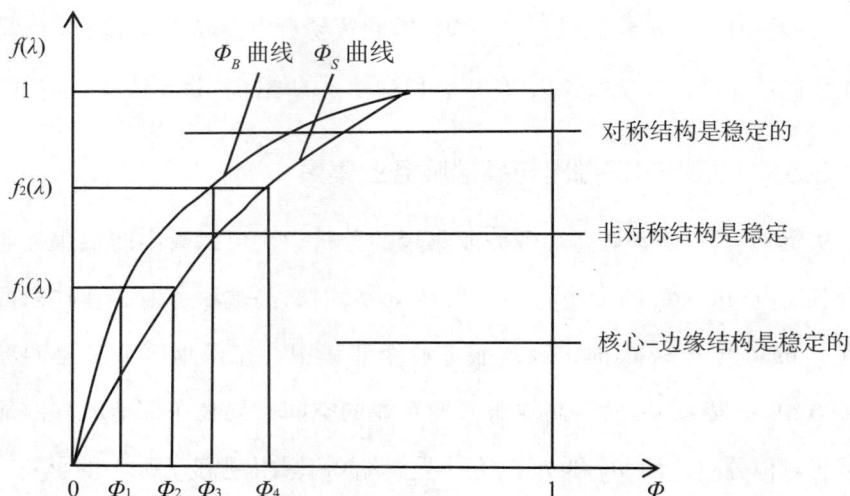

图 3.5　高端知识溢出对高端服务业集聚的影响

从图 3.5 可以看出，当贸易自由度 $\Phi_2 < \Phi < \Phi_3$、同时高端知识溢出 $f(\lambda)=f_1(\lambda)$ 时的高端服务业空间分布情况。此时，Φ_B 曲线的 Φ 值等于 Φ_1，Φ_S 曲线的 Φ 值等于 Φ_2，而贸易自由度 $\Phi_1 < \Phi_2 < \Phi$。因此，此时高端服务业企业的空间分布呈集聚状态，集中分布在东部或西部地区。随着信息技术的发展或制度的不断完善，高端知识在区域间的溢出程度更高，使 $f(\lambda)$ 由 $f_1(\lambda)$ 增加到 $f_2(\lambda)$。此时，Φ_B 曲线的 Φ 值等于 Φ_3，Φ_S 曲线的 Φ 值等于 Φ_4，而贸易自由度 $\Phi < \Phi_3 < \Phi_4$。因此，高端服务业企业对称分布在东部和西部。所以，在贸易自由度 Φ 值一定的情况下，随着高端知识溢出程度 $f_1(\lambda)$ 的增加，即高端知识在东部和西部间传播更加容易时，高端服务业会从东部或者西部的集聚状态，演变为东部和西部的对称分布状态。也就是使高端服务业的分布由集聚状态演变为分散状态。

另外，从图 3.5 中得知，Φ_B 曲线和 Φ_S 曲线的斜率都是在贸易自由度 Φ 值较小时比较陡峭，当 Φ 值增大到一定程度时则变得越来越平缓。因此，当贸

易自由度 Φ 值比较小时，高端知识溢出程度 $f(\lambda)$ 值的增加更容易促使高端服务业的分布由集聚状态转为分散状态。当贸易自由度 Φ 值较大时，高端知识溢出程度 $f(\lambda)$ 值的增加越不容易导致高端服务业的分布由集聚状态转为分散状态。所以，我们得出高端知识溢出 $f(\lambda)$ 阻碍了高端服务业集聚。而我们前面已经假设知识溢出 $f(\lambda) = (1+\lambda)/2$，高端资源开放度 $\lambda = T^{1-\sigma}$。所以，高端资源开放度 λ 与高端服务业的集聚度负相关。而信息传递成本 T 与高端资源开放度 λ 呈负相关，故信息传递成本与高端服务业集聚程度成正相关。而信息传递成本 T 与信息的复杂程度成正比，与信息技术水平、制度完善程度成反比。故信息技术水平和制度完善程度与高端服务业集聚程度呈负相关。

3.6　本章小结

本章首先分析了利用新经济地理学研究高端服务业集聚具有一定的适用性的基础上，结合高端服务业的特点对知识溢出双增长模型（KSIBI 模型）进行了两点修正。一是将新经济地理模型中广义的运输成本修正为信息传递成本；二是对 KSIBI 模型中有关知识溢出函数假设的修正。进而构建了高端服务业集聚形成机理与集聚效应的理论框架模型。模型表明，高端服务业空间分布的稳定状态与贸易自由度和高端知识溢出程度相关。随着内生变量贸易自由度的提高，高端服务业的分布依次经历三个阶段：东西部对称均衡阶段；东西部对称均衡和东西部中一方占优共存阶段；以东西部一方为核心的核心—边缘均衡阶段。贸易自由度值越大，高端服务业越可能处于集聚状态。在贸易自由度一定的条件下，随着高端知识溢出程度的增加，即高端知识在区域间传播越容易，高端服务业将由集聚状态转变为分散状态。这表明高端知识溢出是一种抑制高端服务业集聚的力量。

第4章　高端服务业集聚水平分析

本章旨在量化描述我国 2003—2019 年高端服务业的集聚水平，使我们对中国高端服务业的集聚状况有一个直观的了解。然而，与第 3 章指出的一样，服务业的研究不管是在国外还是国内均严重滞后于制造业的研究，对服务业集聚指标的研究也是如此。尽管不少学者如穆拉特和加卢伊（Moulaert and Gallouj，1993）已经指出制造业集聚的分析范式并不适合服务业集聚的研究，但这并不能否认服务业集聚与制造业集聚之间具有相通之处。比如，两类产业的集聚均表现为以微观企业为单元在空间上的分布，这就使得用于衡量制造业和服务业集聚程度的指标在两者之间具有一定的共性和通用性。目前，国内已有很多学者使用制造业集聚的指标对服务业的集聚程度展开研究。例如，马风华和刘俊（2006）利用 E—G 指数对中国 11 个服务行业 1998 年、2000 年和 2002 年三个年度的集聚水平进行测定，表明中国服务业集聚现象虽然不是很显著，但集聚程度在增加，并且有向制造业集聚的地区集中的趋势。杨勇（2008）利用转换的阿米蒂（Amiti）和梅文（Wen）的区域分布基尼系数以及空间基尼系数，在省级层面上同时从生产总值和从业人员的角度测算和验证了中国服务业内部 14 个服务门类的区域集中程度，研究结论主要有：中国的现代服务业主要集聚在东部区域，而传统服务业主要集聚在中西部。李文秀和胡继明（2008）利用中国服务业从业人员数据测算了空间基尼系数、赫芬达尔系数以及 E—G 系数，得出了不管从哪个指标来看，中国服务业的集聚趋势已经出现，集聚程度在不断上升，而且生产性服务业的集聚程度较高，特别是其中的商务服务业、研发服务业、信息服务业等高端服务业的集聚程度最高。

本书的高端服务业集聚研究并没有比较高端服务业及其分产业与其他服务业的集聚程度大小，而是主要研究高端服务业的集聚程度、分布规律、变动趋势、影响因素以及集聚效应等。本章在介绍常用的产业集聚测算指标的基础上，分别对本书选取的 31 个省级行政区的高端服务业及其分行业集聚水平进行测算，初步判断了中国 2003—2019 年高端服务业及其分产业集聚的变化趋势。

4.1　高端服务业集聚水平的测度

目前，国内外衡量产业集聚程度的常用指标主要有行业集中度（CR）、赫芬达尔指数（H）、空间基尼系数（G）、区位熵（LQ）、空间集聚指数（EG）等。在对某一区域的产业集聚程度进行测算时，不同的方法由于测算的对象、角度、范围不尽相同，所得结果存在一定的差异。行业集中度衡量的是企业层面的集中程度，由于数据可得性的原因，无法对高端服务业及其分行业的行业集中度进行测算。在收集本书选取的 31 个省级行政区 2003—2019 年的数据时发现，高端服务业四个分产业的增加值数据不全，但各分行业的从业人员数和产业人员工资总额都有。因此，在测算本书选取的 31 个省级行政区的高端服务业及其分产业集聚水平时，本书采用从业人员数这一指标来测算高端服务业的区位熵、空间基尼系数和 θ_i 指数，同时采用高端服务业从业人员的工资总额指标来计算高端服务业的赫芬达尔系数。

4.1.1 高端服务业及其分产业的区位熵值

区位熵用于衡量某产业在各区域的集聚程度的常用指标之一，其公式为：

$$LQ_{ij} = \frac{E_{ij} / E_i}{E_{kj} / E_k} \tag{4.1}$$

式中，E_{ij} 指区域 i 内产业 j 的就业人数（或产值）；E_i 指区域 i 内的总就业人数（或产值）；E_{kj} 指国家或省份 k 内产业 j 的总就业人数（或产值）；E_k 指国家或省份 k 内的总就业人数（或产值）。区位熵系数是一个区域内产业 j 人数（或产值）占本区域全部从业人数（或产值）的比例与全国平均数［全国产业 j 人数（或产值）占全国从业人员（或产值）的比例］之比。若 $LQ_{ij} > 1$，即大于全国平均数；若 $LQ_{ij} < 1$，则小于全国平均数。因此，区位熵系数越大，该地区产业 j 集聚程度越高。一般来说，当区位熵系数大于 1 时，该地区的产业 j 集聚度在全国来说具有优势；当区位熵系数小于 1 时，该地区的产业 j 区位熵在全国来说具有劣势。区位熵方法简便易行，可在一定程度上反映出地区层面的高端服务业及其分行业的集聚水平。本书利用式（4.1）计算了选取的 31 个省级行政区高端服务业及其分产业的区位熵。

4.1.1.1 中国高端服务业及其分产业区位熵

本书选取的 31 个省级行政区的高端服务业区位熵根据式（4.1）计算结果如表 4.1 和表 4.2 所示。

表 4.1 2003—2019 年本书选取的 31 个省级行政区高端服务业区位熵系数（1）

省份	年份									
	2003	2004	2005	2006	2007	2008	2009	2010	2011	2012
北京	12.658	10.255	9.843	10.431	9.282	11.048	11.421	11.288	10.483	11.052
天津	2.638	2.716	2.853	2.643	2.455	2.365	2.120	2.635	1.656	1.567

（续表）

省份	年份									
	2003	2004	2005	2006	2007	2008	2009	2010	2011	2012
河北	0.785	0.801	0.808	0.793	0.771	0.761	0.725	0.694	0.663	0.584
山西	1.364	1.382	1.431	1.370	1.368	1.296	1.193	1.088	1.063	1.018
内蒙古	1.483	1.397	1.333	1.313	1.278	1.234	1.174	1.083	1.030	0.949
辽宁	1.706	1.679	1.689	1.578	1.588	1.591	1.326	1.356	1.421	1.230
吉林	1.513	1.512	1.554	1.306	1.475	1.215	1.259	1.229	1.205	1.076
黑龙江	1.526	1.459	1.452	1.289	1.385	1.221	1.566	1.180	1.127	0.904
上海	4.366	3.642	3.959	4.577	4.838	4.063	4.033	4.006	3.547	3.732
江苏	0.818	0.838	0.819	0.792	0.759	0.765	0.748	0.745	0.764	0.782
浙江	1.153	1.147	1.137	1.275	1.124	1.189	1.291	1.342	1.396	1.695
安徽	0.551	0.540	0.522	0.506	0.500	0.477	0.459	0.446	0.467	0.392
福建	0.986	0.967	0.950	0.943	0.902	0.997	0.929	0.953	0.747	0.719
江西	0.688	0.692	0.687	0.648	0.596	0.603	0.558	0.529	0.534	0.467
山东	0.698	0.670	0.770	0.629	0.715	0.705	0.617	0.593	0.579	0.569
河南	0.692	0.693	0.664	0.639	0.620	0.582	0.542	0.504	0.502	0.477
湖北	1.172	1.079	0.756	0.747	0.889	0.625	0.757	0.607	0.599	0.535
湖南	0.716	0.692	0.617	0.591	0.606	0.595	0.603	0.620	0.650	0.648
广东	1.242	1.225	1.352	1.228	1.202	1.150	1.103	1.102	1.143	1.350
广西	0.654	0.669	0.670	0.645	0.640	0.610	0.617	0.602	0.643	0.704
海南	1.145	1.183	1.168	1.076	1.185	0.998	0.949	0.914	0.937	0.923
重庆	0.822	0.819	0.765	0.769	0.790	0.973	0.930	0.958	0.968	1.026
四川	0.633	0.657	0.684	0.631	0.603	0.603	0.611	0.598	0.599	0.472
贵州	0.475	0.497	0.450	0.436	0.462	0.451	0.465	0.572	0.576	0.498
云南	0.667	0.661	0.587	0.609	0.615	0.593	0.589	0.558	0.554	0.528
西藏	0.888	0.905	0.860	0.776	0.854	0.758	0.744	0.695	0.643	0.439
陕西	1.207	1.187	1.159	1.098	1.051	0.964	1.087	1.095	1.146	0.875
甘肃	0.769	0.790	0.888	0.815	0.814	0.708	0.681	0.633	0.608	0.487
青海	1.344	1.336	1.383	1.241	1.288	1.010	1.263	1.165	1.210	0.871

（续表）

省份	年份									
	2003	2004	2005	2006	2007	2008	2009	2010	2011	2012
宁夏	1.358	1.331	1.250	1.250	1.231	1.188	1.104	1.103	1.054	1.197
新疆	1.798	1.848	1.713	1.628	1.595	1.521	1.351	1.255	1.286	1.222

表 4.2　2003—2019 年本书选取的 31 个省级行政区高端服务业区位熵系数（2）

省份	年份						
	2013	2014	2015	2016	2017	2018	2019
北京	8.991	8.914	9.029	8.855	8.948	8.856	7.308
天津	1.527	1.506	1.689	1.847	2.102	1.991	1.870
河北	1.285	0.675	0.668	0.660	0.601	0.637	0.604
山西	0.894	0.858	0.869	0.823	0.776	0.818	0.986
内蒙古	0.896	0.798	0.790	0.726	0.747	0.836	0.986
辽宁	1.205	1.150	1.169	1.137	1.086	1.059	1.000
吉林	1.012	0.965	0.878	0.851	0.849	0.844	0.813
黑龙江	0.896	0.891	0.911	0.899	0.947	0.940	0.970
上海	4.616	4.153	4.128	4.040	4.043	4.201	4.437
江苏	1.085	1.060	1.030	0.982	0.969	1.002	0.937
浙江	1.196	1.169	1.165	1.200	1.218	1.102	1.029
安徽	0.417	0.414	0.410	0.422	0.422	0.441	0.445
福建	0.742	0.726	0.731	0.743	0.760	0.789	0.728
江西	0.511	0.499	0.486	0.459	0.468	0.453	0.475
山东	0.628	0.636	0.625	0.615	0.614	0.605	0.605
河南	0.438	0.439	0.432	0.465	0.450	0.401	0.436
湖北	0.629	0.632	0.647	0.657	0.643	0.657	0.687
湖南	0.568	0.564	0.555	0.555	0.555	0.557	0.616
广东	1.216	1.209	1.223	1.268	1.149	1.258	1.409
广西	0.595	0.584	0.573	0.527	0.509	0.520	0.531
海南	0.722	0.784	0.749	0.711	0.702	0.701	0.677

（续表）

省份	年份						
	2013	**2014**	**2015**	**2016**	**2017**	**2018**	**2019**
重庆	0.963	0.975	0.941	0.917	0.909	0.912	0.898
四川	0.685	0.675	0.689	0.705	0.711	0.698	0.607
贵州	0.556	0.549	0.523	0.503	0.519	0.487	0.488
云南	0.553	0.514	0.492	0.480	0.477	0.472	0.409
西藏	0.675	0.616	0.520	0.472	0.476	0.419	0.836
陕西	1.090	1.121	1.166	1.171	1.140	1.085	0.978
甘肃	0.609	0.580	0.553	0.538	0.585	0.498	0.565
青海	0.902	0.858	0.798	0.791	0.738	0.696	0.692
宁夏	0.947	0.922	0.941	0.890	0.825	0.789	0.750
新疆	1.009	0.994	0.943	0.847	0.805	0.809	0.771

数据来源：中国经济与社会发展统计数据库，本章表格均为作者计算得到，以下不再说明。

从表4.1和表4.2可以看出，在各年区位熵大于1的省份中只有东部的北京、天津、辽宁、上海、浙江、广东。另外，东部的辽宁、广东，西部的陕西、青海、宁夏在大部分年份的区位熵系数也大于1。而且北京、天津和上海三个直辖市的区位熵远远高于其他省份。同时我们发现，2019年与2003年比较，31个省份中只有天津、山西、内蒙古、黑龙江、安徽、湖北、湖南、广东、西藏的高端服务业区位熵随着时间推移总体保持微弱上升之势，而其他22个省份的高端服务业区位熵则全部下降。这说明我国近年来各地区对高端服务业集聚发展的重视不够，我国高端服务业空间分布总体上还比较分散，甚至在各地区中的重要性有下降之势。以下分别对中国高端服务业的四个分产业的区位熵进行测算。

4.1.1.2 中国信息服务业的区位熵

利用式（4.1）计算了本书选取的 31 个省级行政区信息服务业的区位熵结果如表 4.3 和表 4.4 所示。

表 4.3　2003—2019 年本书选取的 31 个省级行政区信息服务业的区位熵（1）

省份	年份									
	2003	2004	2005	2006	2007	2008	2009	2010	2011	2012
北京	15.975	12.721	12.099	12.625	13.178	16.137	15.824	16.573	16.482	16.362
天津	1.853	2.161	2.538	2.217	1.960	1.853	1.611	1.763	0.979	1.401
河北	0.697	0.802	0.778	0.797	0.787	0.726	0.695	0.668	0.531	0.548
山西	1.160	1.424	1.568	1.355	1.423	1.350	1.150	1.002	1.019	1.014
内蒙古	1.570	1.580	1.378	1.600	1.668	1.610	1.492	1.352	1.206	1.162
辽宁	1.501	1.460	1.479	1.300	1.356	1.384	1.169	1.242	1.286	1.279
吉林	1.365	1.375	1.618	1.432	1.555	1.346	1.715	1.627	1.554	1.202
黑龙江	1.556	1.571	1.447	1.338	1.547	1.407	2.050	1.187	1.112	1.037
上海	3.102	2.454	2.486	2.713	2.973	2.532	2.670	2.521	2.668	2.640
江苏	0.800	0.794	0.815	0.797	0.755	0.736	0.676	0.750	0.749	0.780
浙江	1.023	0.987	0.883	1.083	1.004	1.142	1.218	1.262	1.226	1.312
安徽	0.481	0.483	0.500	0.522	0.460	0.423	0.409	0.385	0.381	0.372
福建	1.329	1.195	1.075	1.154	1.030	0.888	0.825	0.850	0.793	0.714
江西	0.728	0.732	0.731	0.725	0.656	0.578	0.645	0.545	0.456	0.585
山东	0.651	0.587	0.651	0.492	0.515	0.513	0.430	0.422	0.463	0.480
河南	0.604	0.548	0.486	0.484	0.400	0.325	0.382	0.332	0.340	0.347
湖北	0.921	0.881	0.730	0.883	0.780	0.539	0.666	0.510	0.552	0.527
湖南	0.820	0.689	0.659	0.621	0.602	0.630	0.548	0.583	0.615	0.604
广东	1.680	1.616	1.708	1.540	1.468	1.383	1.283	1.228	1.189	1.073
广西	0.655	0.770	0.764	0.747	0.616	0.559	0.538	0.501	0.515	0.551
海南	1.051	1.132	1.350	1.107	1.029	0.729	0.708	0.669	0.762	0.709
重庆	0.722	0.817	0.800	0.811	0.700	0.857	0.734	0.771	0.890	0.831
四川	0.633	0.653	0.636	0.587	0.527	0.520	0.543	0.543	0.485	0.429

（续表）

省份	年份									
	2003	2004	2005	2006	2007	2008	2009	2010	2011	2012
贵州	0.324	0.604	0.414	0.364	0.461	0.515	0.447	0.628	0.537	0.465
云南	0.832	0.808	0.676	0.711	0.721	0.673	0.655	0.511	0.512	0.515
西藏	0.951	1.311	1.230	1.098	1.302	1.099	0.956	0.857	0.433	0.534
陕西	0.957	0.897	1.016	0.890	0.872	0.863	1.313	1.402	1.346	1.305
甘肃	0.836	0.829	0.936	0.658	0.620	0.491	0.655	0.492	0.432	0.470
青海	1.531	1.508	1.713	1.487	1.583	1.229	1.252	1.042	1.027	1.027
宁夏	1.300	1.205	0.956	0.892	0.810	1.002	0.902	0.807	0.632	0.630
新疆	1.313	1.371	1.652	1.270	1.141	1.106	1.007	0.824	0.940	0.899

表 4.4　2003—2019 年本书选取的 31 个省级行政区信息服务业的区位熵（2）

省份	年份						
	2013	2014	2015	2016	2017	2018	2019
北京	11.996	12.134	12.690	12.088	12.190	12.409	11.182
天津	0.999	0.995	1.086	1.134	1.163	1.305	1.220
河北	0.947	0.470	0.462	0.424	0.350	0.366	0.400
山西	0.765	0.678	0.650	0.558	0.503	0.469	0.489
内蒙古	0.985	0.773	0.756	0.694	0.661	0.664	0.612
辽宁	1.186	1.166	1.222	1.167	1.109	1.035	1.014
吉林	1.113	1.048	0.987	0.908	0.831	0.719	0.637
黑龙江	0.810	0.839	0.813	0.749	0.803	0.736	0.821
上海	4.487	4.172	4.129	4.184	4.392	4.732	5.033
江苏	1.507	1.399	1.316	1.223	1.151	1.232	1.095
浙江	0.977	1.014	1.014	1.054	1.190	1.039	1.043
安徽	0.341	0.394	0.393	0.391	0.368	0.388	0.352
福建	0.644	0.616	0.720	0.693	0.756	0.806	0.643
江西	0.572	0.635	0.567	0.453	0.468	0.382	0.346
山东	0.625	0.591	0.581	0.583	0.566	0.533	0.479

（续表）

省份	年份						
	2013	2014	2015	2016	2017	2018	2019
河南	0.350	0.342	0.347	0.387	0.383	0.350	0.419
湖北	0.580	0.654	0.696	0.722	0.691	0.690	0.889
湖南	0.425	0.432	0.400	0.402	0.355	0.333	0.366
广东	1.280	1.285	1.256	1.477	1.407	1.559	1.568
广西	0.440	0.370	0.345	0.315	0.276	0.315	0.292
海南	0.594	0.677	0.597	0.611	0.639	0.670	0.622
重庆	0.685	0.636	0.609	0.571	0.550	0.524	0.467
四川	0.762	0.775	0.836	0.807	0.810	0.723	0.678
贵州	0.429	0.397	0.375	0.387	0.369	0.314	0.323
云南	0.533	0.403	0.369	0.355	0.341	0.299	0.294
西藏	0.572	0.538	0.472	0.419	0.370	0.281	0.785
陕西	1.086	1.156	1.090	1.152	1.099	1.121	1.050
甘肃	0.484	0.423	0.389	0.372	0.366	0.353	0.460
青海	0.749	0.652	0.551	0.591	0.540	0.500	0.452
宁夏	0.536	0.514	0.489	0.462	0.418	0.384	0.344
新疆	0.622	0.567	0.537	0.489	0.420	0.419	0.448

从表 4.3 和表 4.4 可以看出，信息服务业在各年区位熵大于 1 的省份中只有东部的北京、辽宁、上海、广东。另外，东部的天津、浙江、西部的陕西在大部分年份的区位熵系数也大于 1。而且北京、天津和上海三个直辖市的区位熵远远高于其他省份。同时我们发现，2019 年与 2003 年比较，31 个省份中只有上海、江苏、浙江、陕西的信息传输、计算机服务和软件业的区位熵随着时间推移总体保持微弱上升之势（江苏 2013 年提升非常大）。而其他 27 个省份的高端服务业区位熵则全部下降，其中有些省份下降非常严重，同样说明我国近年来各地区对信息服务业的重视不足，甚至在各地区中的重要性有下降之势。

4.1.1.3 中国金融服务业的区位熵

利用式（4.1）计算了本书选取的 31 个省级行政区金融服务业的区位熵结果如表 4.5 和表 4.6 所示。

表 4.5 2003—2019 年本书选取的 31 个省级行政区金融服务业的区位熵（1）

省份	年份									
	2003	2004	2005	2006	2007	2008	2009	2010	2011	2012
北京	4.155	3.761	3.568	4.105	3.626	4.188	4.297	4.275	4.647	4.935
天津	2.124	2.016	1.953	1.885	1.745	1.733	1.671	2.176	1.531	1.411
河北	1.071	1.050	1.085	1.080	1.063	1.100	1.043	1.015	0.910	0.879
山西	1.662	1.626	1.676	1.582	1.597	1.558	1.450	1.325	1.308	1.283
内蒙古	1.578	1.565	1.616	1.611	1.536	1.480	1.466	1.383	1.264	1.203
辽宁	1.943	1.820	1.911	1.793	1.830	1.781	1.498	1.446	1.434	1.349
吉林	1.666	1.588	1.758	1.452	1.607	1.314	1.289	1.264	1.190	1.168
黑龙江	1.505	1.402	1.469	1.315	1.353	1.192	1.235	1.190	1.122	1.147
上海	3.614	2.879	3.387	3.948	4.258	3.556	3.445	3.507	3.805	3.843
江苏	0.997	1.053	1.007	1.010	0.972	0.964	0.951	0.916	0.920	0.898
浙江	1.292	1.304	1.239	1.306	1.198	1.250	1.316	1.310	1.310	1.433
安徽	0.701	0.689	0.634	0.633	0.608	0.605	0.616	0.588	0.589	0.580
福建	1.128	1.102	1.101	1.041	0.959	0.957	0.950	0.933	0.836	0.837
江西	0.828	0.839	0.794	0.774	0.696	0.670	0.691	0.680	0.650	0.603
山东	0.943	0.914	1.000	0.849	0.971	0.992	0.880	0.841	0.807	0.725
河南	0.796	0.792	0.768	0.739	0.747	0.667	0.625	0.606	0.581	0.539
湖北	1.094	1.039	0.769	0.744	1.035	0.707	0.888	0.715	0.649	0.642
湖南	0.796	0.813	0.778	0.744	0.773	0.759	0.742	0.753	0.769	0.748
广东	1.339	1.297	1.321	1.186	1.159	1.157	1.113	1.136	1.169	1.160
广西	0.642	0.614	0.607	0.584	0.596	0.567	0.554	0.539	0.567	0.614
海南	1.100	1.068	0.978	0.885	0.924	0.834	0.783	0.766	0.791	0.841
重庆	0.830	0.865	0.869	0.864	0.868	1.103	1.088	1.125	1.094	1.157
四川	0.717	0.720	0.776	0.710	0.681	0.685	0.724	0.723	0.678	0.697

（续表）

省份	年份									
	2003	2004	2005	2006	2007	2008	2009	2010	2011	2012
贵州	0.477	0.469	0.459	0.457	0.450	0.448	0.428	0.588	0.604	0.589
云南	0.634	0.625	0.599	0.584	0.557	0.568	0.547	0.519	0.515	0.494
西藏	0.943	0.911	0.904	0.826	0.879	0.842	0.771	0.762	0.764	0.593
陕西	1.070	1.053	1.041	1.015	0.970	0.941	1.058	1.104	1.032	1.029
甘肃	0.732	0.768	0.909	0.845	0.886	0.838	0.750	0.735	0.696	0.702
青海	1.083	1.027	1.087	1.008	1.069	0.926	1.072	1.052	0.980	1.028
宁夏	1.647	1.606	1.662	1.656	1.624	1.570	1.386	1.341	1.248	1.266
新疆	1.765	1.877	1.577	1.508	1.457	1.429	1.306	1.291	1.284	1.165

表 4.6 2003—2019 年本书选取的 31 个省级行政区金融服务业的区位熵（2）

省份	年份						
	2013	2014	2015	2016	2017	2018	2019
北京	4.909	5.095	5.079	4.915	4.918	4.903	4.627
天津	1.366	1.384	1.722	2.068	2.419	2.116	2.017
河北	1.718	0.899	0.906	0.889	0.927	0.955	0.808
山西	1.211	1.143	1.145	1.094	1.095	1.208	1.555
内蒙古	1.126	1.038	1.012	0.934	0.926	1.193	1.486
辽宁	1.318	1.299	1.377	1.369	1.396	1.399	1.367
吉林	1.114	1.084	1.017	0.940	0.924	1.008	1.097
黑龙江	1.106	1.109	1.185	1.196	1.276	1.212	1.203
上海	3.778	3.296	3.159	3.034	2.808	2.694	2.515
江苏	0.926	0.954	0.941	0.935	0.955	0.920	0.725
浙江	1.402	1.396	1.446	1.440	1.440	1.302	1.122
安徽	0.577	0.560	0.561	0.596	0.610	0.610	0.483
福建	0.847	0.850	0.825	0.817	0.836	0.795	0.828
江西	0.623	0.639	0.615	0.575	0.567	0.606	0.701
山东	0.756	0.801	0.801	0.796	0.792	0.835	0.848
河南	0.541	0.502	0.469	0.520	0.494	0.468	0.411

（续表）

省份	年份						
	2013	**2014**	**2015**	**2016**	**2017**	**2018**	**2019**
湖北	0.671	0.666	0.680	0.674	0.671	0.617	0.547
湖南	0.752	0.756	0.770	0.753	0.788	0.819	0.889
广东	1.013	0.953	0.946	0.962	0.792	0.953	1.102
广西	0.596	0.576	0.602	0.587	0.583	0.608	0.700
海南	0.774	0.854	0.942	0.899	0.927	0.924	0.795
重庆	1.115	1.061	0.994	0.951	0.947	0.915	1.128
四川	0.716	0.683	0.682	0.730	0.733	0.736	0.611
贵州	0.617	0.600	0.564	0.529	0.513	0.479	0.646
云南	0.486	0.465	0.429	0.405	0.395	0.389	0.363
西藏	0.672	0.575	0.489	0.413	0.552	0.426	0.673
陕西	1.046	1.063	1.109	1.142	1.219	1.157	1.201
甘肃	0.686	0.646	0.623	0.572	0.612	0.549	0.658
青海	0.984	0.946	0.913	0.863	0.793	0.775	0.802
宁夏	1.247	1.298	1.339	1.264	1.199	1.194	0.924
新疆	1.140	1.069	0.961	0.868	0.845	0.780	0.769

从表 4.5 和表 4.6 可以看出，中国东部省份中的北京、天津、辽宁、上海、浙江各年的金融业的区位熵均大于 1。中部的黑龙江，西部的陕西各年的金融业区位熵也均大于 1。同样，北京、天津和上海三个直辖市的区位熵远远高于其他省份。同时我们发现，2019 年与 2003 年比较，31 个省份中只有北京、广西、贵州、陕西的金融业的区位熵随着时间推移总体保持微弱上升之势。而其他 27 个省份的高端服务业的区位熵则全部下降，其中有些省份同样下降非常严重，这说明中国金融业的集聚发展有弱化趋势。

4.1.1.4　中国商务服务业的区位熵

利用式（4.1）计算了本书选取的 31 个省级行政区商务服务业的区位熵结果如表 4.7 和表 4.8 所示。

表 4.7　2003—2019 年本书选取的 31 个省级行政区商务服务业的区位熵（1）

省份	年份									
	2003	2004	2005	2006	2007	2008	2009	2010	2011	2012
北京	21.483	19.054	17.342	17.772	15.234	17.614	19.061	18.511	14.633	14.551
天津	3.146	3.691	4.156	3.658	3.399	3.114	2.830	3.273	2.240	1.764
河北	0.394	0.435	0.463	0.477	0.428	0.362	0.353	0.312	0.344	0.334
山西	1.066	1.036	1.093	1.197	1.160	1.074	0.998	0.932	0.841	0.777
内蒙古	1.479	1.042	0.886	0.783	0.760	0.748	0.663	0.586	0.619	0.644
辽宁	1.632	1.767	1.640	1.548	1.471	1.576	1.158	1.294	1.417	1.104
吉林	1.136	1.219	0.995	0.760	0.946	0.773	0.825	0.842	0.876	0.948
黑龙江	1.214	1.113	0.966	0.781	0.789	0.630	1.665	0.749	0.681	0.634
上海	7.053	5.545	5.252	6.149	6.219	4.790	4.415	4.195	4.455	4.046
江苏	0.723	0.690	0.679	0.609	0.576	0.644	0.635	0.622	0.626	0.678
浙江	1.397	1.392	1.515	1.767	1.436	1.521	1.744	1.756	2.008	2.076
安徽	0.397	0.381	0.400	0.364	0.423	0.365	0.283	0.280	0.314	0.231
福建	0.828	0.883	0.898	0.934	0.971	1.455	1.255	1.347	0.716	0.613
江西	0.315	0.293	0.375	0.300	0.283	0.515	0.291	0.287	0.363	0.298
山东	0.565	0.547	0.722	0.563	0.627	0.581	0.487	0.456	0.425	0.460
河南	0.605	0.636	0.621	0.576	0.552	0.585	0.531	0.459	0.479	0.472
湖北	1.346	1.092	0.618	0.542	0.551	0.366	0.397	0.346	0.324	0.441
湖南	0.620	0.622	0.420	0.404	0.418	0.403	0.484	0.514	0.578	0.575
广东	1.426	1.371	1.707	1.545	1.489	1.334	1.309	1.258	1.419	1.627
广西	0.772	0.793	0.746	0.700	0.737	0.689	0.757	0.742	0.848	0.844
海南	1.115	1.235	1.250	1.131	1.555	1.335	1.271	1.211	1.367	1.085
重庆	0.436	0.339	0.357	0.375	0.615	0.774	0.742	0.845	0.957	0.980
四川	0.292	0.277	0.445	0.390	0.378	0.366	0.330	0.304	0.355	0.284
贵州	0.618	0.489	0.369	0.368	0.415	0.382	0.457	0.459	0.465	0.431
云南	0.376	0.400	0.347	0.453	0.574	0.513	0.555	0.628	0.629	0.565
西藏	0.303	0.278	0.244	0.214	0.396	0.128	0.225	0.202	0.220	0.263
陕西	0.609	0.610	0.484	0.457	0.439	0.405	0.397	0.414	0.531	0.573
甘肃	0.452	0.477	0.532	0.565	0.512	0.364	0.351	0.311	0.333	0.299

（续表）

省份	年份									
	2003	2004	2005	2006	2007	2008	2009	2010	2011	2012
青海	0.679	0.690	0.765	0.754	0.884	0.452	0.828	0.662	0.725	0.670
宁夏	0.827	0.895	0.797	0.941	0.886	0.741	0.873	1.054	1.135	1.371
新疆	2.061	1.847	1.789	1.912	1.940	1.771	1.477	1.326	1.490	1.402

表 4.8　2003—2019 年本书选取的 31 个省级行政区商务服务业的区位熵（2）

省份	年份						
	2013	2014	2015	2016	2017	2018	2019
北京	10.582	10.522	11.035	10.431	10.522	9.624	6.614
天津	1.243	1.313	1.494	1.637	2.109	2.157	1.950
河北	0.982	0.564	0.520	0.474	0.346	0.374	0.440
山西	0.721	0.738	0.777	0.758	0.636	0.659	0.765
内蒙古	0.568	0.521	0.514	0.453	0.553	0.543	0.638
辽宁	0.960	0.859	0.800	0.822	0.748	0.778	0.684
吉林	0.704	0.689	0.552	0.614	0.679	0.656	0.502
黑龙江	0.525	0.512	0.511	0.528	0.593	0.797	0.868
上海	6.753	6.155	6.241	6.075	5.996	6.167	6.342
江苏	1.221	1.127	1.075	0.982	0.943	1.033	1.074
浙江	1.417	1.314	1.221	1.225	1.182	1.112	1.050
安徽	0.303	0.239	0.237	0.240	0.251	0.294	0.477
福建	0.816	0.759	0.744	0.824	0.863	0.976	0.817
江西	0.390	0.310	0.325	0.325	0.365	0.322	0.317
山东	0.577	0.562	0.530	0.495	0.494	0.420	0.437
河南	0.357	0.398	0.396	0.428	0.430	0.359	0.460
湖北	0.444	0.438	0.402	0.459	0.453	0.548	0.599
湖南	0.406	0.387	0.402	0.401	0.401	0.384	0.433
广东	1.664	1.685	1.700	1.802	1.624	1.619	1.839
广西	0.646	0.683	0.649	0.559	0.565	0.607	0.505
海南	0.710	0.791	0.617	0.541	0.509	0.488	0.604
重庆	1.176	1.226	1.168	1.166	1.152	1.226	0.979

（续表）

省份	年份						
	2013	**2014**	**2015**	**2016**	**2017**	**2018**	**2019**
四川	0.462	0.452	0.479	0.510	0.512	0.555	0.594
贵州	0.452	0.405	0.386	0.400	0.529	0.532	0.457
云南	0.587	0.540	0.533	0.551	0.556	0.602	0.455
西藏	0.404	0.402	0.209	0.250	0.280	0.394	0.902
陕西	0.670	0.707	0.860	0.835	0.645	0.601	0.594
甘肃	0.330	0.351	0.319	0.369	0.505	0.320	0.326
青海	0.409	0.433	0.407	0.441	0.363	0.311	0.554
宁夏	1.026	0.914	0.902	0.775	0.711	0.692	0.889
新疆	0.989	1.121	1.162	1.006	0.977	1.084	0.936

从表4.7和表4.8可以看出，中国东部省份中的北京、天津、上海、浙江和广东各年的商务服务业的区位熵均大于1。同样，北京、天津和上海三个直辖市的区位熵远远高于其他省份。同时我们发现，2019年与2003年比较，31个省份中只有河北、江苏、安徽、江西、广东、重庆、四川、云南、西藏、宁夏商务服务业的区位熵随着时间推移总体保持上升之势，其中西部的重庆近年来的商务服务业区位熵提升非常显著，也都大于1，而其他21个省份的高端服务业的区位熵则全部下降。

4.1.1.5 中国研发服务业的区位熵

利用式（4.1）计算了本书选取的31个省级行政区研发服务业的区位熵结果如表4.9和表4.10所示。

表4.9 2003—2019年本书选取的31个省级行政区研发服务业的区位熵（1）

省份	年份								
	2003	**2005**	**2006**	**2007**	**2008**	**2009**	**2010**	**2011**	**2012**
北京	17.153	11.259	11.634	9.889	12.018	12.205	11.545	12.104	14.552
天津	3.448	3.202	3.055	2.937	2.906	2.427	3.250	1.790	1.778

（续表）

省份	年份								
	2003	**2005**	**2006**	**2007**	**2008**	**2009**	**2010**	**2011**	**2012**
河北	0.699	0.719	0.662	0.643	0.660	0.617	0.600	0.646	0.331
山西	1.244	1.289	1.224	1.179	1.075	1.007	0.927	0.895	0.784
内蒙古	1.289	1.291	1.212	1.151	1.119	1.033	0.955	0.901	0.634
辽宁	1.498	1.507	1.436	1.464	1.429	1.322	1.348	1.501	1.105
吉林	1.658	1.730	1.553	1.751	1.445	1.381	1.330	1.299	0.940
黑龙江	1.803	1.895	1.731	1.940	1.783	1.696	1.618	1.576	0.633
上海	4.005	4.464	5.071	5.515	5.060	5.465	5.550	2.866	4.051
江苏	0.620	0.659	0.633	0.609	0.588	0.579	0.597	0.643	0.679
浙江	0.797	0.757	0.843	0.763	0.764	0.813	1.004	1.077	2.077
安徽	0.478	0.473	0.443	0.432	0.423	0.419	0.431	0.469	0.229
福建	0.709	0.691	0.676	0.660	0.642	0.616	0.631	0.594	0.613
江西	0.751	0.792	0.755	0.718	0.603	0.569	0.531	0.558	0.302
山东	0.443	0.519	0.433	0.518	0.489	0.444	0.447	0.425	0.462
河南	0.644	0.643	0.635	0.622	0.602	0.519	0.496	0.506	0.471
湖北	1.284	0.880	0.876	1.065	0.823	0.984	0.773	0.809	0.439
湖南	0.612	0.529	0.522	0.531	0.511	0.537	0.541	0.542	0.572
广东	0.703	0.857	0.795	0.815	0.799	0.753	0.803	0.798	1.629
广西	0.575	0.643	0.623	0.626	0.628	0.622	0.619	0.666	0.845
海南	1.291	1.285	1.300	1.324	1.070	1.032	0.993	0.898	1.072
重庆	1.181	0.971	0.992	0.899	1.044	0.993	0.930	0.824	0.984
四川	0.781	0.797	0.777	0.754	0.775	0.768	0.745	0.782	0.285
贵州	0.434	0.533	0.513	0.529	0.488	0.547	0.632	0.662	0.426
云南	0.876	0.746	0.746	0.683	0.669	0.654	0.577	0.576	0.565
西藏	1.251	1.171	1.074	1.005	1.083	1.117	1.006	0.995	0.263
陕西	2.051	2.074	1.995	1.912	1.664	1.728	1.610	1.785	0.569
甘肃	1.056	1.167	1.113	1.126	0.996	0.934	0.903	0.851	0.301
青海	2.213	2.254	1.948	1.866	1.607	2.046	1.955	2.196	0.670
宁夏	1.368	1.202	1.137	1.211	1.160	1.015	0.958	0.949	1.333

（续表）

省份	年份								
	2003	2005	2006	2007	2008	2009	2010	2011	2012
新疆	1.889	1.888	1.738	1.747	1.661	1.509	1.397	1.339	1.390

表 4.10　2003—2019 年本书选取的 31 个省级行政区研发服务业的区位熵（2）

省份	年份						
	2013	2014	2015	2016	2017	2018	2019
北京	10.386	9.789	9.431	10.459	10.546	10.921	9.402
天津	2.506	2.310	2.377	2.357	2.456	2.271	2.151
河北	1.301	0.653	0.663	0.718	0.619	0.714	0.681
山西	0.753	0.742	0.755	0.698	0.685	0.720	0.759
内蒙古	0.860	0.790	0.812	0.740	0.778	0.783	0.956
辽宁	1.332	1.249	1.245	1.109	0.978	0.867	0.761
吉林	1.122	1.034	0.956	0.936	0.955	0.934	0.930
黑龙江	1.079	1.047	1.049	0.988	0.986	0.873	0.841
上海	3.560	3.120	3.117	3.143	3.310	3.687	4.570
江苏	0.801	0.855	0.864	0.848	0.854	0.865	0.967
浙江	0.856	0.821	0.813	0.915	0.924	0.816	0.807
安徽	0.385	0.422	0.400	0.386	0.375	0.400	0.420
福建	0.598	0.608	0.586	0.575	0.513	0.520	0.493
江西	0.437	0.400	0.411	0.435	0.433	0.436	0.422
山东	0.510	0.527	0.512	0.495	0.515	0.528	0.528
河南	0.460	0.476	0.489	0.489	0.467	0.394	0.466
湖北	0.812	0.780	0.841	0.804	0.788	0.832	0.875
湖南	0.610	0.604	0.545	0.552	0.552	0.565	0.635
广东	0.957	0.977	1.052	0.951	0.899	0.999	1.175
广西	0.671	0.664	0.635	0.579	0.539	0.470	0.503
海南	0.772	0.767	0.747	0.696	0.633	0.628	0.622
重庆	0.755	0.859	0.884	0.872	0.883	0.904	0.791

（续表）

省份	年份						
	2013	**2014**	**2015**	**2016**	**2017**	**2018**	**2019**
四川	0.820	0.827	0.817	0.803	0.830	0.788	0.544
贵州	0.692	0.763	0.746	0.681	0.657	0.620	0.407
云南	0.627	0.646	0.641	0.623	0.642	0.624	0.546
西藏	1.062	0.975	0.964	0.873	0.696	0.580	1.097
陕西	1.611	1.631	1.667	1.624	1.667	1.548	1.060
甘肃	0.910	0.872	0.860	0.824	0.844	0.788	0.860
青海	1.453	1.373	1.291	1.255	1.299	1.260	0.947
宁夏	0.791	0.742	0.781	0.801	0.737	0.643	0.631
新疆	1.177	1.101	1.010	0.937	0.890	0.906	0.862

从表 4.9 和表 4.10 可以看出，中国东部省份中的北京、天津、上海各年的研发服务业的区位熵均大于 1。另外，中部的吉林和黑龙江，西部的陕西、青海和宁夏在绝大部分年份中的研发服务业区位熵也大于 1。同样，北京、天津和上海三个直辖市的区位熵远远高于其他省份。同时我们发现，2019 年与 2003 年比较，31 个省份中只有上海、江苏、浙江、山东、湖南、广东的研发服务业的区位熵随着时间推移总体保持微弱上升之势，而其他 25 个省份的研发服务业的区位熵则全部下降。

4.1.2　高端服务业及其分产业的空间基尼系数

空间基尼系数是克鲁格曼（1991）提出的，用来衡量同一产业在各个区域间的集聚程度。空间基尼系数通过比较某个地区产业 i 的就业人数（或产值）占所有研究地区（如全国）产业 i 总就业人数（或产值）的比重与该地区全部就业人数（或产值）占所有研究地区（如全国）总就业人数（或产值）的差异程度，进而比较产业 i 在各个地区的集聚程度，其计算公式为：

$$G_i = \sum_k (s_{ik} - w_k)^2 = \sum (\frac{x_{ik}}{x_i} - \frac{x_k}{X})^2 \qquad （4.2）$$

其中： $x_i = \sum_k x_{ik}$ ， $x_k = \sum_i x_{ik}$ ， $X = \sum_i \sum_k x_{ik}$ ， $s_{ik} = \frac{x_{ik}}{x_i}$ ， $w_k = \frac{x_k}{X}$

下标 i 表示产业， k 代表地区。 G_i 表示产业 i 的空间基尼系数，取值范围在 0—1， G_i 越大，表明产业 i 在空间上的集聚程度越高； s_{ik} 代表 i 产业在 k 地区的就业人数（或产值）占全国产业 i 总就业人数的比重； w_k 代表 k 地区总就业人数（或产值）占全国总就业人数（或产值）的比重； x_{ik} 表示产业 i 在地区 k 的就业人数或产值， x_i 表示产业 i 在全国的总就业人数（或产值）； x_k 表示地区 k 的就业人数（或产值）， X 表示全国总就业人数（或产值）。

空间基尼系数（ G_i ）指标虽然考虑了同一产业在不同区域间的集聚程度，但也存在一定的缺陷，该指标没有考虑到同一产业在不同区域间存在的企业规模差异，这可能造成在某一地区存在某个较大的企业而使该地区的空间基尼系数较大。本书利用公式（4.2）测算了我国全国层面和东部、中部、西部的高端服务业及其分产业的空间基尼系数。

4.1.2.1 中国高端服务业及其分产业空间基尼系数

本书利用公式（4.2）测算了本书选取的 31 个省份高端服务业及其分产业的空间基尼系数，如表 4.11、图 4.1 所示。

表 4.11 中国高端服务业及其分产业空间基尼系数

年份	信息服务业	金融服务业	商务服务业	研发服务业	高端服务业
2003	0.027	0.005	0.053	0.032	0.018
2004	0.025	0.005	0.056	0.023	0.017
2005	0.026	0.005	0.054	0.024	0.018

（续表）

年份	信息服务业	金融服务业	商务服务业	研发服务业	高端服务业
2006	0.028	0.006	0.058	0.027	0.021
2007	0.041	0.006	0.058	0.027	0.022
2008	0.048	0.007	0.061	0.031	0.024
2009	0.049	0.007	0.072	0.034	0.027
2010	0.056	0.007	0.073	0.033	0.028
2011	0.058	0.009	0.054	0.034	0.026
2012	0.060	0.010	0.058	0.058	0.033
2013	0.039	0.010	0.041	0.028	0.024
2014	0.042	0.010	0.043	0.026	0.025
2015	0.046	0.011	0.047	0.026	0.026
2016	0.045	0.010	0.046	0.031	0.026
2017	0.048	0.011	0.046	0.033	0.027
2018	0.052	0.010	0.043	0.036	0.027
2019	0.049	0.011	0.035	0.033	0.024
均值	0.043	0.008	0.053	0.032	0.024

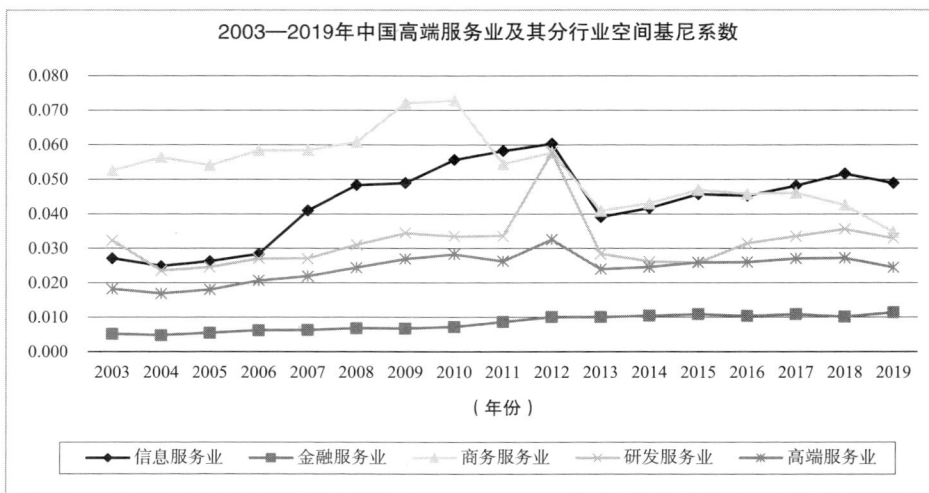

图 4.1　中国高端服务业及其分产业空间基尼系数

图 4.1 显示，高端服务业的空间基尼系数在 0.017—0.033 之间，集聚水平不高。除了在 2004 年、2011 年和 2013 年的空间基尼系数出现下降外，总体上呈现微弱上升之势。从分产业来看，商务服务业在高端服务业中的空间基尼系数在 2010 年之前是最高的，但在 2010 年以后则总体呈现下降趋势。商务服务业的空间基尼系数总体在 0.035—0.073 之间，均值为 0.053。信息服务业在高端服务业中的空间基尼系数也较高，在 0.025—0.060 之间，均值为 0.043，说明信息服务业的空间集聚水平相对较高。而且从图中可见，我国信息服务业的空间基尼系数在 2003—2012 年总体呈现出明显的上升趋势，由 2003 年的 0.027 上升到 2012 年的 0.060，甚至在 2011 年信息服务业的空间基尼系数超过了商务服务业的空间基尼系数，成为高端服务业中集聚程度最高的产业，但 2013 年下降幅度较大，仅为 0.039，随后开始呈现稳步上升趋势。金融服务业的空间基尼系数在高端服务业四个产业中是最低的，说明金融产业的空间分布比较均衡。但是，从发展趋势来看，金融服务业的集聚水平在稳步逐年升高，知识提升幅度不大。研发服务业的空间基尼系数在高端服务业四个产业中也较低，但从 2004—2012 年间总体呈升高趋势，特别是在 2012 年出现了巨大的提升，但 2013 年又迅速回落到低于平均水平之下，2015 年以后开始有所回升。

同时，我们计算了全国东部（包括北京、天津、河北、辽宁、上海、江苏、浙江、福建、山东、广东和海南 11 个省份），中部（包括吉林、黑龙江、山西、河南、湖北、湖南、安徽和江西 8 个省份），西部（包括内蒙古、广西、重庆、四川、贵州、云南、西藏、陕西、甘肃、青海、宁夏和新疆 12 个省份）的高端服务业的集聚程度。在计算时，分别将这三个区域看作三个独立的分析整体。以式（4.1）东部为例，S_i 表示东部省份 i 地区高端服务业城镇单位从业人员数占东部 11 个省份高端服务业总从业人员数的比重，X_i 表示省份 i 总就业人数占东部 11 个省份总就业人数的比重。

4.1.2.2　东部高端服务业及其分产业空间基尼系数

利用公式（4.2）测算东部 11 个省份高端服务业及其分产业的空间基尼系数，如表 4.12、图 4.2 所示。

表 4.12　东部高端服务业及其分产业空间基尼系数

年份	东部信息服务业	东部金融服务业	东部商务服务业	东部研发服务业	东部高端服务业
2003	0.090	0.013	0.141	0.144	0.067
2004	0.082	0.011	0.142	0.106	0.060
2005	0.080	0.012	0.120	0.102	0.058
2006	0.088	0.016	0.128	0.111	0.066
2007	0.112	0.015	0.128	0.105	0.066
2008	0.126	0.014	0.129	0.116	0.070
2009	0.135	0.015	0.151	0.124	0.079
2010	0.144	0.017	0.153	0.114	0.080
2011	0.149	0.021	0.119	0.117	0.074
2012	0.151	0.025	0.119	0.118	0.079
2013	0.084	0.027	0.072	0.090	0.059
2014	0.090	0.024	0.077	0.080	0.059
2015	0.098	0.025	0.087	0.078	0.062
2016	0.094	0.024	0.086	0.093	0.062
2017	0.096	0.026	0.089	0.098	0.064
2018	0.094	0.022	0.081	0.097	0.061
2019	0.092	0.021	0.065	0.081	0.052
均值	0.106	0.019	0.111	0.104	0.066

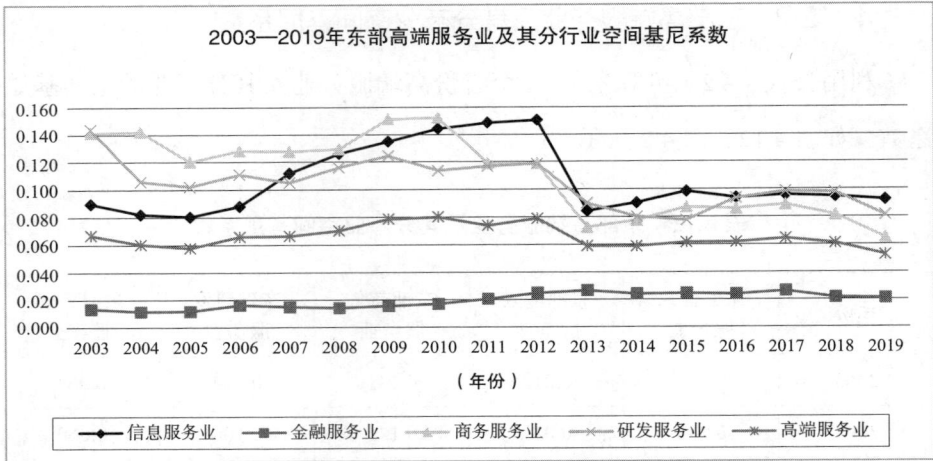

图 4.2　东部高端服务业及其分产业空间基尼系数

从表 4.12 和图 4.2 以及与全国层面的表 4.11 和图 4.1 对比发现，东部 11 个省份的高端服务业及其分产业的集聚水平均比全国层面的高出很多，四类产业的空间基尼系数几乎是全国水平的两倍甚至将近三倍。对比图 4.1 和图 4.2 可以明显看出，高端服务业及其分产业的集聚程度的发展趋势基本上是一致的，这可以说明我国高端服务业的集聚水平是由东部地区的发展引领的。2005—2010 年，东部 11 个省份高端服务业集聚水平有所提升，但提升幅度不大，2010 年以后则出现了震荡。2003—2010 年间，商务服务业的空间基尼系数最高，在这期间呈先下降后上升的趋势，但 2010 年以后则出现了急剧的下降，被信息服务业和研发服务业超过。信息服务业的空间基尼系数在 2005—2012 年提升非常显著，在 2010 年以后成为高端服务业中集聚度最高的产业，但 2013 年也有较大幅度的降低，随后开始稳步回升。研发服务业集聚程度也较高，但整体呈现出震荡上行后震荡下行之势。金融服务业在高端服务业四个产业中的集聚度同样是最低的，说明金融产业的分布较为均衡。

4.1.2.3　中部高端服务业及其分产业空间基尼系数

利用公式（4.2）测算中部 8 个省份高端服务业及其分产业的空间基尼系数，如表 4.13、图 4.3 所示。

表 4.13　中部高端服务业及其分产业空间基尼系数

年份	中部信息服务业	中部金融服务业	中部商务服务业	中部研发服务业	中部高端服务业
2003	0.016	0.011	0.025	0.025	0.016
2004	0.021	0.010	0.019	0.026	0.015
2005	0.023	0.012	0.012	0.023	0.014
2006	0.020	0.010	0.014	0.022	0.013
2007	0.032	0.012	0.013	0.029	0.016
2008	0.034	0.010	0.012	0.024	0.013
2009	0.048	0.011	0.037	0.028	0.020
2010	0.031	0.010	0.015	0.024	0.014
2011	0.029	0.010	0.012	0.021	0.013
2012	0.023	0.011	0.014	0.014	0.012
2013	0.017	0.010	0.008	0.016	0.011
2014	0.017	0.011	0.010	0.013	0.010
2015	0.017	0.014	0.010	0.014	0.011
2016	0.013	0.010	0.010	0.012	0.009
2017	0.013	0.013	0.008	0.013	0.009
2018	0.014	0.015	0.013	0.016	0.012
2019	0.020	0.027	0.007	0.013	0.012
均值	0.023	0.012	0.014	0.020	0.013

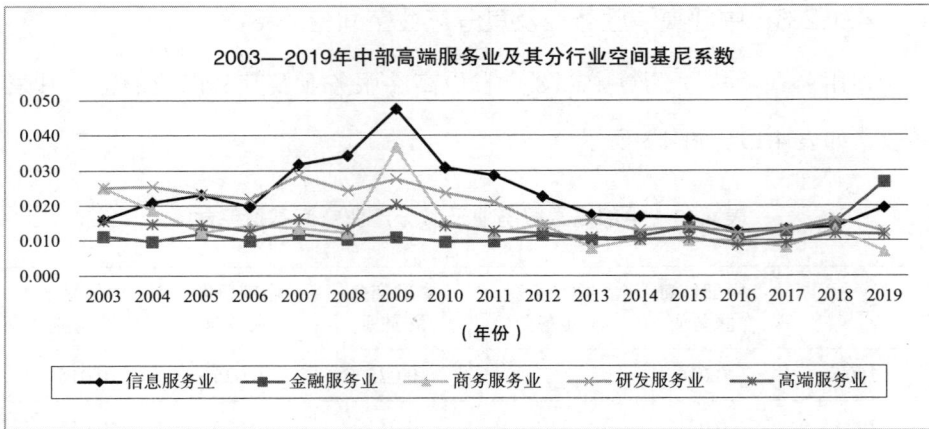

2003—2019年中部高端服务业及其分行业空间基尼系数

图例：信息服务业　金融服务业　商务服务业　研发服务业　高端服务业

图 4.3　中部高端服务业及其分产业空间基尼系数

表 4.13 显示，中部 8 省在 2003—2019 年的高端服务业集聚程度远低于东部省份。信息服务业集聚度呈现先上升后下降的趋势。研发服务业呈现出在震荡中下降的趋势。金融服务业、商务服务业和高端服务业整体则总体趋势较为平稳（商务服务业集聚度在 2009 年出现了较大的提升）。

4.1.2.4　西部高端服务业及其分产业的空间基尼系数

利用公式（4.2）测算西部 12 个省份高端服务业及其分产业的空间基尼系数，如表 4.14、图 4.3 所示。

表 4.14　西部高端服务业及其分产业空间基尼系数

年份	西部信息服务业	西部金融服务业	西部商务服务业	西部研发服务业	西部高端服务业
2003	0.011	0.010	0.034	0.023	0.013
2004	0.007	0.011	0.031	0.020	0.011
2005	0.010	0.010	0.018	0.022	0.011
2006	0.011	0.011	0.020	0.021	0.011

（续表）

年份	西部信息服务业	西部金融服务业	西部商务服务业	西部研发服务业	西部高端服务业
2007	0.012	0.011	0.019	0.020	0.010
2008	0.013	0.011	0.019	0.016	0.010
2009	0.017	0.012	0.019	0.016	0.010
2010	0.020	0.011	0.022	0.014	0.009
2011	0.021	0.010	0.021	0.016	0.010
2012	0.022	0.009	0.027	0.027	0.012
2013	0.010	0.008	0.012	0.010	0.006
2014	0.018	0.009	0.015	0.010	0.007
2015	0.022	0.009	0.014	0.011	0.008
2016	0.024	0.010	0.012	0.012	0.009
2017	0.028	0.011	0.008	0.013	0.008
2018	0.027	0.011	0.010	0.012	0.008
2019	0.023	0.016	0.007	0.010	0.009
均值	0.017	0.010	0.018	0.016	0.010

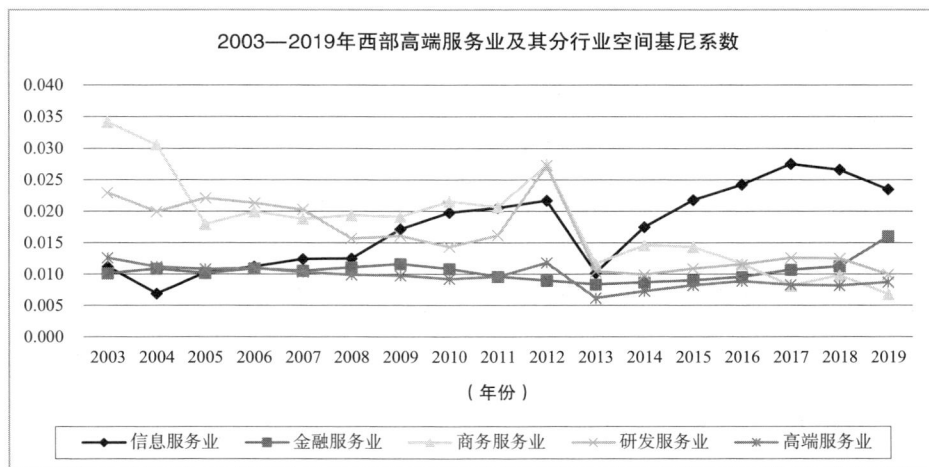

图 4.4　西部高端服务业及其分产业空间基尼系数

表 4.14 显示，西部高端服务业及其分产业的空间基尼系数低于全国和东部水平，但高于中部水平，总体集聚程度还是很低。图 4.4 显示，2003—2013 年，西部 12 个省份中，高端服务业四个产业的空间基尼系数几乎无一例外地出现下降，特别是商务服务业下降幅度很大，而信息服务业在 2008—2012 年出现了一波迅速拉升之后又恢复到 2013 年的较低水平。在 2013 年以后，信息服务业则展开了非常显著的上升趋势，商务服务业在先上升后趋向下降趋势，金融、研发和高端服务业总体则显示微弱上升趋势。

对比表 4.12、表 4.13 和表 4.14 可见，中部高端服务业及其分产业的空间基尼系数是最低的，这让我们产生了一种"中部塌陷"之疑。对比全国和东部、中部、西部区域的计算结果，能够得到：高端服务业整体集聚水平不高，全国层面上各个产业的空间基尼系数提升不显著。从高端服务业分产业来看，不管是在全国层面还是在东、中、西部三大区域来看，租赁与商务服务业的集聚程度在绝大多数年份明显高于其他高端服务业，而且波动幅度最大；信息服务业的集聚水平一般仅次于商务服务业，其集聚发展趋势在 2012 年之前总体呈现上升之势，但 2013 年之后均呈下降趋势；研发服务业和金融服务业的空间基尼系数均较低，金融服务业最低，两个产业在西部的集聚趋势呈微弱下降趋势，但在东部和中部呈上升趋势。从东部、中部、西部比较来看，东部高端服务业的集聚程度远远高于中部和西部，其次是西部，而中部最低；高端服务业及分产业的集聚水平在东部、中部和西部提升均不明显。

4.1.3　高端服务业及其分产业的赫芬达尔系数

赫芬达尔指数简称 H 指数，指某个产业中各市场竞争主体占该产业总收入或总资产的比重的平方和。其公式为：

$$H_i = \sum_{j=1}^{M} (S_j)^2 = \sum_{j=1}^{M} \left(\frac{X_j}{X_i} \right)^2 \qquad (4.3)$$

式中，H_i 为产业 i 的赫芬达尔指数；S_j 为第 j 个企业所占的市场份额；X_j 为第 j 个企业的规模（可以用就业人员或产值等指标衡量）；X_i 为产业 i 的市场总规模；M 为产业 i 内部的企业总数。H_i 值越大，说明该产业的集中度越高。赫芬达尔指数能够比较准确衡量某地区的产业集聚情况，但对数据要求比较高，需要知道产业中企业的规模指标。在实际应用中，常常将 X_j 用第 j 个地区某行业的规模代替，X_i 用产业 i 的总规模代替。

由于中国各省市高端服务业分产业增加值数据缺失较为严重，鉴于数据的可获得性和服务业统计数据的特殊性，本书参照马鹏和李文秀（2014）的做法，采用各省市、自治区高端服务业分产业城镇单位从业人员工资总额代替产业的销售额，高端服务业四个产业城镇单位从业人员总工资额代替高端服务业的销售额，用第三产业职工工资总额取代市场总规模。第三产业职工工资总额采用职工工资总额减去农、林、牧、渔业、采矿业、制造业以及建筑业职工工资总额的差额，采用式（4.3）计算了本书选取的 31 个省级行政区和东部、中部、西部高端服务业及其分产业的赫芬达尔系数。

4.1.3.1　中国高端服务业及其分产业赫芬达尔系数

利用公式（4.3）测算本书选取的 31 个省级行政区高端服务业及其分产业的赫芬达尔系数，如表 4.15、图 4.5 所示。

表 4.15　2003—2019 年中国高端服务业及其分产业赫芬达尔系数

年份	信息服务业	金融服务业	商务服务业	研发服务业	高端服务业
2003	0.103	0.056	0.147	0.093	0.078
2004	0.098	0.058	0.148	0.077	0.076
2005	0.109	0.059	0.156	0.079	0.080
2006	0.120	0.062	0.171	0.083	0.087
2007	0.129	0.063	0.169	0.088	0.087

（续表）

年份	信息服务业	金融服务业	商务服务业	研发服务业	高端服务业
2008	0.161	0.068	0.191	0.094	0.097
2009	0.156	0.067	0.192	0.095	0.095
2010	0.157	0.067	0.190	0.094	0.095
2011	0.164	0.068	0.167	0.095	0.093
2012	0.169	0.067	0.167	0.092	0.094
2013	0.115	0.066	0.132	0.086	0.088
2014	0.116	0.068	0.135	0.085	0.089
2015	0.120	0.069	0.139	0.082	0.091
2016	0.120	0.068	0.139	0.090	0.092
2017	0.124	0.067	0.137	0.091	0.093
2018	0.132	0.069	0.133	0.095	0.097
2019	0.134	0.067	0.121	0.097	0.094
均值	0.131	0.065	0.155	0.089	0.090

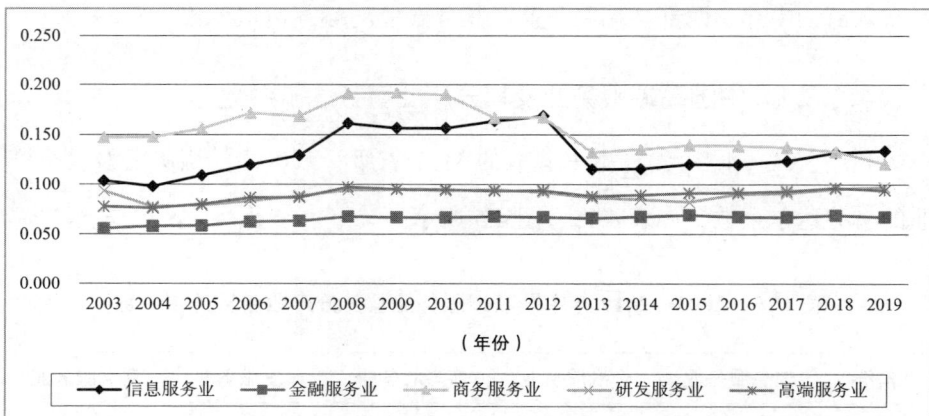

图 4.5　2003—2019 年中国高端服务业及其分产业赫芬达尔系数

从表 4.15 和图 4.5 可以看出，高端服务业的赫芬达尔系数和研发服务业的赫芬达尔系数几乎重合，表现出相当的一致性且集聚程度较低。总体来看，高端服务业及研发服务业在 2003—2008 年表现出上升的趋势，从 2008 年以后则呈现出不明显的下降趋势，但 2015 年以后则有所回升，但幅度不大。

商务服务业在绝大多数年份在所有高端服务业中的赫芬达尔系数是最高的，其数值在 0.121—0.192 之间，均值为 0.155。2003—2009 年总体表现出上升趋势，由 2003 年的 0.147 上升到 2009 年的 0.192，但之后则呈现下降趋势，至 2019 年下降为 0.121，处于 2003 年以来的最低值。

信息服务业在所有高端服务业中的赫芬达尔系数是比较高的，其数值在 0.098—0.169 之间，均值为 0.131。2003—2012 年总体表现出上升趋势，由 2003 年的 0.103 上升到 2012 年的 0.169，但 2013 年则大幅下降为 0.115，2013 年后呈现稳步回升。

金融服务业在所有高端服务业中的赫芬达尔系数是最低的，在 0.056—0.069 之间，均值为 0.065。2003—2019 年总体表现比较平稳，基本维持在均值左右。

4.1.3.2 东部高端服务业及其分产业赫芬达尔系数

利用公式（4.3）测算东部 11 个省份高端服务业及其分产业的赫芬达尔系数，如表 4.16、图 4.6 所示。

表 4.16 东部高端服务业及其分产业赫芬达尔系数

年份	信息服务业	金融服务业	商务服务业	研发服务业	高端服务业
2003	0.194	0.121	0.246	0.221	0.162
2004	0.190	0.124	0.242	0.184	0.159
2005	0.207	0.123	0.249	0.180	0.162
2006	0.222	0.127	0.264	0.189	0.170
2007	0.232	0.128	0.263	0.195	0.169
2008	0.273	0.134	0.291	0.203	0.184

（续表）

年份	信息服务业	金融服务业	商务服务业	研发服务业	高端服务业
2009	0.269	0.133	0.290	0.205	0.181
2010	0.265	0.132	0.292	0.196	0.179
2011	0.274	0.134	0.262	0.204	0.178
2012	0.278	0.135	0.263	0.198	0.180
2013	0.189	0.136	0.198	0.179	0.164
2014	0.191	0.137	0.203	0.177	0.165
2015	0.195	0.140	0.210	0.173	0.168
2016	0.192	0.138	0.210	0.187	0.169
2017	0.195	0.137	0.209	0.187	0.171
2018	0.202	0.140	0.207	0.192	0.175
2019	0.205	0.140	0.195	0.185	0.171
均值	0.222	0.133	0.241	0.191	0.171

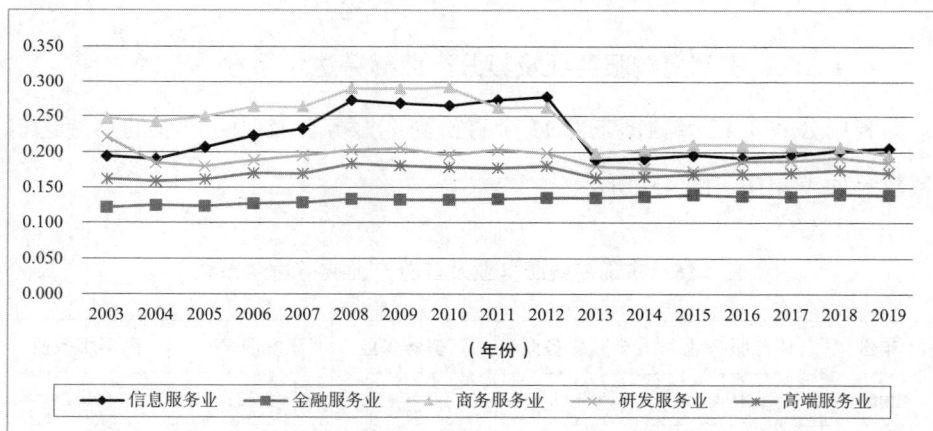

图 4.6　2003—2019 年东部高端服务业及其分产业赫芬达尔系数

从图 4.5 和图 4.6 中可以看出，东部高端服务业及其分产业集聚程度几乎均为全国高端服务业及其分产业的集聚水平的两倍，而且它们的集聚趋势极其相似，这说明全国高端服务业各个产业集聚程度的趋势基本上由东部地区决定。

4.1.3.3　中部高端服务业及其分产业赫芬达尔系数

利用公式（4.3）测算中部 8 个省份高端服务业及其分产业的赫芬达尔系数，如表 4.17、图 4.7 所示。

表 4.17　中部高端服务业及其分产业赫芬达尔系数

年份	信息服务业	金融服务业	商务服务业	研发服务业	高端服务业
2003	0.141	0.136	0.156	0.140	0.137
2004	0.136	0.134	0.156	0.139	0.135
2005	0.133	0.135	0.150	0.140	0.135
2006	0.138	0.136	0.154	0.141	0.136
2007	0.131	0.139	0.150	0.141	0.136
2008	0.135	0.137	0.160	0.143	0.136
2009	0.131	0.135	0.155	0.147	0.135
2010	0.131	0.133	0.146	0.143	0.133
2011	0.132	0.134	0.142	0.140	0.132
2012	0.130	0.134	0.144	0.142	0.133
2013	0.129	0.134	0.135	0.141	0.132
2014	0.131	0.135	0.143	0.142	0.134
2015	0.134	0.135	0.143	0.144	0.135
2016	0.144	0.140	0.142	0.143	0.139
2017	0.143	0.140	0.143	0.144	0.139
2018	0.152	0.137	0.139	0.144	0.137
2019	0.162	0.136	0.143	0.148	0.137
均值	0.137	0.136	0.147	0.142	0.135

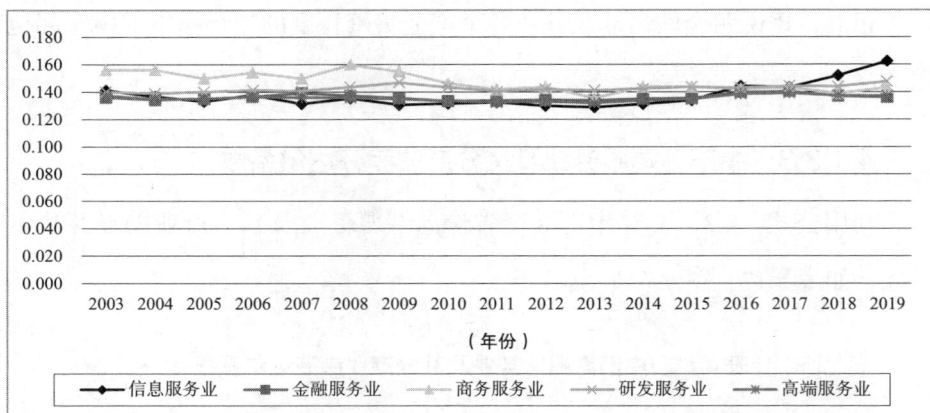

图 4.7　2003—2019 年中部高端服务业及其分产业赫芬达尔系数

从图 4.7 中可见，中部高端服务业及其分产业的赫芬达尔系数均低于东部，但高于全国。从发展趋势来看，高端服务业及其各产业的集聚水平均比较平稳，但信息服务业在 2017 年以后上升明显。

4.1.3.4　西部高端服务业及其分产业赫芬达尔系数

利用公式（4.3）测算西部 12 个省份高端服务业及其分产业的赫芬达尔系数，如表 4.18、图 4.8 所示。

表 4.18　西部高端服务业及其分产业赫芬达尔系数

年份	信息服务业	金融服务业	商务服务业	研发服务业	高端服务业
2003	0.116	0.123	0.113	0.130	0.118
2004	0.118	0.119	0.115	0.130	0.118
2005	0.118	0.120	0.132	0.130	0.120
2006	0.121	0.116	0.122	0.132	0.118
2007	0.117	0.113	0.121	0.134	0.117
2008	0.118	0.115	0.127	0.137	0.119
2009	0.119	0.116	0.117	0.138	0.119

（续表）

年份	信息服务业	金融服务业	商务服务业	研发服务业	高端服务业
2010	0.128	0.118	0.120	0.141	0.121
2011	0.125	0.116	0.117	0.149	0.120
2012	0.124	0.118	0.112	0.140	0.119
2013	0.154	0.117	0.127	0.145	0.128
2014	0.166	0.117	0.121	0.139	0.127
2015	0.177	0.116	0.126	0.134	0.128
2016	0.181	0.119	0.127	0.134	0.130
2017	0.184	0.120	0.125	0.137	0.131
2018	0.184	0.119	0.125	0.144	0.132
2019	0.187	0.113	0.122	0.124	0.123
均值	0.143	0.117	0.122	0.136	0.123

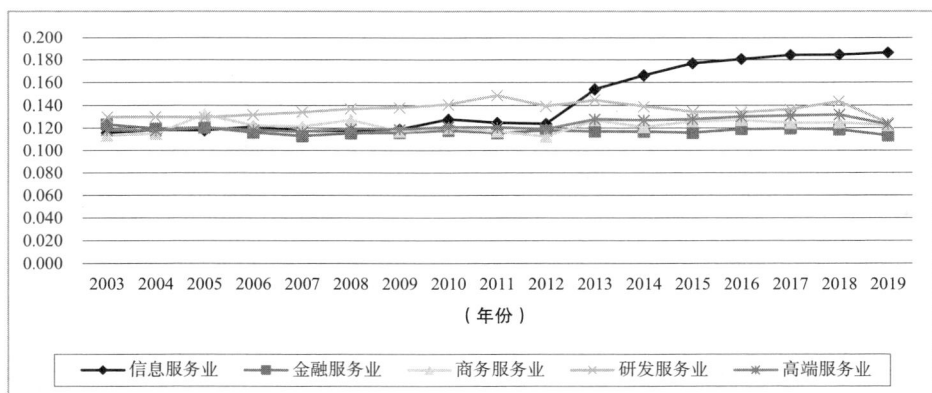

图 4.8　2003—2019 年西部高端服务业及其分产业赫芬达尔系数

从图 4.8 中可见，西部高端服务业及其分产业的赫芬达尔系数均低于东部和中部，但与中部差别不大。在西部的高端服务业中，研发服务业的集聚水平是最高的，这与东部、中部，甚至全国比较有所不同。同时，高端服务业几个产业的集聚水平总体比较平稳，但信息服务业在 2012 年以后提升非常迅速。

4.1.4 高端服务业及其分产业的空间集聚指数

埃里森和格拉泽（Ellison and Glaeser，1997）为了弥补空间基尼系数（G_i）没有考虑企业规模和区域大小的差异所带来的误差，构建了新的衡量产业集聚程度的 EG 指数。具体公式为：

$$EG = \frac{G - (1 - \sum_i X_i^2)H}{(1 - \sum_i X_i^2)(1 - H)} \tag{4.4}$$

式中，EG 代表产业 i 的空间基尼系数；X_i 表示地区 i 某产业的产值或就业人数占该产业的总产值或总就业人数的比重；G 是空间基尼系数；H 是赫芬达尔指数。埃里森和格拉泽根据 EG 指数的大小，将产业 i 的集聚程度分为三类，$EG < 0.02$ 时产业 i 的区域布局比较分散；$0.02 < EG < 0.05$ 时产业 i 的区域布局是均匀的；$EG > 0.05$ 时产业 i 的区域分布具有很高的集聚程度。

由于空间集聚指数（EG）综合运用了空间基尼系数和赫芬达尔指数，考虑了产业组织的差异和企业规模的影响，能够用于跨区域和跨产业的比较，是衡量产业集聚程度的良好指标，越来越多的国内外学者使用 EG 指数对产业的集聚程度进行衡量。但是，EG 指数对数据的要求较高，其中在测算赫芬达尔指数（H）时必须获得产业内企业层面的数据，而且 EG 指数值在不同产业以及不同年份之间的变化比较大。为避免 EG 指数的缺陷，我国学者李太平等（2007）根据空间集聚指数（EG）构建的思路，构建了改进的空间集聚指数 θ_i，具体公式为：

$$\theta_i = \frac{\sum_{j=1}^{m} \left| X_{ij} - \overline{X_i} \right|}{2 \sum_{j=1}^{m} X_{ij}} \times \frac{m - k}{m} \tag{4.5}$$

式中，X_{ij} 为 j 地区 i 产业的就业人数；m 为区域数，$\overline{X_i} = \sum\limits_{j=1}^{m} X_{ij} / m$ 为各区域 i 产业的平均就业人数；k 为各区域 i 产业中就业人数大于 X_i 的区域数量，该改进的空间集聚指数 θ_i 具有简单、数据易得、应用性较强，又具有 EG 指数的特点。如，李太平等（2007）学者利用 θ_i 指数对我国 20 个两位数代码的制造业行业进行计算，并与原有文献使用 EG 指数的情况进行比较，表明 θ_i 指数计算的制造业行业集聚变化趋势与使用 EG 指数计算结果具有较高的一致性。聂尔德（2010）利用 θ_i 指数衡量了安徽保险业地区间 2004—2008 年的产业集中度，并初步界定了 θ_i 指数的判别标准，当 $\theta_i < 0.325$ 时，产业 i 的集聚水平很低；$0.325 < \theta_i < 0.555$ 时，产业 i 的区域布局比较均衡；当 $\theta_i > 0.555$ 时，产业 i 的集聚水平较高。

根据式（4.5）的 θ_i 指数测算我国高端服务业及其分产业的空间集聚程度，测算结果如表 4.19 和图 4.9 所示。

表 4.19　2003—2019 年中国高端服务业及其分产业改进的空间集聚指数

年份	信息服务业	金融服务业	商务服务业	研发服务业	高端服务业
2003	0.1696	0.1282	0.2562	0.1502	0.1515
2004	0.1661	0.1357	0.2586	0.1462	0.1492
2005	0.1554	0.1454	0.2805	0.1446	0.1713
2006	0.1796	0.1487	0.2858	0.1561	0.1760
2007	0.1921	0.1525	0.2788	0.1594	0.1764
2008	0.1947	0.1532	0.2745	0.1645	0.1901
2009	0.1930	0.1514	0.2606	0.1681	0.1824
2010	0.2156	0.1605	0.2795	0.1727	0.1852
2011	0.2411	0.1720	0.2673	0.1623	0.1851
2012	0.2434	0.1713	0.2909	0.2914	0.2264

（续表）

年份	信息服务业	金融服务业	商务服务业	研发服务业	高端服务业
2013	0.2729	0.1700	0.3133	0.1721	0.2088
2014	0.2767	0.1722	0.3014	0.1714	0.2106
2015	0.2697	0.1709	0.3046	0.1748	0.2114
2016	0.2638	0.1643	0.3017	0.1802	0.2137
2017	0.2861	0.1441	0.3015	0.1950	0.2236
2018	0.3207	0.1635	0.2786	0.2027	0.2258
2019	0.2972	0.1467	0.2794	0.2217	0.2251
均值	0.2316	0.1559	0.2831	0.1784	0.1949

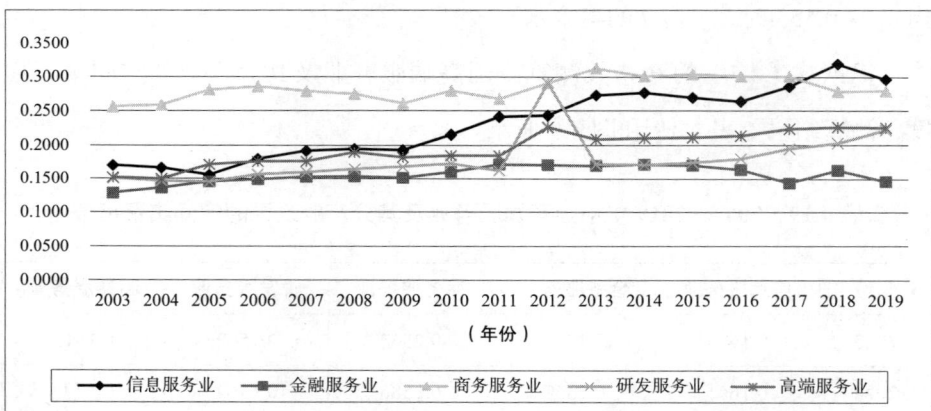

图 4.9　2003—2019 年中国高端服务业及其分产业 θ_i 指数

从图 4.9 中可以看出，高端服务业整体的集聚程度较低，但集聚趋势在震荡中提升，特别是 2012 年提升非常显著。分产业来看，高端服务业四个产业的 θ_i 指数比较低，表示这些产业的空间集聚程度不高，但高端服务业四个产业均不同程度的表现出了集聚趋势，只是 θ_i 指数提升的幅度有所不同。信息服务业的 θ_i 指数总体提升最大；商务服务业的 θ_i 指数呈现出在震荡中提升的集聚趋势，在四个高端服务业产业中绝大多数年份保持着最高的集聚水平；研发服务业在 2012 年之前 θ_i 指数比较平稳，提升幅度很小，但 2012 年出现了较大的集聚发展趋势后下降，在 2013 年以后呈现出稳定的提升趋势；而金融业服务业同样是四个高端服务业中集聚程度最低的产业，总体的 θ_i 指数比较平稳，2015 年以后表现出了下降趋势。

4.2　高端服务业集聚水平的结论

本章综合采用区位熵（LQ）、空间基尼系数（G）、赫芬达尔指数（H）和改进的空间集聚 θ_i 指数四种方法对高端服务业及其分产业的集聚程度进行衡量，由于各个指标的侧重点不同，所采用的数据也有所不同，所以在得出一些共同特征的同时，也存在一定的差异。

第一，高端服务业整体集聚水平不高，高端服务业及其分产业的集聚程度提升不显著，近年来甚至出现下降趋势。从全国层面上看，不管是采用空间基尼系数、赫芬达尔系数还是改进的空间集聚指数，在绝大多数年份中，商务服务业的集聚水平均是最高的；其次一般是信息服务业、研发服务业，最低的都是金融服务业。

第二，分东、中、西部来看，利用不同的指标计算的高端服务业及其分产业集聚度中部和西部有所差别，以空间基尼系数衡量的集聚度西部大于中部，以赫芬达尔指数衡量的集聚度中部大于西部，但东部的集聚度均为最高，表现出以东部为核心，中西部为外围的分布结构。利用工资计算的赫芬达尔系数与利用从业人员计算的改进的空间集聚指数体现出来的趋势比较吻合，说明利用工资计算赫芬达尔系数具有一定的合理性。

第 5 章　高端服务业集聚的影响因素研究

2008 年的金融危机以后，全球经济增长集体放缓，世界经济持续进行调整。伴随着许多发达国家"再工业化"战略的实施和部分发展中国家在中低端制造业的发力，以及我国资源、环境、劳动力等方面优势的逐渐减弱，我国的外资优势正在消失，部分外资高端制造业甚至部分高端服务业回流发达国家的趋势已经出现，这在很大程度上降低了我国的生产率，拉低了我国经济增长速度，也是当前我国进入结构性减速进程，经济处于中速发展的重要原因之一。在国民经济发展新常态下，我国必须加快发展高端制造业和高端服务业，通过产业结构现代化提高全社会劳动生产率增速，重新提升经济增长速度。正如前文所分析的，21 世纪以来，很多国家的高端服务业发展迅速带动了全球服务业的快速发展。然而中国第三产业水平相对较低，其中一个重要原因是高端服务业发展水平较低。只有促进高端服务业的发展，才能带动第一、第二产业的发展，才能促进第一、第二产业更多的企业走向国际市场。

我国政府也已经认识到高端服务业的重要性。从前文对近年来我国政府有关服务业文件的梳理中发现，从 2007 年我国地方政府首次提出重点发展高端服务业以来，我国各级政府对发展高端服务业的重要性已经日益明确，发展服务业的重点领域日益清晰，发展方向也已经形成了一个基本原则：坚持集聚发展。很明显，下一阶段我国就是要大力发展高端服务业并促进其集聚发展。因而，有关生产性服务业集聚特别是高端服务业集聚形成机理的研究与验证必将成为近阶段的重点之一。

然而，虽然已有许多国内外学者对服务业在地理上集聚的相关因素进行研究，但意见却不一致，而且主要集中在现代服务业、生产性服务业，对需要具备更高人力资本、高知识、高技术等特征的高端服务业却极少研究。只有马鹏和李文秀（2013）从全球产业链分工角度出发，理论上探讨了高端服务业的集聚机理，利用赫芬达尔指数和空间基尼系数集聚指标分析了高端服务业分行业的集聚效应，通过普通面板数据模型验证了高端服务业集聚程度与资本、技术、人力资源禀赋存在正相关关系，但他们并没有分析我国不同区域高端服务业发展的差异，没有纳入空间因素分析我国高端服务业集聚的影响因素。但由于我国地域辽阔，区域之间的经济影响是必然存在的。李一等（2013）学者利用地理加权回归（GWR）模型验证了我国生产性服务业与地理位置明显相关。同时，传统方法的局限性无法解释服务业集聚现象的空间差异性，这为本书的研究留下了空间。

本章在第 3 章理论模型框架下提出相应的理论假说，通过探索性空间分析，建立我国高端服务业及其分行业集聚形成机理的空间面板模型，以 2003—2019 年本书选取的 31 个省级行政区面板数据为基础，实证分析我国高端服务业及其分行业集聚内在形成机理，为我国高端服务业集聚发展寻找相应的经验证据。

5.1　高端服务业集聚发展的影响因素假说

5.1.1　新经济地理因素

在第 3 章中，笔者运用新经济地理模型构建了高端服务业集聚形成机理与经济增长理论模型，得到了影响高端服务业集聚的一些新经济地理因素及其影响方向。然而，在实际的经济发展或产业发展过程中，绝对的对称均衡或者核心—边缘均衡是不存在的，一般是处于两者的过渡阶段或者中间阶段。针对这些新经济地理因素对我国高端服务业集聚发展的影响，结合第 3 章的结论，笔者提出以下假说。

第一，地区的劳动力数量。我国高端服务业的发展时间较短，尚处于比较低级的阶段，很多高端服务环节还需要较多的人力投入，地区的劳动力数量对高端服务业的发展影响较大。因此，笔者提出假设 1：地区的劳动力数量与高端服务业集聚呈正相关关系。

第二，制造业产品的支出份额。第 3 章中笔者假设制造业产品用高端服务业产品作为唯一的中间投入品，并以 1∶1 的比例生产最终产品。因此，某一地区如果对制造业产品支出份额较大，则对高端服务业产品的需求也较大，这将促进高端服务企业向该地区集中，进而提高高端服务业的集聚。因此，笔者提出假设 2：地区制造业产品的支出份额与高端服务业呈正相关关系。

第三，产品间的替代弹性。高端服务业产品的替代弹性 σ 越小，区际间贸易自由度 Φ 将越高，从而促进高端服务业向该地区集聚，反之则会使高端服务业的分布比较均衡。因此，笔者提出假设 3：产品间的替代弹性与高端服务业集聚呈负相关关系。

第四，区际间贸易自由度。贸易自由度作为新经济地理影响产业集聚的一个很重要的要素，已经被很多学者加以证实。同时第 3 章模型也说明了随着区际间贸易自由度的提高，将促进高端服务业的集聚。因此，笔者提出假设 4：区际间贸易自由度与高端服务业集聚度呈正相关关系。

第五，区域内的知识存量水平。任何产业的发展都离不开地区的智力支持，一个地区的知识存量较大意味着该地区拥有较多的高素质人才。因此该地区的高端资源资本形成成本将会较低，促进地区高端资源资本的形成。同时，知识的溢出具有本地化特征，由于高端服务业是一种高知识、高技术投入的产业，因此高端服务企业为了获得比较充裕的高端人才，往往向具有丰富知识存量储备的地区集中。因此，笔者提出假设 5：区域内的知识存量水平与高端服务业集聚呈正相关关系。

第六，信息化水平。第 3 章模型已经表明，信息技术水平反向影响传递成本，提高高端资源开放度 λ，从而促进区际间的知识溢出程度，降低高端服务业集聚度。因此，笔者提出假设 6：信息化水平与高端服务业集聚呈负相关关系。

5.1.2　经济政策因素

虽然已有很多学者运用新经济地理学理论对制造业集聚进行了相应检验，但相对忽视经济政策因素的作用（梅文，2004）。然而，由于新经济地理学模型具有偶然性和突发性集聚等特点，使得经济政策的变化对地区产业集聚产生了显著影响。我国改革开放后经历了从计划经济体制向市场经济体制的转型，期间实施了一系列重大经济政策调整，如设立经济特区、加入 WTO 等。从前文对我国服务业发展战略政策的梳理中可以发现，每一次的政策调整都不同程度地促进了服务业的改革与发展。在我国高端服务业的发展过程中，原有的和现有的高端服务业产业都在不同程度上受到政府部门的控制或干涉，这影响了高端服务业的发展。完善的制度将有利于降低高端服务业的传递成本和减少交易的不确定性，从而促进高端服务业的集聚。制度越完善，政府的干预需求就越少。综上所述，经济政策对制造业集聚具有显著影响，对具备高知识含量和高智力资本的高端服务业影响更为显著。因此，笔者提出假设7：政策因素越完善，越有利于高端服务业的集聚发展。

5.1.3 城镇化因素

城镇集中了高端服务业发展所需的人力、资本、资源等各种优质资源，能够为高端服务企业的发展提供完善的基础设施和充足优质的人力资本。因此，城市作为高端服务业发展的沃土，是高端服务业集聚的主要地区。所以，本书也将地区的城镇化率纳入模型中进行分析，以验证我国城镇化进程对我国高端服务业的影响。在此基础上，笔者提出假设8：地区城镇化率的提高将正向促进高端服务业的集聚发展。

5.2 变量选择

5.2.1 因变量

根据前文对高端服务业的界定和依据我国对细分行业的分类标准 GB/T3753—2002，本书认为具有高端服务业特征的行业依次为：信息传输、计算机服务和软件业；金融业；租赁和商务服务业；科学研究、技术服务和地质勘查业。本书选取我国高端服务业及其分产业的区位熵作为衡量相应产业的区域集聚程度的指标，并作为本章模型的因变量。具体计算结果见第四章的表4.9—表4.14。区位熵系数是一个区域内高端服务业人数占本区域全部从业人数的比例与全国平均数（全国高端服务业人数占全国从业人员的比例）之比。区位熵系数若大于1，即大于全国平均数；若小于1，则小于全国平均数。因此，区位熵系数越大，表明该地区高端服务业集聚程度越高。一般来说，当区位熵系数大于 1 时，该地区的高端服务业集聚度在全国范围内处于优势地位；当区位熵系数小于 1 时，该地区的高端服务业集聚度在全国范围内处于劣势地位。区位熵方法可以在一定程度上反映地区层面的高端服务业集聚水平。

5.2.2　解释变量

本书的解释变量有以下八项。

第一，地区的劳动力数量，用各省份的有效劳动力占全国有效劳动力的比重表示。有效劳动力的计算借鉴王志平（2010）的方法。首先，计算各地区就业人员平均受教育年数。就业人员平均受教育年数 =（未上过学比重 + 小学比重）×6+ 初中比重 ×9+ 高中比重 ×12+ 大专比重 ×15+ 本科比重 ×1+ 研究生比重 ×19。其次，计算全国就业人员平均受教育年数。全国就业人员平均受教育年数 = 各省市就业人员数占全国就业人员数的比重 × 各省市平均受教育年数的和。再次，计算出有效劳动力。有效劳动力 = 各省市就业人员数 ×（各省市就业人员平均受教育年数 / 当年全国就业人员平均受教育年数）。最后，再用各省份的有效劳动力除以全国有效劳动力，该指标充分考虑了不同知识结构对劳动力效率的影响。因此，能够更好地反映出各个地区之间劳动力的差异。

第二，产品支出份额，采用第二产业产值占 GDP 比重表示。

第三，消费弹性系数，用各省份规模以上制造业企业数与我国 31 个省级行政区平均规模以上制造业企业数的比值表示。

第四，区际经济开放度，其是新经济地理中衡量区际贸易和区际资本流动的一个重要因素，借鉴张应武（2011），采用各省市与其他省市的市场整合和分割度来度量。

第五，知识存量，采用各省份高等学校专任教师数与我国31个省级行政区平均高等专任教师数的比值来度量。

第六，信息化水平，采用各省市人均电信业务总量与全国人均电信业务总量的比值表示。

第七，政策因素，采用省份的最终消费支出中政府消费支出比重来衡量。

第八，城镇化率，采用城镇人口数占该地区总人口数的比重衡量。

5.2.3 样本与数据

本章样本为2003—2019年本书选取的31个省级行政区的面板数据。所有的样本数据均来自CNKI中国经济社会发展统计数据库，极少部分缺失值由插值法补齐。

5.3 研究方法和计量模型设定

5.3.1 高端服务业集聚的空间探索性分析

李文秀（2008）认为，与制造业相比，由于服务业的非物化、不可储存性以及生产和消费在空间和时间上的不可分性，其表现出更强的空间集聚特征。经济地理学认为，生产单元之间的相互影响与他们之间的距离成反比，即随着彼此间距离的减小，彼此间的关系会越来越密切。对于高端服务业来说，由于其投入具有知识密集、人力资本密集、高度依赖新技术和创新的特征，表明其投入要素具有高端性。但是，由于我国各区域间发展水平存在差异，很多地区难以同时具备所有高端要素。高端要素具有促进生产率快速增长的巨大作用，进而产生巨大的经济效益。区域之间的高端要素水平差异可能导致高要素水平区域的高收益流向低要素水平区域。因此，通过加强区域间的合作，能够促进高端服务要素的流动和扩散。同时，区域间也可能形成较强的竞争关系，表现为彼此之间争夺优质的服务资源、投入要素等。区域间不论是合作还是竞争，彼此间都存在一定的空间交互作用，这种空间效应就是空间自相关性。因此，本章首先验证高端服务业及其分行业的集聚指标是否存在空间自相关性。空间相关性检验采用第 2 章介绍的全局 Moran's I 指数、局部 Moran's I 指数和 LISA 地图来进行检验。

安瑟林（2005）提出的全局 Moran's I 指数的定义为：

$$I = \frac{n\sum\limits_{i=1}^{n}\sum\limits_{j=1}^{n}w_{ij}(y_i-\bar{y})(y_j-\bar{y})}{\sum\limits_{i=1}^{n}\sum\limits_{j=1}^{n}w_{ij}\sum\limits_{i=1}^{n}(y_i-\bar{y})^2} = \frac{\sum\limits_{i=1}^{n}\sum\limits_{j=1}^{n}w_{ij}(y_i-\bar{y})(y_j-\bar{y})}{S^2\sum\limits_{i=1}^{n}\sum\limits_{j=1}^{n}w_{ij}} \tag{5.1}$$

式中，$S^2 = \frac{1}{n}\sum\limits_{i=1}^{n}(y_i-\bar{y})^2$；$\bar{y} = \frac{1}{n}\sum\limits_{i=1}^{n}y_i$；$y_i$ 表示第 i 个区域的观测值；n 为区域单元数；空间权值矩阵 W 选用二进制空间邻接矩阵，w_{ij} 为空间邻接权重矩阵 W 的元素值，并假设海南与广东、广西相邻。Moran's I 取值范围为 $-1 \leq$ Moran's I ≤ 1，大于 0 表示各地区间高端服务业相应产业呈空间正相关，值越大说明空间正相关性越强；Moran's I 值小于 0 表示各地区间高端服务业相应产业呈空间负相关，值越接近 -1 说明空间负相关性越强；Moran's I 值接近于 0 则意味着高端服务业相应产业不具有自相关性。2003—2019 年本书选取的 31 个省级行政区的高端服务业及其分行业集聚的 Moran's I 指数检验结果见表 5.1 和表 5.2，同时为了便于对各产业的空间相关性进行比较和更形象地体现各产业空间相关性的变化趋势，将表 5.1 和表 5.2 的 Morans'I 值制作成相应的折线图如图 5.1 所示。

表 5.1　2003—2019 年中国高端服务业及其分行业集聚水平的 Moran's I 指数值（1）

行业分布	行业集聚水平	年份								
		2003	2004	2005	2006	2007	2008	2009	2010	2011
高端服务业	Moran's I	0.090	0.131	0.15	0.123	0.111	0.099	0.075	0.121	0.045
	Z 值	2.131	2.776	2.753	2.184	1.805	2.189	1.885	2.666	1.391
	P 值	0.033	0.013	0.019	0.037	0.06	0.036	0.054	0.022	0.096
信息服务业	Moran's I	0.022	0.065	0.102	0.076	0.054	0.035	0.021	0.03	−0.02
	Z 值	1.522	2.382	2.946	2.572	1.929	2.107	1.446	1.844	0.418
	P 值	0.076	0.008	0.003	0.009	0.042	0.021	0.109	0.052	0.29
金融服务业	Moran's I	0.216	0.252	0.25	0.198	0.157	0.181	0.17	0.234	0.113
	Z 值	2.382	2.676	2.661	2.311	1.871	2.128	2.396	2.689	1.398
	P 值	0.017	0.013	0.016	0.035	0.05	0.045	0.023	0.012	0.097
商务服务业	Moran's I	0.061	0.107	0.148	0.12	0.117	0.096	0.075	0.102	0.065
	Z 值	1.697	2.662	3.236	2.441	2.148	2.494	2.326	2.853	1.851
	P 值	0.090	0.019	0.009	0.03	0.042	0.025	0.029	0.012	0.059
研发服务业	Moran's I	0.101	0.144	0.135	0.114	0.111	0.105	0.063	0.13	0.038
	Z 值	2.774	2.682	2.613	2.19	1.764	2.065	1.347	2.251	1.517
	P 值	0.006	0.018	0.018	0.035	0.068	0.041	0.088	0.036	0.075

表 5.2　2003—2019 年中国高端服务业及其分行业集聚水平的 Moran's I 指数值（2）

行业分布	行业集聚水平	年份							
		2012	2013	2014	2015	2016	2017	2018	2019
高端服务业	Moran's I	0.04	0.089	0.056	0.075	0.094	0.118	0.108	0.099
	Z 值	1.362	1.604	1.437	1.534	1.817	2.281	2.065	1.625
	P 值	0.097	0.086	0.095	0.087	0.065	0.037	0.060	0.081
信息服务业	Moran's I	0.008	0.017	−0.0009	0.006	0.010	0.013	0.026	0.020
	Z 值	1.357	1.017	0.525	0.707	0.737	0.798	1.136	0.791
	P 值	0.097	0.129	0.188	0.159	0.168	0.157	0.116	0.423

（续表）

行业分布	行业集聚水平	年份							
		2012	2013	2014	2015	2016	2017	2018	2019
金融服务业	Moran's I	0.097	0.175	0.115	0.177	0.240	0.304	0.269	0.217
	Z 值	1.375	2.163	1.848	2.383	3.066	3.715	3.601	2.804
	P 值	0.09	0.041	0.056	0.034	0.012	0.004	0.004	0.005
商务服务业	Moran's I	0.035	0.055	0.040	0.046	0.057	0.085	0.095	0.096
	Z 值	1.36	1.233	1.017	1.052	1.232	1.583	1.590	1.377
	P 值	0.089	0.103	0.118	0.119	0.109	0.093	0.085	0.169
研发服务业	Moran's I	0.037	0.154	0.111	0.122	0.117	0.120	0.104	0.103
	Z 值	1.309	3.124	2.454	2.755	2.997	2.723	2.299	1.899
	P 值	0.093	0.009	0.026	0.016	0.012	0.021	0.035	0.058

注：伴随概率 P-Value 产生的序列为 999，数据来源于中国经济与社会发展统计数据库。

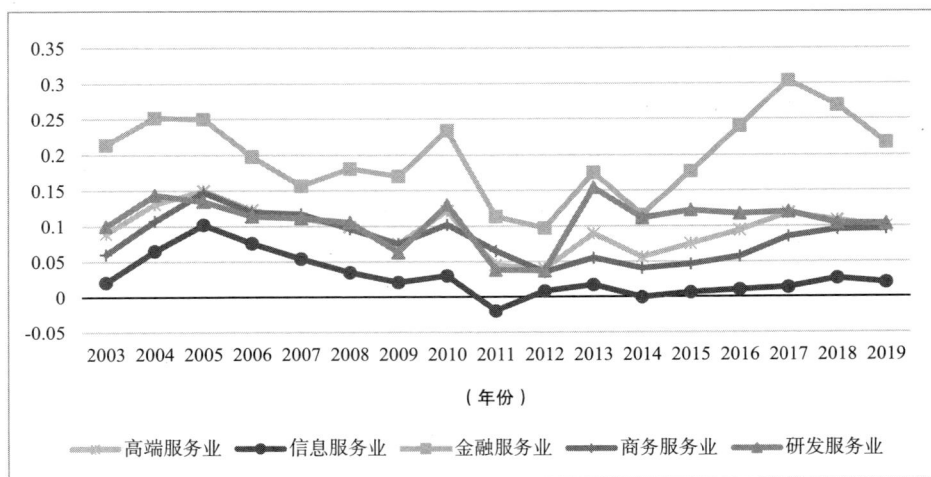

图 5.1　高端服务业及其分行业区位熵 Morans' I 值图

检验结果表明：从全国水平来看，高端服务业及其分产业的 Moran's I 值都较小，除了信息服务业区位熵在 2003—2019 年以及商务服务业区位熵在 2013—2016 年均较小，且未通过 10% 的显著性检验外，高端服务业及其分行业在 2003—2019 年的 Moran's I 指数值均为正值，且均至少通过 10% 显著性水平的正态性检验，表明除了信息服务业外，我国高端服务业及其分产业集聚现象在所考察年份存在空间正相关性。图 5.1 显示，金融服务业的 Moran's I 值在各年份中均最大，说明金融服务业在区域间的空间正相关性最强，2005—2012 年间呈现一种震荡下降趋势，而 2012 年以后则呈现震荡上升，但在 2017 年以后下降明显。信息服务业的 Moran's I 值在各年份中均最小，空间正相关性最弱，甚至从 2011 年开始已经非常不显著。高端服务业、商务服务业和研发服务业及集聚度的 Moran's I 指数的变化趋势比较一致，在 2003—2012 年总体趋向先上升后下降之势；也就是说，空间自相关性有减弱之势，但在 2013 年以后回升明显。

为了进一步揭示各省份高端服务业集聚水平的高低，通过 Moran's I 散点图和 LIZA 地图对高端服务业集聚指标值进行局部空间自相关分析。

图 5.2—图 5.6 是制作的高端服务业及其分产业 2003 年和 2019 年集聚水平的 Moran's I 散点图。这些图可以用来直观地衡量各省域高端服务业集聚水平及其相关程度。

Moran scatterplot (Moran's I = 0.0903 and P−value = 0.0331)
高端服务业区位熵2003

（a）

Moran scatterplot (Moran's I = 0.0994 and P−value = 0.1041)
高端服务业区位熵2019

（b）

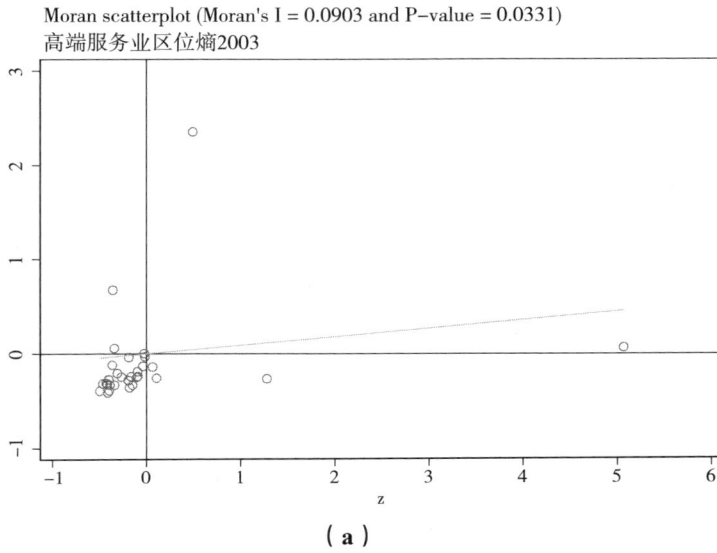

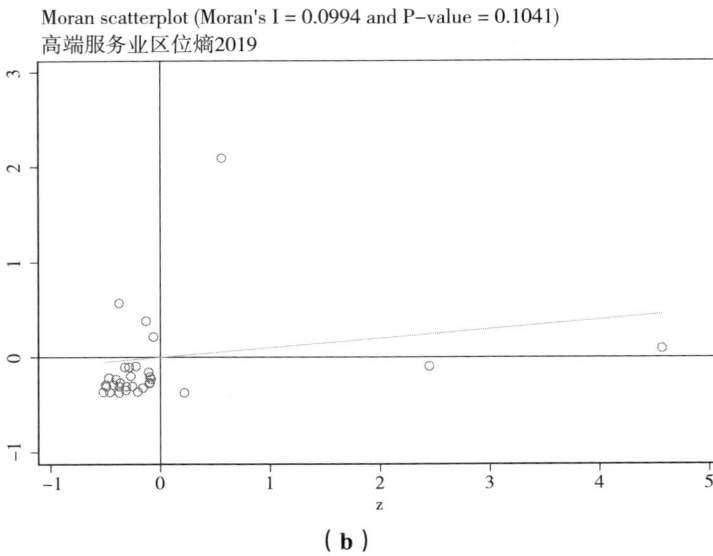

图 5.2　2003 年（a）和 2019 年（b）中国高端服务业集聚水平的 Moran's I 散点

Moran scatterplot (Moran's I = 0.0220 and P-value = 0.1281)
信息服务业区位熵2003

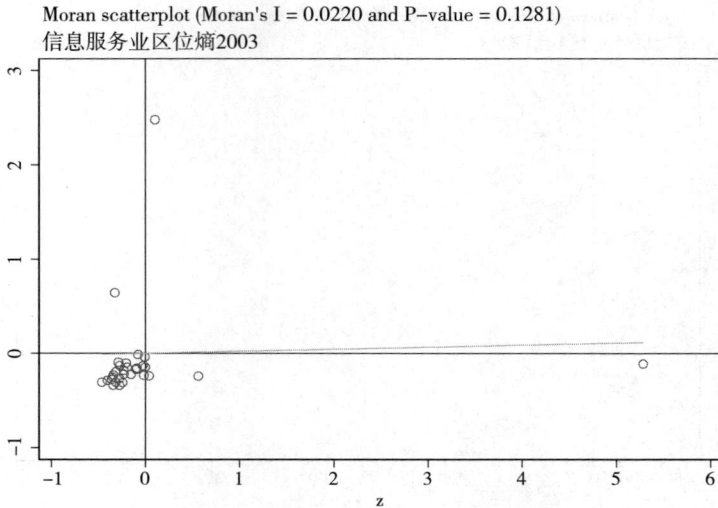

（a）

Moran scatterplot (Moran's I = 0.0201 and P-value = 0.4289)
信息服务业区位熵2019

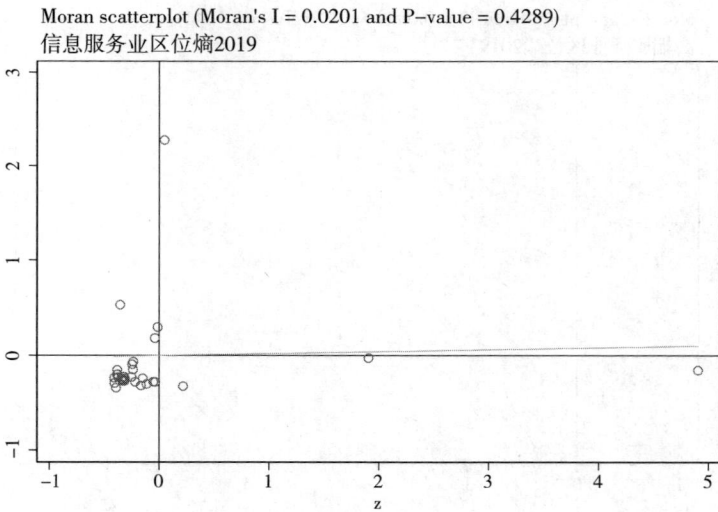

（b）

图 5.3　2003 年（a）和 2019 年（b）中国信息服务业集聚水平的 Moran's I 散点

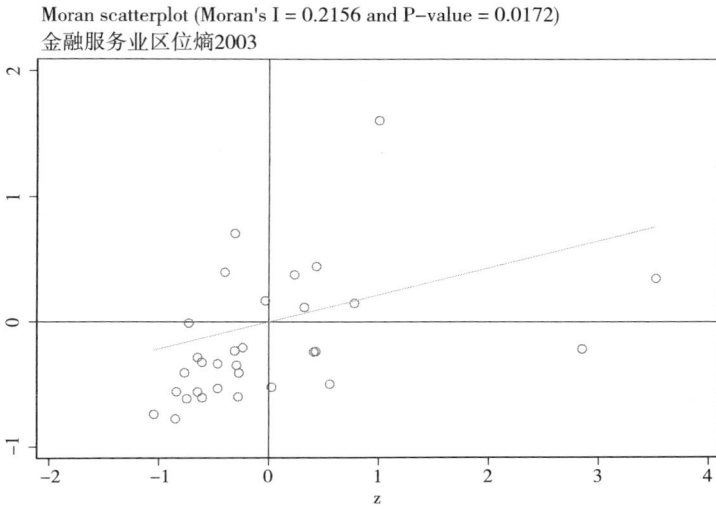

（a）

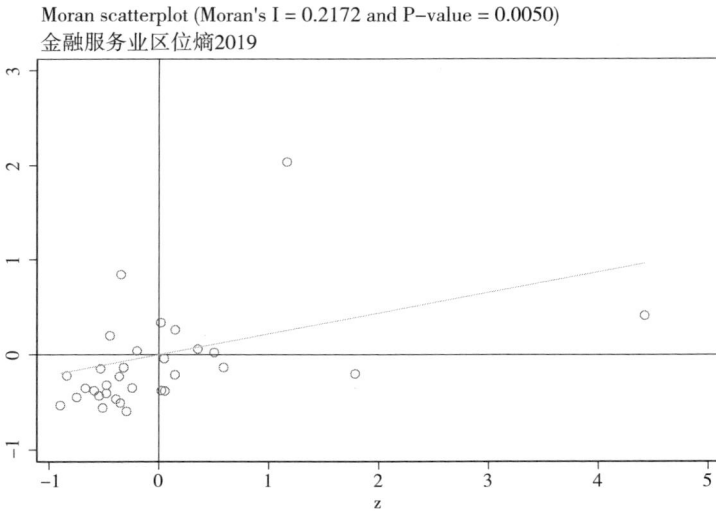

（b）

图 5.4　2003 年（a）和 2019 年（b）中国金融服务业集聚水平的 Moran's I 散点

Moran scatterplot (Moran's I = 0.0608 and P−value = 0.0898)
商务服务业区位熵2003

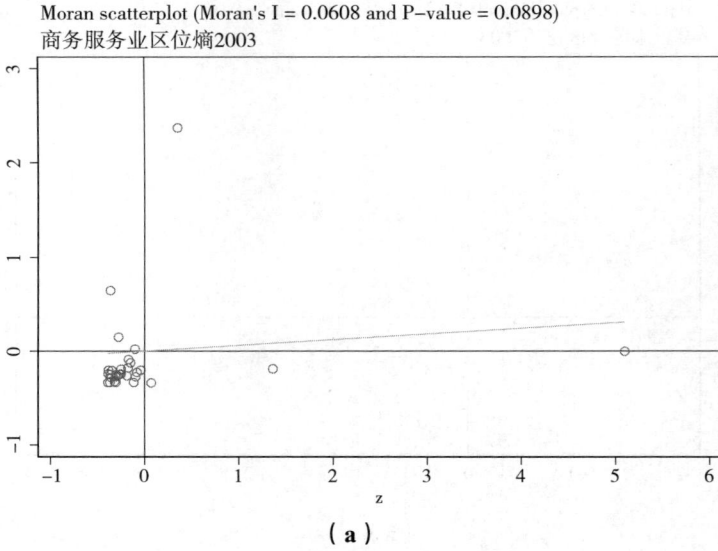

（a）

Moran scatterplot (Moran's I = 0.0959 and P−value = 0.1687)
商务服务业区位熵2019

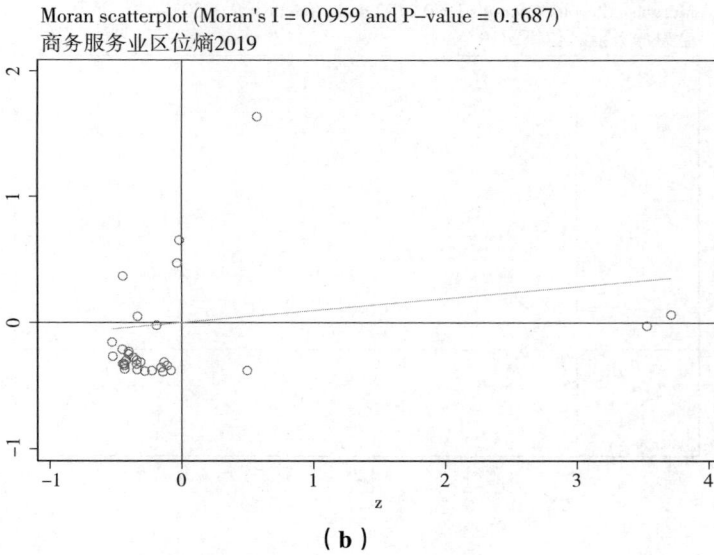

（b）

图 5.5　2003 年（a）和 2019 年（b）中国商务服务业集聚水平的 Moran's I 散点

Moran scatterplot (Moran's I = 0.1013 and P−value = 0.0055)
研发服务业区位熵2003

（a）

Moran scatterplot (Moran's I = 0.1027 and P−value = 0.0575)
研发服务业区位熵2019

（b）

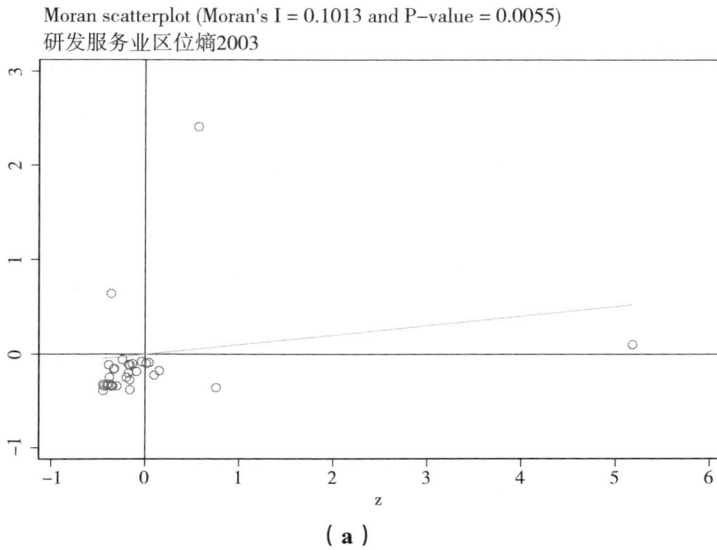

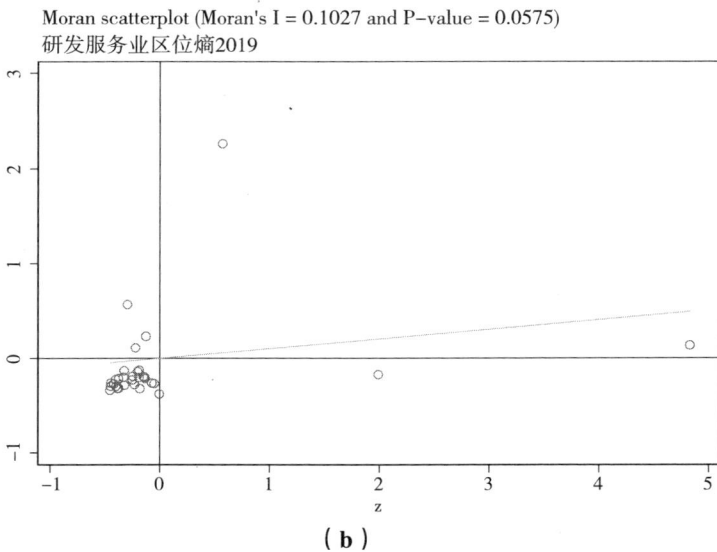

图 5.6　2003 年（a）和 2019 年（b）中国研发服务业集聚水平的 Moran's I 散点

通过图 5.2—图 5.6 可以看出，大部分省份分布在第一象限（H-H）区域和第三象限（L-L）区域，这表面它们之间存在正向的空间相关关系。第一象限区域表示较高集聚水平的省份集聚（高值集聚），高端服务业及其分产业分布在第一象限区域的省份均较少。第三象限区域表示较低集聚水平的省份集聚（低值集聚），高端服务业及其分产业大部分省份均分布在该区域中。为了更直观地反映产业集聚的状况，将图 5.2—图 5.6 制成表 5.3。

表 5.3　2003 年和 2019 年高端服务业及其分产业集聚的 LISA 集聚结果

项目	年份	H-H	H-L	L-H	L-L
高端服务业	2003	北京、天津	上海、辽宁、新疆	江苏、河北	其他 24 个省份
	2019	北京、天津	上海、广东	江苏、浙江、河北	其他 24 个省份
信息服务业	2003	天津	上海、广东	河北	其他 27 个省份
	2019	天津	北京、上海、广东	浙江、河北	其他 25 个省份
金融服务业	2003	北京、天津、黑龙江、吉林、辽宁、内蒙古	上海、广东、新疆、山西、宁夏	江苏、浙江、河北	其他 17 个省份
	2019	北京、天津、黑龙江、吉林、辽宁、内蒙古	上海、浙江、广东、山西、陕西、重庆	江苏、河北、吉林、宁夏	其他 15 个省份
商务服务业	2003	北京、天津	上海、新疆	江苏、浙江、河北	其他 24 个省份
	2019	北京、天津	上海、广东	江苏、浙江、河北、海南	其他 23 个省份
研发服务业	2003	北京、天津	上海、陕西、青海、新疆	河北	其他 24 个省份
	2019	北京、天津	上海、广东	江苏、浙江、河北	其他 24 个省份

通过表 5.3 可以看出，2003 年和 2019 年，各产业在高值集聚区域的省份分布相对较少，除了金融服务业在这两个年份各有 6 个省份分布外，其他

产业通常只有北京和天津两个直辖市分布；分布在低值集聚区域的省份在两个年份中均较多，除了金融服务业两个年份分别为 17 个和 15 个省份外，其他产业至少有 23 个省份分布在低值集聚区域，且几乎都是中西部省份，这说明我国高端服务业的发展水平普遍非常低，呈现出一种低水平集聚的现象，并且在区域间相互影响。总体来看，我国高端服务业发展水平表现出严重的两极分化现象，高发展水平端的省份远少于低发展水平端的省份，高发展水平地区主要由几个我国重要的发达地区如北京、天津和上海组成。进一步观察高值区域和低值区域集聚的分布，除了金融服务业在 2003 年和 2019 年分别为 23 个和 21 个省份外，其他产业在两个年份中至少有 25 个省份分布在其中，显示出较强的空间正相关性。

5.3.2　空间权重矩阵的构建

空间计量分析能够衡量不同空间地区之间变量的空间影响，而空间权重矩阵可以用于衡量空间单元之间的空间相关程度，其的合理选取是影响空间计量分析结果的重要因素。多数学者在实证研究中经常根据地理特征或地区间的经济特征构建距离权重矩阵或经济距离矩阵。但这两种矩阵都有所偏颇，因为利用地理特征构建的距离权重矩阵仅能够表征不同地区之间地理距离因素所引起的地区间变量的空间关联关系，而有经济特征构建起来的经济距离矩阵体现了不同地区之间经济关联的程度。然而，地区之间的经济影响是多方面的，忽略地理距离或经济因素的影响都可能对实证结果产生影响。因此，本书综合利用我国省份的地理距离和经济因素构建空间经济距离矩阵，以更全面地刻画我国省份间产业和经济增长的空间影响因素。

考虑到不同地区经济发展的强弱存在一定差异，各地主要支撑经济发展的因素也往往不同。因此，不同地区对周围地区经济的辐射带动作用也不同，假设两个地区之间相互空间影响的程度相同可能会与实际情况出现偏差。正常情况下，经济发达地区对周围地区特别是经济落后地区存在较大的空间影响效应，而经济落后地区对其周边地区的空间影响则相对较弱。也就是说，两个地区之间的空间影响效应不是对称的，存在一定的差异。参考王火根和沈利生（2007）的研究思路，本书以研究期间不同省份人均GDP占另一省份人均GDP的比重代表各地区经济的相对发展水平。另外，省份之间的空间距离历来也是影响经济空间影响的重要因素。因此，我们设定经济空间权重矩阵（W）是地理空间权重矩阵（W1）与各地区经济发展水平差异矩阵（W2）的乘积。地理空间权重矩阵（W1）的元素设置如下：利用两个省份的省会城市的经纬度计算两个地区的经纬度距离，再取倒数后进行标准化。经济发展水平差异矩阵（W2）的元素设置如下：以研究期间各省份人均GDP占对方省份人均GDP的比值作为矩阵的初始元素，并对该矩阵元素取绝对值后进行倒数，继而对该矩阵进行行标准化。最后，取地理空间权重矩阵（W1）与各地区经济发展水平差异矩阵（W2）的乘积作为经济空间权重矩阵（W）。

5.3.3 空间面板计量模型的设定

空间计量经济学模型经过近几十年的发展，产生了许多模型，但最常用的模型主要有空间滞后模型（SAR模型）、空间误差模型（SEM模型）和空间杜宾模型（SDM模型）三种，且不同的模型其溢出的产生原因和传导机制不同。SEM模型假定其溢出原因是由随机冲击产生的，并主要通过误差项传导空间效应；SAR模型则假定其溢出主要是由被解释变量通过空间相互作用而产生的溢出效应（安瑟林，2010）；SDM模型则综合考虑了SAR和SEM两类模型的空间传导机制以及空间交互作用，即一个地区的被解释变量不仅受本地区自变量的影响，还会受到其他地区被解释变量和自变量的影响。本章设定的我国高端服务业及其分行业集聚的空间滞后面板模型、空间误差面板模型和空间杜宾面板模型分别是：

$$\log Y_i = \alpha + \alpha_1 \log X_1 + \alpha_2 \log X_2 + \alpha_3 \log X_3$$
$$+ \alpha_4 \log X_4 + \alpha_5 \log X_5 + \alpha_6 \log X_6 \tag{5.2}$$
$$+ \alpha_7 \log X_7 + \alpha_8 \log X_8 + \rho W_Y + \varepsilon$$

$$\log Y_i = \alpha + \alpha_1 \log X_1 + \alpha_2 \log X_2 + \alpha_3 \log X_3$$
$$+ \alpha_4 \log X_4 + \alpha_5 \log X_5 + \alpha_6 \log X_6 \tag{5.3}$$
$$+ \alpha_7 \log X_7 + \alpha_8 \log X_8 + \lambda W_\varepsilon + \mu$$

$$\log Y_i = \alpha + \alpha_1 \log X_1 + \alpha_2 \log X_2 + \alpha_3 \log X_3$$
$$+ \alpha_4 \log X_4 + \alpha_5 \log X_5 + \alpha_6 \log X_6 \tag{5.4}$$
$$+ \alpha_7 \log X_7 + \alpha_8 \log X_8 + \rho W_Y + \lambda W_\varepsilon + \mu$$

其中，Y_i 代表高端服务业及其分行业集聚的区位熵，i=1，2，3，4，5，分别代表高端服务业、信息服务业、金融服务业、商务服务业和研发服务业的区位熵。X_1 代表有效劳动力比重；X_2 代表产品支出份额；X_3 代表消费弹性系数；X_4 代表区际经济开放度；X_5 代表知识存量；X_6 代表信息化水平；X_7 代表政策因素；X_8 代表城镇化率。参数 $\alpha_1 - \alpha_8$ 反映各解释变量对高端服务业及其分行业集聚的影响。ρ 表示地区因变量的空间依赖关系，揭示空间自相关的影响方向和程度。λ 是空间误差自相关系数，用来测度邻近地区关于因变量的误差冲击对本地区因变量的影响程度。空间滞后面板模型表示一个地区高端服务业集聚的所有解释变量，都会通过空间传导机制作用于其他地区。而空间误差面板模型则反映高端服务业发展的区域外溢是随机冲击的结果。空间面板计量模型较好地解决了模型中复杂的空间相互作用与空间依存性问题。

一般情况下，随机误差 ε 可以进一步分解为截面维度、时间维度的效应成分与随机误差项的和。由于本书是对我国所有省份的高端服务业及其分行业集聚度进行验证，截面单位是所考察总体的所有单位，因此，固定效应模型比随机效应模型更加合适。

5.4 高端服务业及其分行业集聚影响因素的实证分析

5.4.1 模型选择与估计

安瑟林等（2006）学者给出了在实际模型设定时选择空间计量模型的一些规则。他们建议先用 OLS 方法估计普通数据面板模型，然后进行空间相关性的 LM 检验和稳健的 LM 检验。如果 LMsar 比 LMerr 在统计上更加显著，而且稳健的 LMsar 显著且稳健的 LMerr 不显著，则应采用空间滞后模型。相反，如果 LMerr 比 LMsar 在统计上更加显著，而且稳健的 LMerr 显著而稳健的 LMerr 不显著，则应采用空间误差模型。实证研究主要借助 Matlab R2016a 软件完成，空间面板数据模型估计参考了 J. 保罗·埃尔霍斯特（J.Pal Elhost,2015）编写的计算程序，采用极大似然法（ML）进行估计。为了消除异方差的影响，所有变量在面板估计时均采用其自然对数的形式。

首先对高端服务业及其分产业分别进行 OLS 回归，其残差的 Moran'I 检验和 LM 检验如表 5.4 所示。

表 5.4 Moran'I 检验和 LM 检验

结果	高端服务业	信息服务业	金融服务业	商务服务业	研发服务业
Moran'I 值（p 值）	0.090（0.000）	0.068（0.000）	0.077（0.000）	0.072（0.000）	0.065（0.000）
LMsar（p 值）	32.382（0.000）	7.131（0.008）	44.684（0.000）	0.952（0.329）	9.180（0.002）
LMerr（p 值）	13.43（0.000）	17.908（0.000）	23.786（0.000）	21.262（0.000）	16.601（0.000）
稳健 LMsar（p 值）	0.359（0.549）	0.019（0.890）	20.938（0.000）	10.475（0.001）	0.324（0.569）
稳健 LMerr（p 值）	16.612（0.000）	10.796（0.001）	0.040（0.841）	30.785（0.000）	7.744（0.005）

从表 5.4 中可以发现，除了高端服务业及其分产业的 Moran's I 检验值较小外，各产业均通过了显著性检验，表明各产业均存在明显的空间正相

关性。因此，应采用空间面板计量经济学模型对其进行回归。在高端、信息、商务和研发服务业这几个产业 OLS 回归残差的 LM 值中 LMerr 值大于 LMsar 值，同时稳健 LMerr 值大于稳健的 LMsar 值且通过 1% 的显著性水平检验。结合安瑟林等（2006）学者提出的空间 SAR 模型和空间 SEM 模型的选择规则，高端、信息、商务和研发服务业集聚的模型中均为误差模型优于自回归模型。同时，由于空间杜宾模型同时考虑了被解释变量对周边地区的空间影响效应和误差项对随机冲击的传导效应，故空间杜宾模型 SDM 往往优于空间 SAR 模型和空间 SEM 模型。但由于高端服务业具有特殊性，其集聚主要基于本省份的实际情况进行，故高端服务业集聚对周边的影响效应势必较差。根据前面的分析，高端、信息、商务和研发服务业集聚的模型中均为误差模型优于自回归模型。因此，这几个产业模型均采用空间杜宾误差面板模型进行分析。但在金融服务业集聚模型中，LMsar 值大于 LMerr 值，且稳健 LMsar 值通过 1% 的显著性水平检验，而稳健的 LMerr 值未通过显著性检验。因此，金融服务业集聚模型中空间自回归模型优于空间误差模型，故采用空间自回归模型和空间杜宾模型进行分析。在估计空间面板模型时，又分为无固定效应、空间固定效应、时间固定效应和时间空间双固定效应四种情况来分析，估计结果如表 5.5—表 5.10 所示。

表 5.5　高端服务业集聚的空间杜宾误差面板模型估计结果

变量	无固定	地区固定	时点固定	双固定
lnx1	-0.879^{***}	-0.702^{***}	-0.795^{***}	-0.706^{***}
lnx2	-0.826^{***}	-0.152^{**}	-0.765^{***}	-0.071
lnx3	0.144^{***}	-0.022	0.098^{***}	-0.034
lnx4	0.013	1.964^{***}	-0.024^{***}	2.112^{***}
lnx5	0.685^{***}	0.071	0.635	0.081
lnx6	0.437^{***}	-0.024	0.370^{***}	-0.033
lnx7	0.118	-0.079	0.209^{***}	-0.073

（续表）

变量	无固定	地区固定	时点固定	双固定
lnx8	0.490***	0.048	0.669***	0.064
w*lnx1	−1.622***	0.048	−1.734***	0.278
w*lnx2	−1.201***	−0.417*	−1.749***	0.869
w*lnx3	1.253***	0.324***	1.246***	0.142
w*lnx4	0.785**	14.691***	0.045	20.860**
w*lnx5	−0.682	1.446***	−0.658	0.650
w*lnx6	−0.679***	−0.014	−1.406***	−0.200
w*lnx7	1.507***	0.003	1.297***	0.344
w*lnx8	−2.002***	−0.391***	−0.549	−0.146
spat.aut.	0.619***	0.081	−0.073	0.249**
R^2 值	0.789	0.970	0.854	0.971
方差	0.066	0.01	0.062	0.013
对数似然值	−37.954	414.836	−4.788	422.685

注：***、**和*分别表示通过1%，5%和10%的显著性检验。

表5.6 信息服务业集聚的空间杜宾误差面板模型估计结果

变量	无固定	地区固定	时点固定	双固定
lnx1	−0.992***	−0.959***	−0.927***	−0.977***
lnx2	−0.855***	−0.438***	−0.998***	−0.440***
lnx3	0.168***	−0.063	0.159***	−0.065
lnx4	0.079*	5.439***	0.101**	5.229***
lnx5	0.801***	−0.286**	0.711***	−0.260*
lnx6	0.462***	0.020	0.378***	−0.004
lnx7	0.342***	0.181*	0.277***	0.217**
lnx8	0.424***	−0.036	0.613***	0.000
w*lnx1	−2.766***	0.102	−3.568***	−0.353
w*lnx2	−1.027***	−0.371	−3.407***	−0.436
w*lnx3	1.829***	1.075***	2.565***	1.057***
w*lnx4	1.894***	21.374***	1.642***	18.280*
w*lnx5	−0.589	−1.066	−0.878***	−1.138

（续表）

变量	无固定	地区固定	时点固定	双固定
w*lnx6	−1.568***	−0.129	−3.084	−0.683*
w*lnx7	0.838	0.455	0.298	0.954
w*lnx8	−2.685***	−0.505***	−1.080*	−0.258
spat.aut.	0.655***	0.234**	−0.015	0.343***
R^2 值	0.707	0.928	0.826	0.93
方差	0.102	0.040	0.096	0.041
对数似然值	−154.887	116.616	−120.574	119.580

注：***、** 和 * 分别表示通过 1%，5% 和 10% 的显著性检验。

表 5.7　商务服务业集聚的空间杜宾误差面板模型估计结果

变量	无固定	地区固定	时点固定	双固定
lnx1	−0.722***	−0.542***	−0.556***	−0.521***
lnx2	−1.145***	0.111	−0.900***	0.292*
lnx3	0.268***	0.063	0.133***	0.013
lnx4	0.113**	2.222*	−0.013	3.061***
lnx5	0.430***	0.269*	0.415***	0.221
lnx6	0.683***	−0.038	0.615***	−0.041
lnx7	0.096	−0.222*	0.335***	−0.274**
lnx8	0.829***	0.149*	1.084***	0.226**
w*lnx1	−0.382	−1.308*	1.087*	−1.351
w*lnx2	−1.715***	0.223	−0.752	3.649***
w*lnx3	1.388***	0.465*	0.508	−0.034
w*lnx4	1.846***	−9.344	−0.103	13.798
w*lnx5	−2.588***	1.508	−3.236***	−1.837
w*lnx6	−0.392	0.118	−0.014	0.412
w*lnx7	3.218***	0.005	2.991***	0.392
w*lnx8	−1.635***	−0.129	1.329*	1.587
spat.aut.	0.090	−0.155	−0.337**	−0.085
R^2 值	0.753	0.926	0.791	0.929

（续表）

变量	无固定	地区固定	时点固定	双固定
方差	0.178	0.057	0.153	0.056
对数似然值	−293.130	24.005	−246.128	38.624

注：***、**和*分别表示通过1%，5%和10%的显著性检验。

表5.8　研发服务业集聚的空间杜宾误差面板模型估计结果

变量	无固定	地区固定	时点固定	双固定
lnx1	−1.085***	−0.668***	−1.052***	−0.678***
lnx2	−0.783***	0.041	−0.798***	0.150
lnx3	0.007	−0.016	0.000	−0.015
lnx4	−0.123***	0.934	−0.121***	1.100
lnx5	1.050***	0.296***	0.998***	0.358***
lnx6	0.372***	−0.073**	0.322***	−0.090**
lnx7	0.244***	−0.282***	0.230**	−0.277***
lnx8	0.523***	0.105*	0.625***	0.060
w*lnx1	−0.783**	1.225*	−1.526***	1.371*
w*lnx2	−1.512***	−0.600	−2.459***	0.992
w*lnx3	1.064***	0.302	1.419***	0.215
w*lnx4	1.138***	23.613***	0.824*	26.522***
w*lnx5	−1.299***	1.584*	−1.135**	1.028
w*lnx6	−0.750***	0.042	−1.530***	−0.299
w*lnx7	2.168***	−0.374	1.742***	0.091
w*lnx8	−1.879***	−0.688***	−1.187**	−1.387*
spat.aut.	0.476***	0.293***	−0.112	0.245**
R^2值	0.784	0.930	0.817	0.937
方差	0.095	0.035	0.091	0.033
对数似然值	−130.767	150.704	−107.852	172.136

注：***、**和*分别表示通过1%，5%和10%的显著性检验。

表 5.9　金融服务业集聚的空间面板模型估计结果

金融模型	解释变量	无固定效应	空间固定	时间固定	时空固定
空间自回归 面板模型	intercept	-2.323***	—	—	—
	lnx1	-0.865***	-0.781***	-0.670***	-0.657***
	lnx2	-0.415***	-0.051	-0.423***	-0.190***
	lnx3	0.139***	-0.048***	0.081***	-0.068***
	lnx4	-0.043	1.915***	-0.039	1.048*
	lnx5	0.668***	-0.021	0.541***	-0.001
	lnx6	0.280***	-0.027	0.273***	-0.003
	lnx7	0.094	-0.048	0.110*	-0.066
	lnx8	0.127***	-0.130***	0.478***	0.025
	W*dep.var.	0.528***	0.479***	0.379***	0.068
	R^2 值	0.721	0.950	0.770	0.954
	方差	0.070	0.013	0.060	0.013
	对数似然值	-53.071	399.174	-23.083	427.732
空间杜宾 面板模型	intercept	-6.108***	—	—	—
	lnx1	-0.640***	-0.690***	-0.631***	-0.695***
	lnx2	-0.404***	-0.178***	-0.432***	-0.154**
	lnx3	0.091***	-0.058***	0.101***	-0.061***
	lnx4	-0.021	0.661	-0.009	0.487
	lnx5	0.465***	-0.106	0.433***	-0.106
	lnx6	0.245***	0.010	0.223***	0.006
	lnx7	0.049	0.002	0.041	0.029
	lnx8	0.496***	0.011	0.526***	0.030
	w*lnx1	-0.943***	0.888***	-1.503***	1.532***
	w*lnx2	0.384	-0.257	-0.206	0.024

（续表）

金融模型	解释变量	无固定效应	空间固定	时间固定	时空固定
空间杜宾面板模型	w*lnx3	0.126	−0.254***	0.437**	−0.411***
	w*lnx4	−0.893***	15.199***	−0.886*	17.011***
	w*lnx5	0.579	2.773***	0.785**	2.968***
	w*lnx6	−0.472***	−0.073	−1.116***	−0.245
	w*lnx7	0.264	−0.455**	0.350	−0.301
	w*lnx8	−0.642***	−0.400***	−0.706*	−0.246
	W*dep.var.	0.502***	0.012	0.478***	0.136
	R^2 值	0.792	0.958	0.796	0.959
	方差	0.052	0.011	0.053	0.011
	对数似然值	25.006	447.105	−11.339	457.110

注：***、**和*分别表示通过1%，5%和10%的显著性检验。

表5.10 空间面板模型空间效应估计结果

金融模型	变量	空间自回归面板模型			空间杜宾面板模型		
		直接效应	间接效应	总效应	直接效应	间接效应	总效应
无固定效应	lnx1	−0.886***	−0.971***	−1.858***	−0.699***	−2.525***	−3.225***
	lnx2	−0.426***	−0.470***	−0.896***	−0.394***	0.375	−0.018
	lnx3	0.143***	0.156***	0.299***	0.099***	0.334	0.433
	lnx4	−0.045	−0.050	−0.095***	−0.063*	−1.834**	−1.897**
	lnx5	0.685***	0.751***	1.436***	0.503***	1.634**	2.136***
	lnx6	0.285***	0.313***	0.599***	0.230***	−0.684***	−0.454
	lnx7	0.096	0.103	0.200	0.062	0.539	0.601
	lnx8	0.128**	0.140**	0.269**	0.478***	−0.756***	−0.278
空间固定效应	lnx1	−0.791***	−0.724***	−1.516***	−0.689***	0.886**	0.197
	lnx2	−0.053	−0.051	−0.104	−0.176***	−0.259	−0.435*
	lnx3	−0.050**	−0.046*	−0.095*	−0.057***	−0.267*	−0.325**
	lnx4	1.933***	1.770**	3.704***	0.676	15.375***	16.051***
	lnx5	−0.021	−0.019	−0.039	−0.108	2.817***	2.709***

（续表）

金融模型	变量	空间自回归面板模型			空间杜宾面板模型		
		直接效应	间接效应	总效应	直接效应	间接效应	总效应
空间固定效应	lnx6	-0.028	-0.025	-0.054	0.011	-0.070	-0.059
	lnx7	-0.045	-0.042	-0.087	0.000	-0.462*	-0.462*
	lnx8	-0.132***	-0.118***	-0.249***	0.010	-0.401***	-0.391***
时间固定效应	lnx1	-0.677***	-0.403***	-1.080***	-0.697***	-3.407***	-4.104***
	lnx2	-0.425***	-0.254***	-0.679***	-0.448***	-0.794	-1.242*
	lnx3	0.081***	0.048***	0.129***	0.119***	0.932**	1.051*
	lnx4	-0.038	-0.023	-0.061	-0.041	-1.680**	-1.721**
	lnx5	0.547***	0.326***	0.872***	0.467***	1.833**	2.300***
	lnx6	0.275***	0.164***	0.439***	0.186***	-1.908**	-1.721***
	lnx7	0.115*	0.068*	0.183*	0.053	0.711	0.764
	lnx8	0.487***	0.290***	0.777***	0.509***	-0.835	-0.326
时空固定效应	lnx1	-0.655***	-0.059	-0.714***	-0.686***	1.669**	0.982
	lnx2	-0.192***	-0.017	-0.210***	-0.151*	0.000	-0.151
	lnx3	-0.069***	-0.006	-0.075***	-0.067***	-0.497**	-0.564***
	lnx4	1.023*	0.096	1.119***	0.641	19.762***	20.403***
	lnx5	-0.001	0.000	-0.001	-0.079	3.500***	3.421***
	lnx6	-0.002	0.000	-0.002	0.003	-0.296	-0.293
	lnx7	-0.067	-0.006	-0.073	0.028	-0.327	-0.299
	lnx8	0.025	0.002	0.027	0.026	-0.317	-0.291

注：***、** 和 * 分别表示通过 1%，5% 和 10% 的显著性检验。

5.4.2　模型结果分析

从表 5.5—表 5.8 的估计结果中可以看出，无论是高端服务业还是三个分产业（信息、商务和研发服务业），空间杜宾误差面板模型的无固定效应估计的对数似然函数值都是最小的，方差最大，在此不予考虑。金融服务业模型中的对数似然函数值虽然不是最小，但由于忽略了空间和时间因素的影响，同样不予考虑。对数似然函数值在五个产业的回归中，双固定模型都是最大的；其次是地区固定模型，这两种模型的拟合优度值也都很高。因此，我们将以双固定模型为主，同时结合地区固定模型进行分析。

标志空间误差自回归系数的估计值λ在高端、信息和研发服务业模型的空间固定和双固定模型中均为正值，且均通过了10%以内的显著性水平检验。这进一步说明了我国高端服务业、信息服务业和研发服务业产业集聚发展的空间正相关性，相邻省、自治区、直辖市之间形成了较强的空间依赖关系。在商务服务业集聚模型中λ值为负但不显著，金融服务业集聚模型中 W*dep.var 值为正但不显著，说明这两种模型已经消除了空间效应的影响。

从模型中各解释变量的估计结果来看，不同模型中同一解释变量的回归系数的大小、方向略有不同，但与本书的理论假说基本吻合，下面分别对各个解释变量进行分析。

有效劳动力比重方面（lnx1），不管是高端服务业集聚还是其分产业集聚，在空间固定效应和时空双固定效应模型中的估计值都非常显著且为负值。这表明有效劳动力比重的增加反而抑制了高端服务业集聚的发展，这与许培源、魏丹（2015）在分析知识创新的空间分布、空间溢出及其对区域经济发展的影响时得出的结论是一致的。这是由于本模型是在 KSIBI 模型的基础上的一种改进，其基本假设与 KSIBI 模型基本相同，其中假设劳动力在区域间不能流动，高端知识创造只使用劳动力，高端知识的溢出通过改变高端知识创造成本和制造业产品的生产效率提高经济增长率。然而现实中存在劳动力流动，因此，有效劳动力比重的提高对高端服务业并没有产生促进作用，反而起到了抑制作用。

支出份额方面（lnx2），高端服务业集聚模型在空间固定效应下对高端服务业集聚起到明显的抑制作用，而在时空双固定效应时表现出不显著的抑制作用。这表明我国很多地区对高端服务业的发展重视不够，将支出主要用于制造业，从而导致地区高端服务业发展的滞后。从分产业来看，支出份额对信息服务业集聚和金融服务业集聚的影响与对高端服务业整体的影响类似，即在地区维度和时空维度上均显著为负；支出份额对商务服务业集聚发展在时空维度上起到显著的促进作用；支出份额对研发服务业集聚的影响在空间固定和时空双固定中均为正但不显著。

弹性方面（lnx3），空间固定效应和时空双固定效应模型对高端、信息和研发服务业集聚表现出不显著的抑制作用，对金融服务业集聚在抑制作用显著，对商务服务业集聚表现出不显著的促进作用。在时间固定效应模型中，弹性系数则促进了高端服务业及其分产业的集聚发展。这表明，在时间维度上，随着产品消费弹性增大，高端服务业的集聚度增强。

经济开放度方面（lnx4），空间固定和时空双固定模型中对高端服务业及其分产业集聚度的影响均为正且显著（但对研发服务业影响不显著），表明我国区域间经济开放度的提高能够较好地促进高端服务业的集聚发展。从数值上来看，经济开放度的提高在地区维度上能够显著地促进信息服务业和研发服务业的集聚发展。在时空双固定模型中，经济开放度每提高 1%，高端、信息、金融、商务服务业集聚度分别提高 2.11%、5.23%、1.05% 和 3.06%，这说明了经济开放度的提高对促进信息服务业和商务服务业的集聚发展具有重要的作用，但对研发服务业的集聚发展效果不明显。

知识存量水平方面（lnx5），空间和时空双固定效应模型对高端服务业集聚显示出轻微的促进作用，但对信息服务业则显示出明显的抑制作用，对金融服务业集聚显示出不明显的抑制作用，对商务服务业和研发服务业集聚显示出明显的促进作用。这可能暗示我国在产业发展过程中，没能充分发挥本地区的人力资本，或者将主要的人力资本投入到制造业生产的发展当中，忽略了高端服务业的发展，故仅对商务和研发服务业集聚表现出明显的促进作用。在时间维度上知识存量水平的增加显示出对高端服务业分行业集聚显著的促进作用，但对高端服务业整体集聚正向作用不明显。这表明随着时间的推移，部分地区对高端服务业的发展逐渐重视，并投入更多的人力资本到高端服务业中，从而促进了高端服务业的集聚发展。

信息化水平方面（lnx6），空间固定效应和时空双固定效应模型对高端服务业及其分产业集聚产生不显著的抑制作用，但对研发服务业集聚的抑制作用明显。这验证了假设6，即信息化水平是高端服务业集聚发展的抑制因素。在时间固定效应模型中，信息化水平则表现出较强的促进作用。这说明在空间层面上，信息发展程度越好，信息传递成本越低，可能会导致高端服务业的分布较为分散。但现阶段，随着信息发展程度的提高，对高端服务业的集聚产生明显的促进作用。

政府对经济的参与度方面（lnx7），空间固定和时空双固定效应模型对高端服务业和金融服务业集聚产生不显著的抑制作用，但显著地抑制了商务和研发服务业的集聚。模型对信息服务业集聚则表现出显著的促进作用。在时间固定效应模型中，政府对经济的参与度对高端服务业及其分行业的集聚产生了较大的促进作用。这可能是因为随着我国改革的深入，政府对企业管制逐渐放松，政府逐渐从主导产业发展向为企业发展提供服务转变。

城镇化方面（lnx8），空间固定效应模型对高端服务业集聚产生不显著的促进作用，对信息服务业表现出不显著的抑制作用，但显著地促进了商务和研发服务业的集聚，并显著抑制了金融服务业的集聚。在时空固定效应模型中，对高端、信息、金融和研发服务业集聚的促进效果不显著，但显著地促进了商务服务业的集聚发展。在时间固定效应模型中，城镇化的发展对高端服务业及其分行业集聚起到了较大的促进作用。这也印证了高端服务业较多地集聚于城市的现象，且随着城市化进程的发展，进一步促进了高端服务业的集聚。

5.5　本章结论与启示

本章在第 3 章高端服务业集聚形成机理与集聚效应模型的基础上，提出了高端服务业集聚的理论假说，并通过探索性分析构建了空间杜宾误差面板计量模型（包括金融服务业集聚的空间自回归面板模型和空间杜宾面板模型）。深入分析了 2003—2019 年本书选取的 31 个省级行政区的劳动力、支出水平、产品间替代弹性、经济开放度、知识存量、信息传递成本、政策因素和城市化率对高端服务业及其分行业集聚发展的作用机制。研究结果表明，本书选取的 31 个省级行政区间高端服务业及其分行业集聚发展存在明显空间正相关性，而且各个因素对高端服务业及其分产业的影响程度和方向存在一定的差异，在很大程度上验证了第 3 章中有关高端服务业集聚形成机理与集聚效应模型中有关高端服务业集聚影响因素的结论，但也出现了一些与模型所得结论相反的结果，部分反映出所建模型与实际经济运行情况存在一定的出入，这也是现有很多模型构建难以避免的问题。

基于上述研究结论，对我国各省市高端服务业集聚发展有以下启示：高端服务业及其分产业的发展是多种因素综合作用的结果，应该综合考虑各因素的协调发展，针对高端服务业整体和分产业的实际情况制定相应的产业发展政策。各地区应提高发展高端服务业必要性的认识，充分认识高端服务业发展的影响因素和影响机制，综合考虑各因素间的关系，积极利用自身的优势加强与周边省份的合作与互助，积极促进各省份有利因素的发挥并向邻近省份溢出，形成优势互补、共同发展的良好局面。

第6章　高端服务业集聚、空间知识溢出与制造业升级

6.1　研究背景

6.1.1　问题的提出

改革开放以来，中国经济取得了巨大成就，特别是制造业的成就引起了全世界的关注，从而推动了中国经济的全面发展。然而，伴随制造业的发展壮大，我国也付出了大量资源消耗、环境恶化、产能过剩等问题。改变原有粗放型的发展方式，实现集约型发展，促进制造业转型升级已是当前中国经济亟待解决的问题之一。同时，虽然改革开放至今，我国制造业的发展在国民经济中的贡献居功至伟，但中国制造业大而不强，尤其制造业的质量水平与世界先进国家相比仍有一定的差距。从内外两方面来看，我国必须走制造强国的道路。内部方面，我国制造业整体发展质量不高，核心技术能力不足，一部分高端装备和关键零部件依赖进口；外部方面，一些拉美国家在迈向高收入国家的门槛时，未能通过转型升级守住制造业的阵地，导致产业发展"空心化"，成为陷入"中等收入陷阱"的重要诱因之一。目前我国也进入了向高收入国家迈进的关键阶段，要警惕出现这种状况。因此，把制造业高质量发展放在第一位是很有必要的。2019年9月，习近平总书记在河南考察调研时强调：中国必须搞实体经济，制造业是实体经济的重要基础，自

力更生是我们奋斗的基点。把我国制造业和实体经济搞上去，推动我国经济由量大转向质强，扎扎实实实现"两个一百年"奋斗目标。这更是从实现百年奋斗目标高度强调制造业高质量发展的重大意义。随着《中国制造2025》的提出与实施，部分发达国家不愿意看到中国制造业的升级发展，采取了许多阻碍中国制造业发展的措施，包括税收、贸易摩擦和技术贸易壁垒等，极力阻止中国制造业升级，力图使中国制造业陷入"低端锁定"状态。

因此，原有制造业的发展模式已经难以为继，制造业的转型升级已经是我国迫切需要解决的问题，促进制造业高质量发展也是建设现代化经济体系的重大战略方向，是当前中国经济急需解决的重大问题之一。必须借助高端服务业强大的渗透作用，促进制造业升级，进而优化我国的产业结构。但是，实现中国制造业升级，其中很重要的一点是依靠高端服务业的发展与合理布局。高端服务业布局的合理性对区域优势的发挥和制造业升级起着非常重要的作用。

高端服务业是生产性服务业的子集，具有强大的溢出效应，能够推动制造业和服务业的升级。它对一个国家或地区的战略资源具有强大的控制力，并且可以提高整体经济的竞争力和控制力。合理优化高端服务业的空间布局将有助于中国制造业在全球价值链治理体系中向中高端跃升，并促进中国制造业由生产型制造业转型为服务型制造业（刘奕等，2017）。作为制造业的上游产业，高端服务业的地域分布变化以及其空间溢出效应可能会影响要素配置的效率以及区域制造业的升级。因此，科学地评价高端服务业空间布局和空间溢出对制造业升级的影响，是当前制造业升级和高端服务业集聚区建设实践中亟待解决的突出问题。

6.1.2　文献综述

目前，有关服务业特别是生产性服务业空间分布对制造业升级影响的成果颇为丰富。服务业集聚对产业竞争力影响的研究多数集中在生产性服务业集聚对制造业竞争力提升的影响方面，得出了生产性服务业集聚能够显著促进制造业竞争力的结论（江茜、王耀中，2016；张志彬，2019）。然而，也有学者研究发现生产性服务业集聚对制造业竞争力的影响呈现出先减后增的"U"形发展趋势（田祖海和郑浩杰，2018）。但绝大多数学者认为，生产性服务业的空间聚集对制造业升级有利（孟凡峰，2015；韩同银、李宁，2017；张建军、赵启兰，2018）。研究主要集中在生产性服务业集聚对制造业生产效率的影响关系上。连廷广（2006）认为，生产性服务业能够以其独特的经济功能有力地支撑制造业的发展和升级。藤田昌久和蒂斯（2004）构建的内生增长模型发现，某一地区创新部门的集聚可以增加制造业部门的产品种类，进而促进整个经济体的经济增长。埃斯瓦瑞和克特威（Eswaran and Kotwal，2002）指出，生产性服务业通过进一步的专业化分工和减少了制造业中间环节的成本两个方面促进制造业的发展与升级，而不断加深的专业化水平促进了生产力的进步。生产性服务业强大的技术溢出效应提高了制造业的劳动生产率，促进经济增长。因此，生产性服务业的空间聚集能够促进自身专业化水平的提高，提升产业效率，进而促进制造业生产效率提高。西米和施特兰巴赫（2006）的研究指出，城市知识密集型服务业的集聚及其背后的知识分工，不同程度地加强了当地制造业的技术升级和转型发展。

在实证方面，顾乃华（2011）发现中国城市的生产性服务业集聚对制造业的溢出效应具有显著的区域边界，省级生产性服务业的集聚与其管辖范围内制造业全要素生产率的相关关系不明显，但市级层面则存在显著相关性。赵伟、郑雯雯（2011）验证结果表明生产性服务业主要通过降低贸易成本推动制造业的集聚，且其作用大小与制造业要素密集特征有关。王硕和郭晓旭（2012）则验证了生产性服务业集聚与制造业集聚之间具有很强的协同关系和互动关系。宣烨（2012）认为，生产性服务业空间集聚会通过竞争效应、专业化效应以及外部性等途径降低制造业交易成本，还能够通过空间外溢效应提升周边地区制造业的生产效率。詹浩勇（2013）构建了城市形成生产性服务业集聚促进制造业转型升级的结构机理和一般性分析框架。盛丰（2014）将生产性服务业集聚促进制造业升级的内在机制归纳为生产性服务业集聚四个效应的作用，即生产性服务业集聚的竞争效应、专业化效应、学习效应、规模经济效应促进制造业的升级，并利用2003—2011年我国230个城市的数据运用空间计量模型进行了验证。研究结果表明，生产性服务业集聚对本地和邻近地区制造业升级具有显著的促进作用。然而，盛丰在文中并未交代生产性服务业具体包括哪些服务行业，因此也就无法得知生产性服务业里高端服务业集聚对制造业升级的作用。孟凡峰（2015）分别从价值链、分工和竞争力的视角分析了生产性服务业集聚促进制造业升级的理论机制，并利用2003—2010年我国30个省份的面板数据运用固定效应面板数据模型进行验证，研究结果同样支持生产性服务业集聚能够显著促进制造业的升级。然而，孟凡峰却忽略了制造业升级存在的空间效应，未能纳入空间因素进行研究，这使得结果有可能出现偏差。同时，文中也没有说明生产性服务业具体包括哪些服务行业，因此也就无法得知生产性服务业中高端服务业集聚对制造业升级的作用。詹浩勇和冯金丽（2014）实证研究发现，中国的区域中心城市和前制造业化城市已经显示出生产性服务业集聚正向地影响了制造业的转型升级。卢飞和刘明辉（2016）分析了生产性服务业集聚影响制造业升级的三重效应，表明其影响呈倒"U"形并使其他变量对制造业升级的影响存在门限特征。纪玉俊和丁科华（2015）利用2004—2011年中国省级面板数据，采用门槛回归模型检验了生产性服务业集聚与制造业升级间的非线性关系，表明前者对后者具有显著的门槛效应。杨林生和曹东坡（2017）研究发现生产者服务业集聚可以帮助劳动密集型和资本密集型制造业打破低端锁定而实现升级发展，但对技术密集型制造业升级的影响并不显著。然而，上述文章未能考虑制造业升级存在的空间效应，缺乏对空间因素的研究，结果可能存在一定的偏差。

已有文献对高端服务业空间布局、空间溢出两个方面因素作用于制造业升级的内在机制尚未完全解析，基于中国情境的实证检验也相对缺乏。麦克弗森（2008）发现制造企业所产生的创新绩效与其邻近城市的服务业集聚跨区域溢出具有明显的相关关系。苏晶蕾等（2018）研究了专业化和多样化两类生产性服务业集聚促进制造业升级的机理。目前，国内针对高端服务业集聚产生的空间溢出效应的研究较少，仅有少量学者利用城市空间面板数据模型，分析了生产性服务业集聚对制造业效率的空间溢出效应。这种溢出效应不仅影响本地区制造业的升级，而且也可能影响周边地区制造业的升级。但就高端服务业空间分布、空间溢出对制造业升级的作用机制而言，这些研究只是初步的，仍然比较缺乏且存在一定的局限性。许多模型将服务业的空间溢出作为外部变量，而没有将其纳入影响经济增长的内生性因素当中。

与已有文献相比，本章的突破在于：一是利用新经济地理学理论构建了高端服务业空间分布、空间溢出与制造业升级的关系模型，阐释了高端服务业空间分布与空间溢出对制造业升级影响的微观机制。二是考虑了高端服务业空间分布与制造业升级的空间效应，构建的空间计量经济学模型基本上消除了省域间空间效应的影响。三是引入高端知识开放度反映高端服务业区域间知识溢出强度，发现高端服务业区域间知识溢出不管是在区域层面还是时间层面均极大地促进了制造业升级。

6.2　高端服务业空间分布、空间溢出及其对制造业升级影响的理论机制

6.2.1　模型假设

高端服务业作为生产性的知识密集型服务业集合体，其产出具有高知识含量的特点，故将其产出看作高端知识产出，并作为企业投入生产的要素，是经济生产的重要资源。而高端知识具有较强的溢出效应，能够降低高端服务业生产成本，进而降低区域制造业成本，促使区域制造业转型升级。高端知识外溢水平受众多复杂因素的影响，其溢出通道比较特殊。但毋庸置疑的是，区际高端知识外溢水平与区际高端服务业务交流的频次呈正相关。区际高端服务业务交流越频繁，区际高端知识的外溢水平就越高。受高端服务业务的难易程度或交易成本的影响，区际高端知识的溢出主要受到政策法规、专利制度、文化习俗、交易风险等影响。在本章中，这些影响因素统称为高端知识开放度，用 λ 表示。

假设整个经济体包括东部和西部两个区域，每个区域有农业（A）、制造业（M）和高端服务业（H）三个部门，有劳动力（L）和高端知识（Z）两种要素，高端知识 Z 即为高端服务业的产出。假设劳动力工资在各区域三个部门中没有工资差异，即有相同的名义工资。所以，可用 w 表示东部劳动力工资（东部变量统一不加"*"），用 w^* 表示西部劳动力工资（西部变量统一加"*"）。假设高端知识和劳动力能够在区域内部门间流动，但无法在区域间流动。假设任何时候东部和西部从事高端服务业的劳动力为 1，东部为 r_L，西部为 r_L^*，即 $r_L+r_L^*=1$。为了便于下文的表达，本书将从事高端服务业的劳动力称为熟练技术工人，用以区别从事制造业的劳动力。但仍然假设在本区域不同部门内两者之间并无差别，且具有相同的工资，这并不会影响对模型的分析。

农业部门只使用劳动力作为生产要素，其产出为同质农产品，且具有规模收益不变和完全竞争的特征。假设每单位农产品价格为 p_A，需要投入 a_A 单位劳动力，区域内和区域间的交易成本为 0。

制造业部门的特点是规模报酬递增和垄断竞争，生产的产品也具有差异化特点。制造业产品在本地区内交易时没有运输成本，而跨区交易时存在 $\tau-1$（$\tau \geqslant 1$）单位产品的"冰山"运输成本。假设每个制造业企业生产差异化的制造业产品，每个差异化制造业产品的生产需要 a_M 单位劳动力作为可变投入和一个单位高端知识作为固定投入。因此，制造业企业的成本函数为 $\pi + w a_M x$，其中 π 是高端知识收益率；w 是劳动力工资；x 是制造业产品的产出数量。

高端服务业使用熟练技术工人作为投入要素，生产高端知识。由于高端知识具有跨期溢出的特点，这促使高端知识的创造成本呈递减趋势。假设区域内的高端知识存量能够完全被利用，而区域外高端知识存量的可利用程度取决于区际高端知识溢出程度的大小。具体来说，高端知识溢出程度 $f(\lambda)$ 与高端知识开放度 λ 呈正相关，即 $f(\lambda)$ 是高端知识开放度 λ 的增函数。为了模型的易操作性，采用曹骥赟（2007）的研究方法进行描述。

假设东部和西部的资源禀赋、技术和交易水平等方面没有差异，消费者偏好均具有总效用和子效用的双层效用，且没有差异。总效用函数 U 由 CD 函数表示，其指的是消费者根据自己的收入以一定比例购买农产品和制造业产品的效用。其中，C_A 代表消费者消费的同质农产品量或效用；C_M 代表消费者消费的不同差异化制造业产品组合的量或效用。子效用函数 C_M 由不变的替代弹性函数（即 CES 函数）表示，其指的是消费者消费一组差异化制造业产品的效用。因此，双层效用函数如式（6.1）所示：

总效用：$U = C_M^{\mu} C_A^{1-\mu}$；子效用：$C_M = \left[\int_0^{n^W} (c_i)^{\frac{\sigma-1}{\sigma}} di \right]^{\frac{\sigma}{\sigma-1}}, 0 < \mu < 1 < \sigma$ （6.1）

式中，东部和西部制造业种类数分别为 n 和 n^*，整个经济体制造业品种

类总数为 $n^W=n+n^*$；消费者对制造业产品和农产品的支出份额分别为 μ 和（1−μ）；c_i 代表消费者消费第 i 种制造业产品的数量；σ 是新经济地理学中的一个重要变量，代表了不同制造业产品之间的替代弹性，并假定不同制造业产品之间的替代弹性是相同的。σ 直接决定了地区之间产业集聚能力的大小，是影响地区差异的重要因素。由于假设每一种差异化制造业产品都使用一个单位的高端知识，故高端知识间的替代弹性也是 σ。

最大化消费者效用所受到的限制是：

$$P_A C_A + \int_0^{n^w} p_i c_i di = Y \tag{6.2}$$

式中，Y 是消费者的可支配收入；P_A 是农产品价格；p_i 是第 i 种制造业产品价格。用 E 和 E^* 分别表示东部和西部的支出，两区域的总支出为 $E^W=E+E^*$；用 s_E 和 s_E^* 分别表示东部和西部的支出份额，且 $s_E+s_E^*=1$。东部和西部的企业（或高端知识）数量分别为 F、F^*，在整个经济体中所占的份额分别为 s_n 和 s_n^*，则整个经济体总的高端知识存量为 $F^W=F+F^*$，且 $s_n+s_n^*=1$。

6.2.2　模型的短期均衡

6.2.2.1　农业部门

农产品市场是一种完全竞争市场，农产品的定价采用边际成本法。假设东部农产品价格为 p_A，西部农产品价格为 p_A^*，生产一单位农产品需要 a_A 单位的劳动力，则 $p_A=wa_A$，$p_A^*=w^* a_A$。由于东西部间的交易成本为零，所以两个地区农产品的价格相等，即 $p_A=p_A^*$，进而得到两个地区具有相同的劳动力工资，即 $w=w^*$。

通过使用农业部门的 a_A 单位劳动投入作为估值单位，可以得到：

$$p_A = p_A^* = w = w^* = 1 \qquad (6.3)$$

6.2.2.2 制造业部门

（1）企业产出量决定

消费者的消费受到其收入的约束并追求消费总效用最大化。以东部为例，根据总效用最大化一阶条件，东部总支出为 E，则东部对制造业产品的支出为 μE，它等于东部的劳动力工资总和加上高端知识收益之和，然后扣掉高端知识的创造性投资。再根据子效用最大化一阶条件，可以得到东部对制造业产品 j 的消费量[①]：

$$c_j = \mu E \frac{p_j^{-\sigma}}{p_M^{1-\sigma}} = \mu E \frac{p_j^{-\sigma}}{\Delta n^w} \; ; \quad \Delta n^w = \int_{i=0}^{n^w} p_i^{1-\sigma} di \qquad (6.4)$$

其中，p_j 表示制造业产品 j 的价格。由于制造业产品 j 同时供应给东部和西部两个市场，且工业品在两个地区间运输时具有"冰山"运输成本，故制造业产品 j 的产出数量为：

$$x_j = c_j + \tau c_j^* \qquad (6.5)$$

（2）制造业产品价格的决定

制造业企业在垄断竞争市场中可以自由出入，达到短期均衡时，所有制造业产品的产量及其价格都处在均衡水平，净利润为零，制造业产品的价格采用边际成本加成法进行定价。对东部制造业企业而言，由于跨区交易具有"冰山"运输成本，所以，西部的东部制造业产品价格是东部制造业产品价格的 τ 倍，即[②]：

---

① 限于篇幅，具体推导过程可以参见附录 A。
② 限于篇幅，具体推导过程可以参见附录 B。

$$P = \frac{wa_m\sigma}{\sigma-1}, \quad P^* = \frac{\tau wa_m\sigma}{\sigma-1} \qquad (6.6)$$

在垄断竞争市场与边际成本加成定价法下，由于制造业产品具有差异化的特征，不同的制造业产品能够获得一定的垄断利润。因此制造业产品的均衡价格高于完全竞争市场的均衡价格。每个制造业产品使用一个单位高端资源投入作为固定成本，使用 a_M 单位的劳动力投入作为可变成本，因此每增加一个单位制造业产品将会增加 wa_M 可变成本。根据公式 $p=wa_M/(1-1/\sigma)$，制造业产品的单位价格中，固定成本占比为 $1/\sigma$，可变成本占比为 $1-1/\sigma$。所以，制造业产品的均衡价格在扣除可变成本后，还包括高端资源的收入部分，这一部分被称为"加价"（make-up）。

6.2.3　高端服务部门空间分布、空间溢出与制造业升级

罗默（Romer，1990）在其经典性的内生经济增长的文章中指出，已有的知识资本积累能够显著地促进创新研发人员的效率，并且这种积累下来的资本具有非竞争性和部分排他性特征。因此，当东部区域的高端知识存量为 F 时，这一指标也体现了该区域创新研发人员的生产能力。由于已经假设任何时候整个区域的高端服务业的劳动力为 1，东部为 r_L，西部为 r_L^*，即 $s_E+s_E^*=1$，则可计算出两个区域在既定时间内的高端知识产出分别为：

东部：$Z = r_L F$ ；

西部：$Z^* = r_L^* F^* = (1-r_L)(1-F)$ $\qquad (6.7)$

由于高端知识存在较强的外溢性，东部（或西部）的高端知识存量与东部熟练技术工人的知识存量以及西部熟练技术工人的知识存量的溢出量呈正相关。因此，设 $h(i)$ 为某熟练技术工人 i 的知识存量，则两个区域各自的总知识资本存量东部和西部分别为：

$$K = \left[\int_0^{r_L} h(i)^\beta \, di + f(\lambda) \int_0^{1-r_L} h(i) di\right]^{\frac{1}{\beta}}; \quad K^* = \left[\int_0^{r_L^*} h(i)^\beta \, di + f(\lambda) \int_0^{1-r_L^*} h(i) di\right]^{\frac{1}{\beta}}$$

（6.8）

其中，β 是衡量技术工人高端知识溢出程度的参数，$0 < 1 < \beta$；同时，$f(\lambda)$ 衡量东部和西部间高端知识外溢的强度。因此，东部和西部的高端知识与熟练技术工人的知识存量相关。为使问题简化，假设这种高端知识存量可以用制造业部门的产品类别 M 进行替代，即 $h(i)=M$。因此，根据式（6.8），东部和西部的高端知识存量为：

$$\text{东部：} \quad K = M[r_L + f(\lambda)(1-r_L)]^{\frac{1}{\beta}};$$

$$\text{西部：} \quad K^* = M[r_L^* + f(\lambda)(1-r_L^*)]^{\frac{1}{\beta}}$$

（6.9）

由于 $f(\lambda)=(1+\lambda)/2, 0 \le \lambda \le 1$，则 $1/2 \le f(\lambda) \le 1$。因此，当 $\lambda=1$ 时，$f(\lambda)=1$，高端知识成为整个经济区域的公共品，东部和西部均能完全共享，则有 $K=M$ 和 $K^*=M$。也就是说，此时每个地区的高端知识存量等于新产品的数量，这些高端知识存量促进了制造业企业的技术进步而获得升级发展。我们可以将问题一般化为 $K_d=Mg[r_L+f(\lambda)(1-r_L)]$，$d$ 代表东部（或西部），g 代表东西部间熟练技术工人分布 r_L 的函数，当 $f(\lambda)$ 为定值时，可以得到 g 为严格凸的增函数，即有 $g' > 0$，$g'' > 0$，且有 $g(0)=0$，$g(1)=1$。我们可以清晰地得到其经济学含义为：区域高端知识产出效率随着区域熟练技术工人比重增加而提高，且呈现不断加速态势，说明高端知识收益具有递增特性。因此，K_d 函数具有明显的经济学含义：当整个经济体中两区域（东部和西部）为对称分布时，那么任何地区的高端知识存量仅由熟练技术工人的空间集聚状态决定（这种集聚状态可以通过区域内各部门劳动力的自由流动来保证）。根据式（6.9）得两个区域高端知识产出数量为：

东部：$Z_d = Mg[r_L + f(\lambda)(1-r_L)]r_L$；

西部：$Z_d = Mg[r_L^* + f(\lambda)(1-r_L^*)]r_L^*$ （6.10）

假设制造业企业获得某高端知识后，其最终产品能够一直垄断该领域。这意味着，衡量制造业升级的新制造产品数量等同于新产生的高端知识数量。用表达式来表示：

$$\dot{M} = Z + Z^* = M\{r_L g[r_L + f(\lambda)(1-r_L)] + (1-r_L)g[(1-r_L) + f(\lambda)r_L]\} \quad （6.11）$$

令 $g(r_L) = g[r_L + f(\lambda)(1-r_L)]$，$g^*(r_L) = g[r_L + f(\lambda)(1-r_L)]$，可以得到整个经济体中制造业产品升级的增长率为：

$$H(r_L, f(\lambda)) = \frac{\dot{M}}{M} \equiv r_L g(r_L) + (1-r_L)g^*(r_L) \quad （6.12）$$

式（6.12）表明，制造业升级的增长率是高端服务业空间分布和空间溢出的函数。对式（6.12）进行深入分析，可以得到两个有意义的命题。

命题1[①]：由于 $f(\lambda) = (1+\lambda)/2$，当 $f(\lambda) \neq 1$（或者 $\lambda < 1$），即高端知识不能在区域间充分溢出时，$H(r_L, f(\lambda))$ 是一条以 $r_L = 1/2$ 为对称轴的 U 形曲线。其具有明确的经济学含义：当高端知识不能在区域间充分溢出时，如果高端服务业主要聚集于某个区域（假设为东部），那么随着高端服务业集聚度的提高（即 $r_L = 1/2$ 且逐渐增大），整个经济体制造业升级的速度将不断提高，并且其升级的增速也会越来越快；相反，当高端服务业跨区域对称分布（即 $r_L = 1/2$）时，则此时整个经济体的制造业升级速度最小。

命题2[②]：给定 r_L，如果 $f(\lambda)$ 提高，则有 $H(r_L, f(\lambda))$ 上升。当 $f(\lambda) = 1$ 时，无论 r_L 取何值，$H(r_L, f(\lambda)) = 1$。该命题同样具有明确的经济学

---

① 限于篇幅，具体推导过程可以参见附录 D。

② 限于篇幅，具体推导过程可以参见附录 E。

含义：高端服务业集聚程度 r_L 固定的情况下，提高区域间高端知识的溢出强度，整个经济体制造业升级的速度也将随着增加。

根据命题 1 和命题 2，可以绘制制造业升级速度 $H(r_L, f(\lambda))$ 与高端服务业集聚程度 r_L 以及高端知识溢出强度 $f(\lambda)$ 的图形（见图 6.1）。

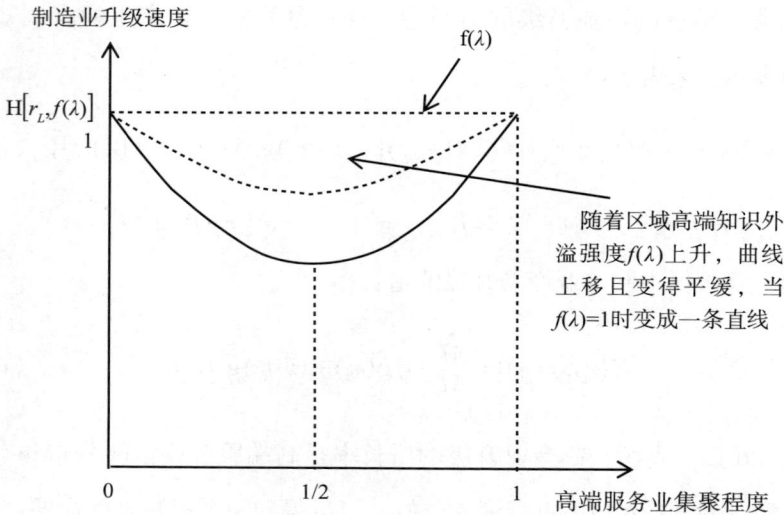

图 6.1　高端服务业空间分布、空间溢出与制造业升级关系曲线

图 6.1 中横轴和纵轴分别表示整个经济体中高端服务业的空间分布 r_L 和制造业升级速度 $H(r_L, f(\lambda))$，两条 U 形曲线代表更高（虚 U 形曲线）和更低（实 U 形曲线）高端知识溢出水平下高端服务业集聚程度与制造业升级速度的关系，体现了命题 1 的内容。同时，随着高端知识在区域间的溢出强度 $f(\lambda)$ 的增加，制造业升级的速度曲线 $H(r_L, f(\lambda))$ 逐渐上升，并且逐渐变得更加平缓。当高端知识在区域间完全流动和充分共享，即 $f(\lambda)=1$ 时，制造业升级速度 $H(r_L, f(\lambda))$ 曲线演变成一条水平直线，此时 $H(r_L, f(\lambda))=1$，这体现了命题 2 的内容。因此，图 6.1 直观体现地了高端服务业空间分布、空间溢出对制造业升级的影响方向与大小。

6.2.4　高端服务业集聚促进制造业升级的内在机制

以上利用新经济地理模型分析了高端服务部门空间分布、空间溢出与制造业升级的关系。从理论分析角度，高端服务业集聚促进制造业的升级也是借助其集聚所产生的三种效应：本地市场效应（或称为市场接近效应）、价格指数效应（或称为生活成本效应），市场拥挤效应（或称为本地竞争效应）产生的。

第一，集聚的本地市场效应促进制造业升级。

由于高端服务业需要具备较多的高端要素，高端服务业的集聚能够促进熟练技术工人、先进技术等高端资源因素往集聚区域聚集。同时，各个高端服务企业共享地区相对完善的基础设施、发达的市场网络、丰富的要素资源以及信息传递等，能够减少高端服务企业产出的成本，使集群具有明显的规模经济效应（宣烨、宣思源，2013；韩峰等，2011）。高端服务业集聚对于制造业升级而言，能够为制造业升级提供比较充足的高端要素支持，提升制造业的专业化水平，维持核心竞争力，通过学习效应等方面增强制造业的升级能力。一是为制造业企业升级提供必要的高端要素资源。由于大量高端服务企业在地区集中，带动了大量的高端要素资源的集聚，容易在集聚区的周边形成专业化的劳动力市场，有利于制造业企业获得稳定的劳动力供给和必要的其他要素资源。还能够及时雇佣到制造业企业升级所需的人才，降低制造业企业对熟练技术工人的搜寻成本和培训成本，促进制造业企业的升级（石灵云，2008；李思慧，2011）。二是提升制造业的专业化水平，维持核心竞争力。制造业企业同样处在激烈的竞争环境中，企业必须集中资源注重维持自身的核心竞争力，而将一些不具竞争力或竞争力较弱的服务外包给专门的服务企业。由于高端服务业集聚产生的大量同类企业和相近企业同时存在于同一个地区，为制造业企业的服务外包提供了一个选择面广、价格优惠的服务外包环境。在降低制造业成本的同时使制造业企业更加专注于自身具有比较优势的制造环节，将其做精、做细、做强，提升专业化水平、生产效率和产品的附加值，进而维持甚至促进自身的核心竞争力。三是集聚区内的"集体学习过程"促进制造业的升级。高端服务企业集聚为企业员工提供了更多的面对面交流机会，他们能够利用各种网络经常进行学习与交流；同时，由于聚集区内人才流动比较频繁，促进了内含于人才内的知识特别是一些比较高端技术的隐性知识的外溢，加强了区域内或者与区域外人才的知识共享强度，非常有利于聚集区内劳动力知识学习和创新能力的提高（基布尔，2000）。因此，高端服务业集聚的学习效应促进技术、知识特别是隐性知识等高级生产要素的快速转移，加快了制造业企业对新技术、新方法的掌握，为企业由单纯的制造环节向供应链和价值链的两端延伸提供了技术基础。同时，通过聚集区内部包含隐性知识在内的高级生产要素的快速转移，有利于提升制造业企业研发和自主创新能力、巩固和提升企业的技术优势。大量的实践表明，"集体学习过程"是聚集区内企业提升研发和自主创新能力、开发高附加值产品、提高自身在价值链中地位的有效途径（周鹏，2010）。

第二，集聚的价格指数效应促进制造业升级。

新经济地理学的价格指数效应是指企业的区位分布对当地消费者生活成本的影响。在企业聚集区，本地生产的产品种类和数量丰富，需要从外地获得的产品种类和数量较少，支付给外地的运输成本较少，聚集区的商品价格较低，消费者的生活成本支出较外地低，在聚集区和外地名义收入相同时，聚集区的实际收入水平较高。由于高端服务业企业的集聚，意味着在聚集区能够为制造业员工提供较多"质美价廉"的产品和服务。节约生活成本的同时获得了优质的产品和服务，这样使员工特别是比较高级的人才乐于留在当地为本地企业服务，进而促进制造业企业的升级。

第三，市场拥挤效应促进制造业升级。

大量高端服务业企业的集聚会导致企业之间对生产要素，特别是高端资源的竞争加剧。例如，对资本、市场和熟练技术工人的争夺，将会使高端服务企业产生强大的竞争压力（严北战，2011），而且集聚程度越高、企业数量就越多，竞争程度越激烈，如果高端服务企业没有不断发展创新，很容易被市场淘汰。这样，必然迫使高端服务企业不断进行服务创新，努力提升自身的竞争力。高端服务产品作为制造业生产的中间投入产品，高端服务企业之间的竞争效应非常有利于促进制造业企业升级。首先，高端服务企业间的竞争造成制造业企业服务外包成本降低，非常有利于制造业企业将很多非核心业务剥离和外包给高端服务业企业，而将主要精力放在其核心业务上，努力提升其核心业务的知识和技术含量，提升竞争力，促使制造业企业在价值链中获得更多利益，进而得到不断升级。此外，这种竞争还直接增强了制造业产品的异质性，提升了制造业产品的竞争力。制造业利用高端服务业的产出作为中间投入品生产最终产品，高端服务企业为了争夺市场份额，通过提升自身的服务质量和专业化水平，进而投入到制造业产品生产中，必然增强制造业产品的异质性。借助高端资源资本的差异性，制造业产品能够获得市场势力，进行最优的垄断加价，为制造业企业创造更多的利润，提升制造业的竞争力。詹浩勇（2013）认为，产业能够形成类似于垄断竞争或者寡头垄断的市场结构，往往也是产业结构高级化的重要表现之一。

6.3　实证分析

6.3.1　变量选取

本章研究高端服务业集聚对制造业升级的影响。高端服务业集聚度的衡量，同样采用第四章计算的高端服务业区位熵公式（4.1）进行计算。由于研究的是高端服务业集聚对制造业升级的影响，所以被解释变量应选择能够代表制造业升级的变量。遗憾的是，在统计中并没有直接衡量制造业升级的指标，相关数据也比较缺乏。很多学者使用了制造业增加值、劳动生产率等非市场化的效率指标来衡量，也有学者利用工业利润率和工业利税率等市场化指标进行衡量。然而，通过分析发现，我国各地区近年来的工业利润率和工业利税率的提升并不显著，甚至出现了明显的下降趋势，这容易造成制造业升级下降的错觉，与现实不符。

根据式（6.11）和式（6.12），等式表明制造业升级可以用新产品种类数占制造业产品种类数的比重来表示。有鉴于此，本书选择新产品销售收入率指标来衡量制造业升级，该指标采用工业企业新产品销售收入占工业企业主营业务收入的比重来表示，数据来源于《中国经济与社会发展统计数据库》。

除了高端服务业集聚的影响外，制造业升级还受到其他多种因素的影响。根据我国经济发展的实际情况，本书引入 4 个控制变量。

第一，区际开放度。高端服务业的空间溢出效应指标采用区际经济开放度来衡量，它是新经济地理中衡量区际贸易和区际资本流动的一个重要因素。采用张应武（2011）的方法，通过各省份的市场整合与分割角度进行测算。

第二，外商直接投资（FDI）。我国长期鼓励各地区积极引进外资，一方面是为了解决国内的就业问题；另一方面是期望通过外资的引入获得国外的先进技术和管理方法。已有学者研究发现，由于我国改革开放后长期实行了以"市场换技术"的战略，国内企业在科学技术和产业层次等方面相较于外商投资企业来说较低。因此，一个地区的外商直接投资水平对该地区制造业升级必然产生一定的影响。FDI 主要通过溢出效应促进制造业企业技术水平的提高（王红领等，2006）。采用外商投资企业投资总额占固定资产投资完成额的比值作为代理变量。

第三，政府的干预。中国的经济体制经历了从计划经济向市场经济体制的转型发展过程，在这个过程中政府扮演着非常重要的角色，对中国制造业升级乃至整个经济的发展产生了重大影响。采用最终消费支出中政府消费支出的比重来表示。

第四，区域创新环境。一个地区良好的创新环境能够为各个产业的发展提供优良的外部基础。因为良好的区域创新环境意味着该地区具备了为各类人才的聪明才智提供发挥的场所，往往也意味着该地区为创新提供了一个比较宽松的环境，积累了较多的智力资本。良好的区域创新环境可以为制造业企业升级提供一个良好的外部基础，而制造业的转型升级意味着要在技术、管理等方面进行创新，对区域所具有的创新环境具有更高的依赖性。因此，区域的创新环境必将影响制造业的升级。我们采用各省份的技术市场成交额与全国技术市场成交额的比值来表示区域创新环境。

6.3.2　数据来源

由于西藏自治区数据缺失较为严重，本章以除西藏外的我国 30 个省级行政区作为研究对象。本章数据来源中，外商直接投资指标数据来源于中经网数据库，其余指标数据均来自《中国经济与社会发展统计数据库》。同时，考虑到本书研究的高端服务业涵盖信息、金融、商务和研发服务业四个产业，且各分产业具有不同特点，对制造业升级的作用可能存在一定的差异，甚至可能影响其他变量对制造业升级的效果。因此，本章将同时验证高端服务业及其各分产业集聚对制造业升级的影响，以便进行比较分析，并为各分产业制定有针对性的政策提供依据。为便于表述，笔者将高端服务业及其分产业集聚对制造业升级的验证模型分别称为高端模型、信息模型、金融模型、商务模型和研发模型。

6.3.3 我国高端服务业空间分布和制造业升级的空间特性

为检验我国制造业升级速度是否存在空间相关性，本章采用安瑟林（2006）提出的全局 Moran's I 指数测度任一区域与它的邻近区域的关联程度。采用假设海南与广东、广西相邻的二进制空间邻接矩阵，计算 2003—2019 年我国制造业升级的 Moran's I 值，结果如表 6.1 所示。

表 6.1　2003—2019 年中国制造业升级的 Moran's I 值

年份	2003	2004	2005	2006	2007	2008	2009	2010	2011
Moran's I	0.144	0.110	0.115	0.053	0.199	0.194	0.040	0.405	0.255
P 值	0.135	0.092	0.088	0.213	0.033	0.036	0.263	0.002	0.012
年份	2012	2013	2014	2015	2016	2017	2018	2019	—
Moran's I	0.387	0.452	0.417	0.355	0.411	0.363	0.414	0.332	—
P 值	0.002	0.001	0.004	0.003	0.002	0.002	0.001	0.002	—

表 6.1 显示，中国制造业升级速度的全局 Moran's I 值均大于 0，除 2006 年、2009 年外，大多数年份均通过了 10% 以下的 P 值检验，且 2015—2019 年的 Moran's I 值均保持在 0.36 以上，P 值通过了 5% 的检验，已经由 2003 年的 0.113 提升至 2019 年的 0.382，说明中国制造业升级速度在省级间具有显著的空间正相关性，存在地理集聚性，并有不断增强的趋势。但 2006 年和 2009 年没能通过制造业升级速度的全局空间相关性显著性检验，需要进一步通过局部 Moran's I 值检验法来考察这两个年份制造业升级的局部空间自相关，不显著年份的 LISA 集聚结果如表 6.2 所示。

表 6.2　不显著年份的 LISA 集聚结果

年份	H-H	L-L	H-L	L-H
2006	浙江、福建、北京	新疆、山西、宁夏、山东、河南、安徽、江西、辽宁、青海、甘肃、陕西、宁蒙古、云南	广西、海南、吉林、天津、重庆、上海、四川	黑龙江、江苏、湖北、湖南、贵州、广东、河北
2009	江苏、安徽、湖北、浙江、湖南、福建、辽宁、重庆、上海	新疆、山西、宁夏、山东、河南、云南、海南、青海、甘肃、陕西、内蒙古、河北	吉林、天津、北京、四川	黑龙江、江西、贵州、广西、广东

表 6.1 显示，2003—2019 年，大部分年份中国地区制造业升级空间呈正相关。其中，2006 年和 2009 年全局不显著，但在局部上存在区域集聚。2006 年和 2009 年我国制造业升级的空间分布不均衡。具体来说，在第一象限（H-H）2006 年和 2009 年分别有 3 个和 9 个省份；而在第三象限（L-L）则分别有 13 个和 12 个省份。这说明在 2006 年有 53.3% 的省份以及在 2009 年有 70% 的省份表现出了相似的空间关联，呈现出正相关的空间相关性。而且，近几年来制造业升级的 Moran's I 指数基本保持在 0.4 左右，明显显示出正相关的空间相关性。从以上分析可以得出，2003—2019 年绝大多数年份中，空间上邻近地区的制造业升级具有相似的属性值。这说明中国省级之间的制造业升级速度具有空间正相关性，相邻省份之间的制造业发展紧密相关，且相关性具有增强趋势。

图 6.2 进一步显示，我国大部分省份的制造业升级分布在第一和第三象限。在第一象限（高值集聚）中，2003 年包括江苏、广东、海南、北京、天津和湖北，而到了 2013 年增加了天津、山东、浙江、福建、安徽、湖南，但减少了海南省。值得注意的是，两个年份中除了湖北、湖南和安徽是中部省份外，其余全部是东部省份，高值集聚区域的省份明显增多。位于第二象

限（低值被高值包围）的有 2003 年的河北、浙江、江西、湖南、云南、贵州和 2019 年的江西、贵州、广西、河北。位于第四象限（高值被低值区域包围）的有 2003 年的上海、天津、山东、福建、辽宁、海南、广西、重庆、四川和 2019 年的重庆。其余的均分布在第三象限（低值集聚），且绝大部分是我国的中西部省份。这说明了我国制造业升级的速度明显加快，东部制造业升级的速度最快，其次是中部，而西部制造业升级速度最慢。从空间集聚状态来看，呈现出以东部为核心，中西部为外围的集聚状态，且这种趋势有逐渐加强之势。

Moran scatterplot (Moran's I = 0.1441 and P–value = 0.1350)
制造业升级2003

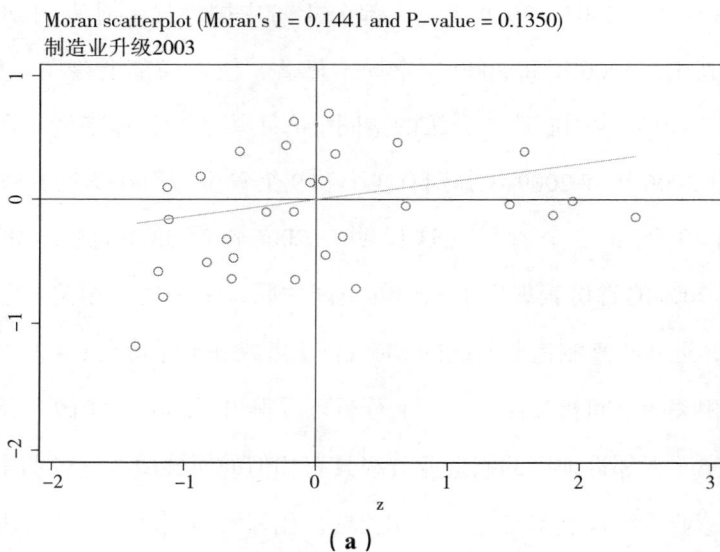

（a）

Moran scatterplot (Moran's I = 0.3315 and P-value = 0.0024)
制造业升级2019

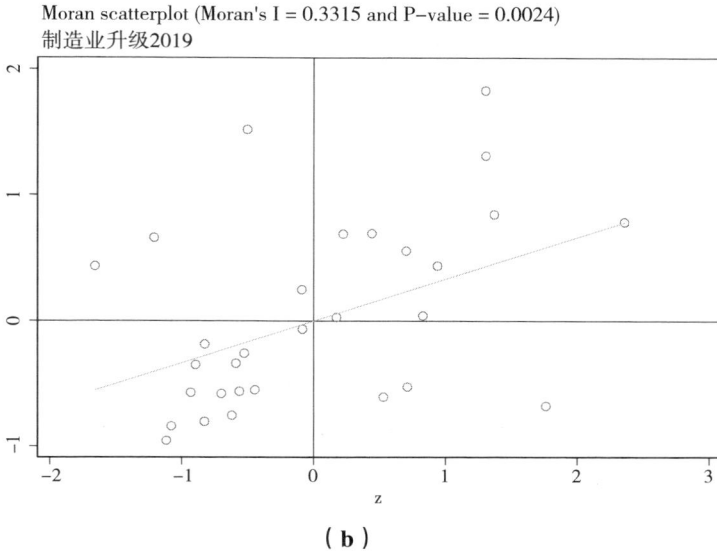

（b）

图 6.2　2003 年（a）和 2019 年（b）我国制造业升级的 Moran's I 散点

6.3.4　模型选择与估计

6.3.4.1　模型选择

我们设定最常用的两种空间面板数据模型如下。

空间面板滞后模型（SLPDM）：

$$\ln GS_{it} = \alpha + \rho W \ln GS_{it} + \alpha_1 \ln JJ_{it} + \alpha_2 \ln KFD_{it}$$
$$+ \alpha_3 \ln FDI_{it} + \alpha_4 \ln ZF_{it} + \alpha_5 \ln CX_{it} + \mu_{it}$$

空间面板误差模型（SEPDM）：

$$\ln GS_{it} = \alpha + \alpha_1 \ln JJ_{it} + \alpha_2 \ln KFD_{it}$$
$$+ \alpha_3 \ln FDI_{it} + \alpha_4 \ln ZF_{it} + \alpha_5 \ln CX_{it} + \mu_{it}$$
$$\mu_{it} = \lambda W \mu_{it} + \varepsilon_{it}$$

式中，i 代表省份；t 代表时间；GS 代表制造业升级的速度；JJ 代表高端服务业区位熵；KFD 代表开放度；FDI 代表外商直接投资；ZF 代表政府干预；CX 代表区域创新环境。W 为二进制空间邻接权重矩阵，并假设海南与广东、广西相邻。参数 α_1-α_5 分别反映各解释变量对因变量 GS 的影响；ρ 表示地区因变量的空间依赖关系，揭示空间自相关的影响方向和程度；λ 是空间误差自相关系数，用来测度邻近地区关于高端服务业及其分产业的误差冲击对本地区因变量的影响程度。

6.3.4.2 估计结果

采用 MATLAB R2016a 工具进行分析。模型 OLS 回归残差的 Moran 检验和 LM 检验结果如表 6.3 所示。高端服务业及其分产业模型的 Moran's I 值全部为正值，且 p 值统计检验显著。这表明高端服务业及其分产业集聚、空间溢出对制造业升级的影响模型均存在显著的空间正相关性。因此必须考虑模型中空间效应的影响，不能使用普通 OLS 回归，而应采用空间面板数据模型进行回归。进一步分析 OLS 回归残差的四种 LM 检验发现，高端服务业及其分产业模型的 LM 值均显著为正值。这表明四种分产业模型同时存在空间滞后和空间误差的影响。表 6.3 还显示，LMsar ＞ LMerr 值，稳健的 LMsar ＞稳健的 LMerr 值。因此，空间滞后面板数据模型优于空间误差面板数据模型。采用巴尔塔吉（Baltagi，2005）建议，使用固定效应方式对模型进行估计，并同时对模型进行空间固定、时间固定、时空双固定效应的估计。估计结果如表 6.4—表 6.8 所示。

表 6.3　OLS 残差的 Moran 检验和 LM 检验

行业分布	结果	Moran'I 值	LMsar	LMerr	稳健 LMsar	稳健 LMerr
高端服务业	指数值	0.127	25.811	13.283	17.339	4.812
	p 值	0.000	0.000	0.000	0.000	0.028
信息服务业	指数值	0.088	8.009	6.485	1.558	0.034
	p 值	0.008	0.005	0.011	0.212	0.854
金融服务业	指数值	0.082	7.618	5.575	2.044	0.001
	p 值	0.013	0.006	0.018	0.153	0.978
商务服务业	指数值	0.062	9.980	3.170	10.022	3.213
	p 值	0.057	0.002	0.075	0.002	0.073
研发服务业	指数值	0.087	9.754	6.277	3.719	0.241
	p 值	0.008	0.002	0.012	0.054	0.623

表 6.4　高端服务业集聚与制造业升级关系模型估计结果

变量	空间面板滞后模型（SLPDM）			空间面板误差模型（SEPDM）		
	空间固定	时间固定	双固定	空间固定	时间固定	双固定
logJJ	−0.304	0.213**	−0.231	−0.287	0.214**	−0.231
logKFD	9.188***	0.387***	9.789***	9.443***	0.383***	9.738***
logFDI	−0.109***	0.197***	−0.035	−0.115***	0.203***	−0.025
logZF	0.391**	−0.672***	0.340*	0.378**	−0.707***	0.344*
logCX	−0.128***	0.083***	−0.090**	−0.119***	0.086***	−0.091***
ρ 或 λ	0.027	0.022	−0.010	0.134**	−0.051	−0.063
方差	0.127	0.248	0.115	0.126	0.248	0.114
R^2 值	0.743	0.498	0.768	0.741	0.496	0.768
调整 R^2 值	0.120	0.479	0.092	0.119	0.477	0.092
对数似然值	−162.91	−303.05	−141.06	−161.45	−303.56	−140.85

注：***、** 和 * 分别表示通过 1%，5% 和 10% 的显著性检验。

表 6.5　信息服务业集聚、空间溢出与制造业升级关系模型估计结果

变量	空间面板滞后模型（SLPDM）			空间面板误差模型（SEPDM）		
	空间固定	时间固定	双固定	空间固定	时间固定	双固定
logJJ	−0.038	−0.006	0.020	−0.037	0.012	0.033
logKFD	8.860***	0.372***	9.226***	9.089***	0.384***	8.979***
logFDI	−0.111***	0.228***	−0.035	−0.114***	0.227***	−0.017
logZF	0.400**	−0.581***	0.336*	0.373**	−0.552***	0.358*
logJS	−0.128***	0.095***	−0.091***	−0.124***	0.097**	−0.091***
ρ 或 λ	0.017	0.004	−0.016	0.099	−0.111	−0.118*
方差	0.128	0.251	0.115	0.128	0.249	0.114
R^2 值	0.740	0.492	0.767	0.740	0.491	0.767
调整 R^2 值	0.114	0.472	0.089	0.114	0.471	0.089
对数似然值	−164.603	−305.704	−141.538	−163.859	−304.802	−140.653

注：***、** 和 * 分别表示通过 1%，5% 和 10% 的显著性检验。

表 6.6　金融服务业集聚、空间溢出与制造业升级关系模型估计结果

变量	空间面板滞后模型（SLPDM）			空间面板误差模型（SEPDM）		
	空间固定	时间固定	双固定	空间固定	时间固定	双固定
logJJ	−0.288**	0.129	−0.265**	−0.289**	0.136	−0.256*
logKFD	8.527***	0.379***	9.302***	8.847***	0.392***	9.080***
logFDI	−0.119***	0.222***	−0.035	−0.121***	0.222***	−0.019
logZF	0.421**	−0.590***	0.377**	0.396**	−0.550***	0.398**
logJS	−0.130***	0.091***	−0.091***	−0.126***	0.095***	−0.091***
ρ 或 λ	0.016	0.004	−0.021	0.097	−0.111	−0.110
方差	0.127	0.250	0.114	0.126	0.249	0.113
R^2 值	0.743	0.493	0.770	0.742	0.493	0.769
调整 R^2 值	0.123	0.473	0.097	0.123	0.473	0.097
对数似然值	−162.658	−305.167	−139.595	−161.895	−304.210	−138.948

注：***、** 和 * 分别表示通过 1%，5% 和 10% 的显著性检验。

表 6.7　商务服务业集聚、空间溢出与制造业升级关系模型估计结果

变量	空间面板滞后模型（SLPDM）			空间面板误差模型（SEPDM）		
	空间固定	时间固定	双固定	空间固定	时间固定	双固定
logJJ	−0.140	0.187***	−0.118	−0.135	0.197***	−0.120
logKFD	8.738***	0.360***	9.452***	8.957***	0.375***	9.287***
logFDI	−0.113***	0.168***	−0.031	−0.115***	0.167***	−0.013
logZF	0.382**	−0.733***	0.331*	0.357*	−0.707***	0.358*
logJS	−0.132***	0.091***	−0.093***	−0.129***	0.094***	−0.091***
ρ 或 λ	0.014	0.008	−0.016	0.090	−0.120*	−0.118*
方差	0.128	0.246	0.114	0.127	0.244	0.114
R^2 值	0.742	0.502	0.768	0.741	0.502	0.768
调整 R^2 值	0.119	0.483	0.093	0.119	0.482	0.092
对数似然值	−163.603	−301.274	−140.687	−162.885	−300.070	−139.792

注：***、** 和 * 分别表示通过 1%，5% 和 10% 的显著性检验。

表 6.8　研发服务业集聚、空间溢出与制造业升级关系模型估计结果

变量	空间面板滞后模型（SLPDM）			空间面板误差模型（SEPDM）		
	空间固定	时间固定	双固定	空间固定	时间固定	双固定
logJJ	0.121	0.100	0.134	0.111	0.109*	0.145
logKFD	8.248***	0.391***	8.932***	8.483***	0.405***	8.758***
logFDI	−0.114***	0.221***	−0.026	−0.116***	0.223***	−0.007
logZF	0.441**	−0.643***	0.382**	0.410**	−0.612***	0.411**
logJS	−0.131***	0.088***	−0.091***	−0.128***	0.091***	−0.090***
ρ 或 λ	0.015	0.007	−0.018	0.093	−0.122	−0.123*
方差	0.128	0.250	0.114	0.127	0.248	0.114
R^2 值	0.741	0.494	0.768	0.741	0.494	0.768
调整 R^2 值	0.117	0.475	0.093	0.117	0.474	0.092
对数似然值	−164.017	−304.627	−140.690	−163.359	−303.514	−139.716

注：***、** 和 * 分别表示通过 1%，5% 和 10% 的显著性检验。

6.4 模型结果分析

从表6.4—表6.8的回归结果可知，SLPDM和SEPDM模型中时空双固定模型的R平方估计值和对数似然值均最大，方差最小，多个变量在10%显著性水平下检验显著，因此时空双固定模型是首选。高端服务业及其分产业模型的多数解释变量在空间固定、时间固定效应模型得到了10%以内的显著性检验，这表明模型同时受到空间固定效应和时间固定效应的影响。同一解释变量在SLPDM模型和SEPDM模型的三种固定效应中的估计结果方向一致，数值也非常接近。因此，结合前面的LM检验，SLPDM模型明显优于SEPDM模型。所以，下文将主要基于SLPDM模型进行分析，并以时空双固定模型为主，空间固定和时间固定模型为辅进行分析。表6.4—表6.8的估计结果体现出以下6个特征。

第一，高端服务业的空间集聚只在时间固定模型中表现出对制造业升级的促进作用，而在空间固定和时空双固定模型中均表现出不显著的抑制作用。我国高端服务业发展水平总体不高，前面分析发现其集聚程度也相对较低，近几年来部分地区甚至出现倒退的现象。因此，当前我国高端服务业的空间分布格局在省级区域层面上比较分散，尚难以对制造业升级产生明显的促进作用，但随着时间发展，高端服务业空间分布格局已经逐渐产生对制造业升级的促进作用。从数值来看，随着时间推移，高端服务业集聚度每提高1%，制造业升级的速度将提高0.213%。从高端服务业各分产业集聚度对制造业升级作用来看，信息服务业的空间集聚在地区固定、时点固定、时空双固定效应模型中均对制造业升级的作用不明显，双固定模型中表现出微弱的正向作用，说明我国信息服务业集聚较低，影响了其集聚效应的发挥，对我国制造业升级的作用并不显著；金融服务业的空间集聚在地区固定和时空双固定效应模型中均对制造业升级表现出明显的抑制作用，而时点固定模型的正向作用表现不显著，说明我国金融服务业集聚较低，妨碍了制造业升级的速度，但随着时间推移，开始显现出一定的促进作用，但作用并不显著；商务服务业的空间集聚在地区固定和时空双固定效应模型中均对制造业升级表现出不显著的抑制作用，而时点固定模型的正向作用表现显著，这也印证了前面分析我国商务服务业集聚水平不高，甚至出现了部分省份集聚度降低的现象。研发服务业的空间集聚除了在 SEPDM 模型的时点固定模型中表现出明显的促进作用外，其他模型中对制造业升级的促进作用均表现不显著，说明研发服务业集聚随着时间发展表现出了对我国制造业升级的支撑作用。

第二，高端服务业空间溢出的代理变量高端知识开放度方面，高端知识开放度在所有模型中均表现出对制造业升级率有非常显著的促进作用，其促进作用从大到小依次为时空双固定、地区固定、时间固定效应模型，高端知识开放度每提高 1%，制造业升级速度将分别提高 9.188%、0.387%、9.789%。因此，不管是在区域层面还是时间层面，随着我国服务业开放程度逐渐加大，区域经济一体化的增强，区域间高端知识流动与利用更加便捷和高效，极大地促进了制造业升级。而且，高端知识开放度的提高在区际层面比时间层面对制造业升级的影响更加巨大，说明由于我国各省份间高端服务业发展程度存在较大差距，随着区域间开放度或者区域经济一体化程度的提高，区域间知识流动更加流畅，各个省份能够比较充分地利用周边区域知识，从而促进本区域制造业升级。从高端知识开放度变量来看，四个高端服务业分产业的各自模型估计中均对制造业升级存在显著的促进作用，且四个分产业对制造业的促进作用从大到小为时空双固定、地区固定、时间固定效应模型，这与作为高端服务业整体产业对制造业升级的影响模型估计结果表 4.9 和表 4.10一致。因此，高端知识开放度作为高端服务业空间溢出的代理变量，在区域和时间两个层面上均极大地促进了制造业的升级，且区域和时间两个因素叠加情况下对制造业升级作用更加显著，这进一步印证了加快提升区域间一体化程度，能够提升高端服务业在区域间的溢出程度，进而促进制造业的升级。

第三，外商直接投资（FDI）在地区固定效应模型中表现出了对制造业升级速度显著的抑制作用，而在时间固定效应模型中则表现出明显的促进作用。究其原因，以前我国许多地方政府在招商引资过程中，过于追求规模而忽略了质量，这不利于制造业的升级。然而，随着中国经济结构的调整和对外开放的深入，FDI 流入总额持续增加，FDI 的流向逐渐从劳动密集型产业转向技术密集型和资本密集型产业，尤其高端服务业和高端制造业的外资逐年增多，成为近年来外资投资的重要领域，故而在时间层面上显著促进了制造业升级。FDI 变量在四个高端服务业分产业模型估计中对制造业升级作用结果与高端服务业整体对制造业升级的结果一致，即地区层面显著抑制、时间层面显著促进制造业升级。这说明随着我国对引进 FDI 策略的调整，即由原来的重数量而轻质量转变为数量与质量并重，并有意引导 FDI 更多投向高端服务业和高端制造业，这种转变已经开始显现出其应有的作用。

第四，政府的干预变量在地区固定效应模型中显著地促进了制造业的升级，而在时间固定效应模型中却显著地抑制了制造业的升级，在双固定模型中则对制造业的升级表现出促进作用。这说明在区域层面上，我国不同省份间的制造业发展水平存在较大的差距，各省份政府基于自身区域特点对制造业升级进行了不同程度的干预，这种干预具有显著的空间差异性特征，并促进了制造业的升级。然而，在时间层面上，由于政府干预经济，这在一定程度上违背了市场经济发展的原则。特别是在 2008 年全球金融危机后，为了稳定经济，我国实施了强有力的刺激计划，导致大量制造业企业重规模而轻创新，从而造成了产能过剩和企业升级动力不足的问题，大大延缓了制造业企业转型升级的步伐。此外，政府的干预变量在四个高端服务业分产业的模型估计中均表现出地区层面显著促进、时间层面显著抑制、时空双固定显著促进制造业升级的趋势。然而，时空双固定对制造业升级的促进作用小于地区固定对制造业升级的作用。这些结果与高端服务业整体产业对制造业升级作用模型的结果一致。这进一步说明了我国各地区政府基于自身区域特点对制造业升级所进行的干预确实能够促进该地区的制造业升级。但从长期来看，由于政府干预经济对市场经济发展造成一定的影响，这在一定程度上延缓了制造业的升级。

第五，创新环境变量在地区固定和时空双固定模型中对制造业升级均表现出显著的抑制作用，而在时间固定效应模型中则对制造业升级表现出显著的促进作用。这说明在当前阶段，虽然我国在改善区域创新环境方面改善投入了大量资源，但由于重视程度不足，创新资源的效益并不高，因此尚难以对区域制造业升级产生明显的促进作用，甚至由于创新环境的不足而阻碍了制造业升级的速度。然而，随着时间的推移，我国对科研制度、人才制度、激励制度体系等的建设与完善，区域创新环境的改善对制造业升级的促进作用逐渐显现。此外，创新环境变量在四个高端服务业分产业的模型估计中均表现出地区和时空双固定显著抑制制造业升级，而在时间层面显著促进制造业升级。这与表4.9和表4.10的结论一致。进一步说明我国各省份应全面重视提高区域创新环境的改善，注重提升投入资源的效益，继续完善科研制度、人才制度、激励制度等体系，以促进制造业的升级发展。

第六，除了SEPDM的时间固定效应模型中的空间误差系数λ为正且显著，说明该模型尚对制造业升级存在空间效应的影响外，在其他模型中，空间滞后自回归系数ρ或空间误差系数λ均不显著，表明这些模型已经基本上消除了空间效应的影响。这也印证了在当前阶段，由于我国高端服务业集聚水平较低，空间分布较为分散的情况下，高端服务业在本区域中对制造业升级难以发挥出应有的促进作用，对于周边省份的溢出效应也显得微弱或者并不显著。此外，信息、商务、研发服务业的SEPDM的时空双固定效应模型

的空间误差系数 λ 在 10% 的水平上显著为负，对制造业升级作用还存在一定的空间效应影响。在其余的模型估计中 ρ 和 λ 均不显著，空间效应的影响已经基本上消除。这进一步表明我国高端服务业各分产业的集聚度相对较低，对制造业升级的促进作用不够显著，其对周边省份的溢出效应也显得微弱或者并不显著。

6.5 本章结论与启示

运用新经济地理模型，本章阐述了高端服务业空间分布、空间溢出与制造业升级关系的机制模型，三者间呈现 U 形曲线关系。当区域间空间溢出强度保持不变时，提高高端服务业集聚水平可以推动制造业加快升级；而提升区域间空间溢出水平，可以在任意高端服务业集聚水平下全面提高制造业升级的速度。进而利用 2003—2019 年我国除西藏外 30 个省份空间面板数据模型对我国高端服务业空间分布、空间溢出与制造业升级关系进行验证。得出以下 4 点结论。

第一，运用新经济地理模型，阐述了高端服务业空间集聚、区域一体化与制造业升级关系的机制模型，从模型中得出：一是当高端知识不能在区域间充分溢出时，如果高端服务业主要聚集于某个区域（假设为东部），那么随着高端服务业集聚度的提高，整个经济体制造业升级的速度将不断提高，并且其升级的增速也会越来越快；相反，当高端服务业跨区域对称分布，则此时整个经济体的制造业升级速度最小。二是在高端服务业空间分布一定情况下，提高区域间高端知识的溢出强度，整个经济体制造业升级的速度也将随着增加。

第二，中国制造业升级在省级层面上存在空间正相关，邻近省份空间依赖性较强。因此，应该从国家层面统筹安排，制定各省制造业升级的产业政策，加强省域之间制造业企业的交流合作，充分发挥各省份的自身优势促进制造业发展。同时，加强区域协调与促进区域一体化发展，使得各省份能够充分借鉴共享周边省份制造业发展的经验与成果，并积极向周边省份溢出，促进各个省份制造业升级速度的提升和区域间的均衡发展。

第三，实证结果表明，高端服务业集聚水平的提高能够促进制造业的升级。当前中国高端服务业集聚水平不高，在区域层面尚难以对制造业升级产生促进作用，甚至减弱了制造业升级的速度，而在时间层面上极大地促进了制造业的升级速度。因此，应该整合我国优质的高端资源，促进高端服务业集聚水平提升，进而促进制造业的升级。

第四，FDI 和创新环境变量在省级层面上对制造业升级产生了负面影响，但在时间层面上却显现出明显的促进作用。政府干预程度变量在省级层面上显著促进了制造业升级，而在时间层面上却显现出阻碍作用。因此，各级地方政府应该摒弃重数量轻质量的外资引进思维，提升外资引进的技术含量，引导 FDI 流向产业链的高端部分，特别是流向高端制造业和服务业，带动我国制造业升级。在营造与提升创新环境方面，各省份应该进一步增加科研投入，积极培养与引进各类人才，破除当前存在的许多妨碍科研甚至是违背科研规律的各项规章制度，完善科研的各项制度建设，创造一个有活力的科研创新环境。同时，应该协调产学研之间的关系，使得科研成果得到及时转化，进而提升制造业升级的速度。政府应该简政放权，尊重市场规律，做好市场经济中的服务角色，通过规范市场，制定中长期的制造业发展纲领，促进制造业的升级发展。

第7章 高端服务业集聚、
研发要素流动与产业竞争力

高端服务业作为经济上的皇冠，具有较强的外溢效应，其最基本的功能是能够促进制造业和服务业的转型升级（陈艳莹等，2011），已经成为各国产业发展的制高点，甚至决定了国家产业发展。高端服务业的集聚特性使得这些城市的经济竞争力和辐射力得到大幅提升（丝奇雅·沙森，2005），是一个城市获得全球产业控制力甚至全球经济控制力的利器（托马斯·弗里德曼，2015）。在第6章中我们探讨和验证了高端服务业集聚促进制造业升级的机制和经验，并得到了我国省域数据的部分实证支持。所谓"打铁还需自身硬"，产业集聚作为促进高端服务业发展的一种有效方式，在我国发展的实践中是否真正发挥出了集聚经济的正面效应，促进了自身的转型升级？而从地区角度来看，高端服务业转型升级最显著的特征就是高端服务业竞争力的提升。那么，高端服务业集聚促进自身竞争力提升的具体机理机制是什么？能否得到我国经验数据的具体验证？这是本章将具体探讨和验证的问题。

7.1 研究背景

7.1.1 提升高端服务业产业竞争力的必要性

新型冠状病毒的冲击和经济全球化遭遇逆流对世界产生了深刻影响，导致世界经济陷入衰退，也使我国经济发展外部环境的不确定性和不稳定性急剧增加。在此背景下，我国提出了以国内大循环为主体构建国内国际双循环相互促进的新发展格局的应对战略。这一战略强调了加快国内大循环、扩大对内开放程度、提升国内区际开放度的紧迫性和重要性，已经成为深化对外开放的基础和前提（刘志彪，2020）。同时，统筹作为影响创新效率和产业发展的研发要素在区际的流动成为重中之重。产业集聚作为一种促进产业发展的有效方式，已经成为我国高端服务业发展的主要方向。由于高端服务业所需资源的高端性和稀缺性，高端服务业的发展需要投入大量的研发要素。因此，统筹研发要素区际流动，大力发展高端服务业，充分利用高端服务业的集聚特性和研发要素流动正向外部性，进而促进高端服务业竞争力的提升成为各个国家和地区的重要选择，也是当前促进我国产业结构调整和经济转型亟须解决的重要课题。

里德利（1986）、弗里德曼（2006）均认为，高端服务业是一个城市获得全球产业控制力甚至全球经济控制力的利器。沙森（2001）指出，正是由于高端服务业的发达，使得世界中的少数城市得以对全球产业发展具有控制力。马鹏和李文秀（2014）通过理论分析和实证检验发现，高端服务业的集聚对提升行业控制力具有正的"外部性"，促进了技术溢出效应和学习示范效应的发挥，使行业整体能力得到提升，进而获得行业控制力。同时，高端服务业的集聚不仅能避免行业企业集聚带来的负的"外部性"，还能促进行业企业在竞争加剧中加强创新，获得行业控制力。马鹏和李文秀还讨论和量化了高端服务业集聚与产业控制力的关系，得到高端服务业集聚度的提高能显著促进产业控制力的提升。

从产业结构调整视角来看，高端服务业的发展对其他产业的转型升级具有积极意义，有助于提升产业竞争力。徐伟金等（2009）认为，发展高端服务业能够提高经济整体竞争力，是经济转型升级的战略动力。王小平（2010）认为高端服务业是转变经济发展方式的突破口，是优化产业结构的先导口。陈玉宝等（2010）学者认为，高端服务业是产业升级和经济持续稳定发展的重要支撑。程东全等（2011）、李勇坚（2012）从价值链角度分析，认为高端服务业处于价值链的高端环节，通过在其他产业中的渗透与融合提升产业的附加值，进而获得绝大部分利润，并对其他分工主体形成一种控制力。龙继林（2013）则认为发展高端服务业有助于提升产业的整体层次，从而促进产业的发展。

7.1.2　文献综述

杨公朴和夏大慰（2002）认为，产业安全是指一国或地区对重要产业的国际竞争力。俞婷婷（2010）认为，产业国际竞争力理论是产业安全理论的重要基础理论，其研究的产业国际竞争力可以定义为：一国某产业能够比其他国家的同类产业以更有效的方式提供市场所需要的产品和服务的能力。因此，本书所探讨的高端服务业竞争力，主要指的是我国各省份高端服务业满足市场需求的能力。

服务业集聚对产业竞争力影响的研究多数集中在生产性服务业集聚对制造业竞争力提升的影响方面。这些研究发现，生产性服务业集聚能够显著促进制造业竞争力（江茜、王耀中，2016；张志彬，2019），但也有学者发现生产性服务业集聚负向影响制造业竞争力，并且这种影响效应表现出先减后增的"U形"发展趋势（田祖海、郑浩杰，2018）。然而，对于高端服务业产业集聚与高端服务业竞争力提升间的关系研究鲜有学者触及。马库森（1989）指出，生产性服务业的空间聚集能够降低中介服务成本和交易成本。某个地区高端服务业集聚度如果较高则意味着在该地区集聚了较多的高端服务要素，也就有利于高端服务业在价值链中发挥相应的作用，从而促进产业竞争力的提升。埃斯瓦瑞和克特威（2002）研究发现生产性服务业的空间聚集能够提升自身的产业效率，提升生产性服务业的专业化水平。马鹏和李文秀（2014）从外部性的角度阐述和验证了同是产业安全范畴的产业控制力与高端服务业集聚成正比，高端服务业集聚能够充分发挥其正的"外部性"和规避负的"外部性"，进而显著提升高端服务业产业控制力，但忽略了空间因素的影响，这为我们的研究提供了一个难得的机会。因为不同地区的高端服务业发展一般都存在一定的空间交互作用，如服务资源的流动、服务知识的扩散等，从而在高端服务业竞争力上也会产生空间上的交互影响，这种空间效应就是空间自相关性。因此，下文将通过空间探索性分析，验证我国现阶段各省域间高端服务业竞争力是否存在空间自相关性，如果存在则建立高端服务业集聚与高端服务业竞争力的空间面板计量模型进行分析。

伴随中国创新战略和高端服务业发展战略的深入推进，各地区对研发要素的需求大幅增加，并积极创造有利条件吸引研发要素向本地区流动。目前关于研发要素在区际流动对经济或产业发展关系的研究，主要存在两种结论。一是优化研发要素在区域间的配置，提高其使用效率，以及研发要素流动产生的"知识溢出"能够显著提升区域协同创新效率（邵汉华、钟琪，2018）和流入地的创新绩效（卓乘风、邓峰，2017）。此外，高技能劳动力对服务业企业增加值的创造能力也有显著提升（张慧慧、徐力恒，2021）。二是研发要素的流动也可能导致流入地研发基础设施使用激增而产生拥挤，致使大幅降低研发要素的使用效率，以及造成流出地研发要素的短缺等不利影响。但有关研发要素流动对相关产业尤其高端服务业竞争力影响的研究鲜有涉及，尚缺乏相应的理论模型分析与实证检验。

以上有关研发要素流动对经济活动影响，以及服务业集聚对产业竞争力影响的研究为本书提供了良好的基础和借鉴。然而，综合考虑高端服务业集聚与研发要素流动对高端服务业竞争力可能的影响研究鲜有学者触及。那么，当前我国高端服务业集聚与研发要素流动影响高端服务业竞争力的具体机理机制是什么？是否促进了我国高端服务业的发展，能否得到我国经验数据的具体验证？这两个问题已经成为当前统筹区域间研发要素流动，大力发展高端服务业并促进其集聚发展亟须解答和验证的问题。因此，本章将从高端服务业集聚与研发要素流动的视角，利用新经济地理学模型考察高端服务业集聚与研发要素流动影响高端服务业竞争力的内在机制，继而使用空间面板数据模型利用我国省域层面面板数据进行检验，为我国统筹研发要素资源配置，促进高端服务业发展提供政策启示。

与以往研究相比，本书的贡献主要体现在两方面。第一，从高端服务业集聚和研发要素流动的视角出发，利用新经济地理模型将这两个因素与高端服务业竞争力纳入统一的分析框架，深入揭示高端服务业集聚和研发要素流动影响高端服务业竞争力的内在作用机制。第二，实证研究充分考虑了高端服务业集聚与研发要素流动可能产生的空间相关性，通过采用多种空间面板数据模型对理论模型的结论进行检验，对各变量的空间溢出效应进行测度。本章剩余内容安排如下：第二部分深入探讨高端服务业集聚、研发要素流动与高端服务业竞争力之间的内在机制；第三部分设定计量模型，并对数据和相关变量进行说明；第四部分对实证结果进行分析和讨论；最后给出结论及相应的政策建议。

7.2　集聚、研发要素流动影响产业竞争力的理论机制

本部分在新经济地理学理论的基础上，以高端服务业产业为例，将高端服务业集聚和研发要素流动纳入同一个模型中，构建同时包含高端服务业集聚、研发要素流动与高端服务业竞争力提升三者关系的理论模型，分析高端服务业集聚和研发要素流动对高端服务业竞争力提升的影响机制。

7.2.1　模型假设

模型基本假设如下：整个经济体具有两区域、三部门和两要素，即东部和西部，制造业（M）、农业（A）和高端服务业（H）三个部门，有劳动力（L）和研发要素（R）两种要素。假设经济体总劳动力为 L^W，劳动力的名义工资（W）在三个部门中没有差别（本书经济变量采用东部不加"*"，西部加"*"表示）。劳动力可以在区域内自由流动但不能跨区域流动，研发要素可以在区域内和区域间自由流动。

农业和制造业部门分别处于完全竞争和垄断竞争市场中。农业部门具有生产同质产品、规模收益不变等特征。农产品唯一投入要素为劳动力，每单位农产品需要 a_A 单位劳动力，农产品在整个经济体内的交易成本为零，价格为 p_A。制造业部门具有生产差异化产品、规模收益递增特点，制造业产品在东西部跨区交易时存在"冰山"运输成本，交易一单位制造业产品必须运输 τ（$\tau \geqslant 1$）单位，以抵消"融解"掉的"冰山"运输成本。假设每个制造业企业生产一单位差异化的制造业产品，每种差异化制造业产品可变投入为 a_M 单位的劳动力，固定投入为一单位的高端知识且收益率为 π；假设代表性制造业企业产出 x 单位制造业产品，劳动力的名义工资为 w，则代表性制造业企业的成本函数为 $\pi + w a_M x$。

高端服务业产出高端知识，每单位高端知识产出需要投入 a_R 单位研发要素。不管何时东部和西部投入到高端服务业的研发要素总量不变均为 1，东部和西部占比分别为 r_L 和 r_L^*。假设本地区内的研发要素能够全部被利用，而其他地区研发要素的可利用程度取决于区域间研发要素的流动量，本书将区域间研发要素的流动称为研发要素区际开放度，并用 λ 表示。那么，可以将两区域间的高端知识溢出函数 $f(\lambda)$ 表示为研发要素区际开放度 λ 的增函数，为简单起见，采用线性增函数形式。由于线性增函数必须具备三个限制条件（曹骥赟，2007），本书采用$f(\lambda)=(1+\lambda)/2$。假设东部和西部的高端知识存量分别为F和F^*，高端服务业生产高端知识的成本函数用"可以利用的高端知识存量"做分母的"反比例函数"表示，则高端服务业的边际投入为：

$$东部：\quad a_R = \frac{1}{F + f(\lambda)F^*} \qquad (7.1)$$

$$西部：\quad a_R^* = \frac{1}{F^* + f(\lambda)F} \qquad (7.2)$$

假设两个地区消费者的偏好、技术、资源禀赋等都相同，同样具有总子双重效用。总效用U用柯布–道格拉斯型函数表示（即CD函数），是消费者量入为出，用于购买制造业产品和农产品所具有的效用；子效用C_M用不变替代弹性函数表示（即CES函数），表示消费者购买差异化的制造业产品所具有的效用。可以表示为：

$$总效用：\quad U = C_M^{\mu} C_A^{1-\mu} \qquad (7.3)$$

$$子效用：\quad C_M = [\int_0^{n^w} (c_i)^{\frac{\sigma-1}{\sigma}} di]^{\frac{\sigma}{\sigma-1}}, 0 < \mu < 1 < \sigma \qquad (7.4)$$

其中，C_A表示对同质农产品消费量或效用量，C_M表示对差异化制造业产品组合消费量或效用量；n和n^*分别为东部和西部制造业产品的种类，$n^W = n + n^*$代表经济体总的制造业产品种类；c_i表示消费者消费第i种制造业产品的数量；μ和σ分别为消费者对制造业产品的支出份额和不同制造业产品间的替代弹性。基于前文的假设，不同的制造业产品使用一个单位的高端知识作为固定投入，故高端知识间的替代弹性也为σ。

消费者在可支配收入约束下，其消费函数为：

$$P_A C_A + \int_0^{n^w} p_i c_i di = Y \qquad (7.5)$$

式中，Y 是消费者的可支配收入；P_A 为同质的农产品价格；p_i 为第 i 种制造业产品价格。

用 E 和 E^* 分别表示东部和西部的支出，分别占整个经济体比例为 s_E 和 $s_E{}^*$，且 $s_E + s_E{}^* = 1$；则经济体总支出为 $E^W = E + E^*$；假设收入全部用于消费支出，则 $Y = E^W$。用 F 和 F^* 分别表示东部和西部的高端知识数量，分别占整个经济体比例为 s_n 和 $s_n{}^*$，且 $s_n + s_n{}^* = 1$，则经济体总的高端知识存量为 $F^W = F + F^*$；由于假设不同的制造业产品需要固定投入一个单位的高端知识。因此，s_n 和 $s_n{}^*$ 也代表两个区域在整个经济体中制造业企业数的占比。

7.2.2　模型的短期均衡

7.2.2.1　农业部门

农业部门处于完全竞争市场中，具有生产同质产品、规模收益不变，实行边际成本定价方法等特征，假设东部和西部农产品价格为 p_A 和 $p_A{}^*$，则东部为 $p_A = w a_A$，西部为 $p_A{}^* = w^* a_A$。由于农产品的交易不需要成本，故 $p_A = p_A{}^*$，进而 $w = w^*$，即整个经济体劳动力工资相同。将计价单位设定为农业部门单位劳动投入 a_A，可以得到 $p_A{}^* = p_A{}^* = w = w^* = 1$。

7.2.2.2　制造业部门

企业产出量。由于假设收入全部用于消费支出，E 和 E^* 分别表示东部和西部的支出，则东部的消费水平等于区域内劳动力收入加上高端知识总收益减去高端知识创造投资的差额。由于东部消费者对制造业产品的支出份额为 μ，则东部消费制造业产品的支出为 μE。在受到收入一定的限制情况下，消费者追求效用最大化，根据总子效用最大化的一阶条件，可以得到东部消费者消费制造业产品 j 的数量，即[1]：

$$c_j = \mu E \frac{p_j^{-\sigma}}{p_M^{1-\sigma}} = \mu E \frac{p_j^{-\sigma}}{\Delta n^w} , \quad \Delta n^w = \int_{i=0}^{n^w} p_i^{1-\sigma} di \qquad (7.6)$$

式中， p_j 表示制造业产品 j 的价格； n^w 为经济体总的制造业产品种类数。由于每个制造业企业的产品在整个经济体中进行销售，假设制造业产品在本区域内不用运输成本，跨区域销售需要"冰山"运输成本，则可以得到制造业产品 j 的产出量为 $x_j = c_j + \tau c_j^*$ 。

制造业产品价格。制造业企业处于垄断竞争市场中，企业可以自由进入和退出，同样采用边际成本加成定价法，在处于均衡状态时企业获得的净利润为零。在短期均衡时，整个经济体制造业企业的产出量和价格都保持均衡。以东部为例，由于制造业产品在本区域内不用运输成本，跨区域销售需要"冰山"运输成本，因此东部产品在西部的销售价格是东部的 τ 倍，具体推导过程可以参考郑长德（2014），得出下式：

$$P = \frac{w a_M \sigma}{\sigma - 1} , \quad P^* = \frac{\tau w a_M \sigma}{\sigma - 1} \qquad (7.7)$$

高端知识收益率。每个制造业企业生产单位制造业产品时的固定成本为一个单位高端知识，故企业的经营利润就是高端知识收益率。同时，由于每单位高端知识产出需要投入 a_R 单位研发要素，则高端知识收益率也就是 a_R 单位研发要素的收益率。

$$\pi = \frac{px}{\sigma} \qquad (7.8)$$

东部制造业企业的经营利润为： $\pi = bB \dfrac{E^W}{F^w}$ ， $B = (\dfrac{s_E}{\Delta} + \varPhi \dfrac{1-s_E}{\Delta^*})\chi$ ，西部制造业企业的经营利润为： $\pi^* = bB^* \dfrac{E^M}{F^w}$ ， $B^* = (\varPhi \dfrac{s_E}{\Delta} + \dfrac{1-s_E}{\Delta^*})\chi$ ，其中，

$$b \equiv \frac{\mu}{\sigma}, \quad \Delta = \chi s_n + \Phi(1-s_n), \quad \Delta^* = \chi \Phi s_n + (1-s_n), \quad \chi = (\frac{a_m}{a_m^*})^{1-\sigma} = \frac{s_n + f(\lambda)(1-s_n)}{(1-s_n) + f(\lambda)s_n}。$$

市场支出份额。假设整个经济体的消费支出等于收入。不管东部还是西部，其总收入等于劳动力收入与高端服务业企业的收益剩余（即研发要素的收益剩余）。东部的支出等于东部的劳动力收入与高端知识收益之和减去高端知识创造支出。对于在同一个国家不同地区的高端服务业竞争力而言，高端服务业增长率是其衡量的最重要指标。假设高端知识存量的增长速度为 g，高端知识折旧率为 δ，则高端知识创造支出包括弥补高端知识折旧 $\delta F^W a_R$ 和维持高端知识净增长的投入 $g F^W a_R$。因此，东部和西部的经济支出分别为：$E = s_L L^w + s_n b B E^w - (g+\delta) F a_R$；$E^* = s_L L^w + s_n^* b B^* E^w - (g+\delta) F^* a_R^*$。则经济体的总支出为：$E^W = L^W + b E^W - (g+\delta)(F a_R + F^* a_R^*)$，东部和西部的市场支出份额分别为 $s_E = E/E^W$；$s_E^* = E^*/E^W$，且两者之和为 1。

7.2.3 模型的长期均衡

7.2.3.1 均衡条件

长期均衡就是指研发要素区际开放度和贸易开放度在一定的范围内时，整个经济体的区位分布模式保持稳定，此时区域间的高端知识空间分布 s_n 和市场支出份额 s_E 均保持长期稳定状态。一般存在两种长期均衡状态，即核心—边缘均衡或者对称均衡。当处于对称均衡时，两个区域的制造业企业和高端知识均等分布，高端知识创造速度也相同，且此时的高端知识价值等于高端知识创造成本。当处于核心—边缘均衡时，所有的制造业企业和高端知识都在核心区中聚集，核心区的高端知识价值与高端知识创造成本相等；而边缘区则不同，由于此时高端知识价值低于高端知识创造成本，造成高端知识创造停止。根据"托宾 q 理论"，两种均衡状态下高端知识价值与高端知识创造成本的关系可以表示为：

对称均衡情况下：$q = \dfrac{v}{G} = 1$，　$= \dfrac{}{} = $，$0 < s_n < 1$；核心—边缘均衡情况下：$= \dfrac{}{} = $，$q^* = \dfrac{v^*}{G^*} < 1$，$s_n = 1$，或 $q = \dfrac{v}{G} < 1$，$q = \dfrac{v}{G} < 1$，$s_n = 0$ 式中，q 为托宾 q 值，等于高端知识价值（东部为 v，西部为 v^*）与高端知识创造成本（东部为 G，西部为 G^*）的比率。

在长期均衡情况下，高端知识空间分布（S_n）与高端知识存量增长率（g）处于稳定状态，此时整个经济体的总收入 E^w 也处于稳定状态，即为一定值。此时高端知识的总收益：

$$\pi s_n F^W + \pi^* (1 - s_n) F^W = bE^W \qquad （7.9）$$

式（7.9）也代表了经济体中制造业企业的总营业利润。由于 E^w 为定值，因此高端知识的总收益也为定值。由于高端知识存量以 g 的速度增长，则制造业产品种类也将随之增加，每单位的高端知识收益值将以 g 的速率下降，即：$\pi(t) = \pi e^{-gt}$；同时，假设高端知识所有者对未来收益的折现值为 ρ。则东部单位高端知识的当期价值为：

$$v = \int_0^\infty e^{-\rho t} e^{-\delta t} (\pi e^{-gt}) dt = \dfrac{\pi}{\rho + \delta + g} \qquad （7.10）$$

则西部高端知识的当期价值为：$v^* = \dfrac{\pi^*}{\rho + \delta + g}$。

7.2.3.2　集聚、研发要素流动对高端服务业竞争力的影响

当东部和西部长期对称均衡时，$s_n = s_n^* = 1/2$。将式（7.1）的高端知识生产成本代入整个经济体总支出 $E^W = L^W + bE^W - (g + \delta)(F a_R + F^* a^*_R)$ 中进行计算，可得 $E^W = \dfrac{1}{1-b}[L^W - \dfrac{4(g + \delta)}{3 + \lambda}]$。此时东部 $q = \dfrac{v}{G} = \dfrac{\pi}{(\rho + g + \delta) a_R} = 1$，$s_n = s_E = \dfrac{1}{2}$，B = χ = 1，代入高端知识生产成本 a_R 和高端知识收益 π，得到：

$$q = \frac{v}{G} = \frac{\pi}{(\rho + \delta + g)a_R} = \frac{bE^W[F + (1+\lambda)F^* / 2]}{(\rho + \delta + g)F^W}$$

$$= \frac{bE^W[S_n + (1+\lambda)(1 - S_n)/2]}{(\rho + \delta + g)} = \frac{bE^W(3+\lambda)}{4(\rho + \delta + g)} = 1$$

将 E^W 代入解得:

$$g_{sym} = \frac{bL^W(3+\lambda)}{4} - (1-b)\rho - \delta \qquad (7.11)$$

式（7.11）为整个经济体高端知识增长率。根据该式，对称均衡时研发要素的区际开放度对高端知识增长速度有正向影响，从而促进高端服务业竞争力的提升。同时，高端知识增长速度与劳动力数量和制造业产品支出份额正相关，与产品间替代弹性、高端资源损耗率和收益的折现率负相关。

核心—边缘均衡时，$s_n = 1$ 和 $s_n^* = 0$，$q = \frac{v}{G} = \frac{\pi}{(\rho + g + \delta)a_R} = \frac{bBE^W}{(\rho + g + \delta)F^W a_R} = 1$，$\frac{bBE^W}{(\rho + g + \delta)F^W a_R} = 1$，$q^* < 1$，且 $\chi = \frac{1}{f(\lambda)} = \frac{2}{1+\lambda}$，$B = 1$。将 $s_n = 1$ 代入整个经济体总支出 $E^w = L^w + bE^w - (g+\delta)(Fa_R + F^* a_R)$ 中，可得 $E^w = L^w + bE^w - (g+\delta)$，即 $E^w = \frac{L^w - (g+\delta)}{1-b}$。将 $B = 1$ 和 E^w 代入到 $q = \frac{v}{G} = \frac{\pi}{(\rho + g + \delta)a_R} = \frac{bBE^W}{(\rho + g + \delta)F^W a_R}$，可得 $q = \frac{v}{G} = \frac{b(L^w - g - \delta)}{(\rho + g + \delta)a_R} = 1$，解得此时的高端知识增长率为:

$$g_{cp} = bL^W - (1-b)\rho - \delta \qquad (7.12)$$

式（7.12）得到，核心—边缘长期均衡时各变量对高端知识增长率的影响方向与对称均衡时相同，但高端知识增长率已经不受研发要素区际开放度影响。式（7.12）减去式（7.11）可得:

$$g_{cp} - g_{sym} = \frac{bL^w(1-\lambda)}{4} \qquad (7.13)$$

由于 $0 \leqslant \lambda \leqslant 1$，所以式（7.13）大于 0。其中，$g_{cp}$ 表示核心—边缘均衡时的高端资源增长率，g_{sym} 表示对称均衡时的高端资源增长率。通过比较可以发现，核心—边缘均衡时的高端资源增长率高于对称均衡结构时的高端资源增长率，这表明高端资源的集聚对整个经济体高端服务业的增长起到促进作用，能够提升高端服务业竞争力。这是空间因素影响高端服务业分布从而影响经济增长的"非中性"作用的一种表现。所以，高端服务业的集聚有利于高端服务业的增长，相应地必然会提升高端服务业的竞争力。

综上所述，高端服务业集聚与研发要素流动均能够提升高端服务业竞争力。下文将利用我国省域的面板数据对高端服务业集聚和研发要素流动是否对高端服务业竞争力产生促进作用进行验证。

7.3　计量模型设定、变量和数据

7.3.1　空间计量模型的设定

前文运用新经济地理模型探讨了高端服务业集聚和研发要素区际流动对高端服务业竞争力的影响机制。某个省份高端服务业集聚和研发要素流动并不是相互独立的，它们会产生相应的溢出效应影响其他省份的经济活动，同样也会受到其他省份经济行为的影响。因此，忽略高端服务业集聚和研发要素流动所伴随的空间相关性可能会造成模型的错误设定。而空间计量经济学模型通过设置空间权重矩阵来刻画被解释变量、解释变量和误差扰动项的自身空间依存性，并且能够通过结构方程来验证新经济地理提出的假设和量化新经济地理因素的影响。因此，为了将经济活动的空间相关性考虑在内，本书采用空间计量模型考察高端服务业集聚和研发要素区际流动对高端服务业竞争力的影响，并对它们的溢出效应进行实际测度。

三种模型设定为：

空间滞后面板模型：

$$
\begin{aligned}
\log GJ_{it} = {} & \alpha_0 + \rho W \log GJ_{it} + \alpha_1 \log QWS_{it} + \alpha_2 \log pfl_{it} \\
& + \alpha_3 \log cfl_{it} + \alpha_4 \log L_{it} + \alpha_5 \log T_{it} + \alpha_6 \log Z_{it} + \varepsilon
\end{aligned}
\tag{7.14}
$$

空间误差面板模型：

$$
\begin{aligned}
\log GJ_{it} = {} & \alpha_0 + \alpha_1 \log QWS_{it} + \alpha_2 \log pfl_{it} + \alpha_3 \log cfl_{it} \\
& + \alpha_4 \log L_{it} + \alpha_5 \log T_{it} + \alpha_6 \log Z_{it} + \lambda W\varepsilon + \varepsilon
\end{aligned}
\tag{7.15}
$$

空间杜宾面板模型：

$$
\begin{aligned}
\log GJ_{it} = {} & \alpha_0 + \rho W \log GJ_{it} + \alpha_1 \log QWS_{it} + \alpha_2 \log pfl_{it} + \alpha_3 \log cfl_{it} \\
& + \alpha_4 \log L_{it} + \alpha_5 \log T_{it} + \alpha_6 \log Z_{it} + \alpha_1 W \log QWS_{it} + \alpha_2 W \log pfl_{it} \\
& + \alpha_3 W \log cfl_{it} + \alpha_4 W \log L_{it} + \alpha_5 W \log T_{it} + \alpha_6 W \log Z_{it} + \varepsilon
\end{aligned}
\tag{7.16}
$$

式中，设 i 代表 31 个省份，i=1，2，$\cdots$，N 个省域，N=31；时间 t 代表 2003—2019 年的 17 年时间，t=1，2，$\cdots$，T，T=17。GJ 代表高端服务业竞争力指标；QWS 代表高端服务业的集聚指标；pfl 代表 R&D 人员流动量；cfl 代表 R&D 资本流动量；L 代表劳动力；T 代表产品间的替代弹性；Z 代表制造业产品的支出份额。参数 α_1-α_5 分别反映各解释变量对因变量 JZL 的影响；ρ 表示地区因变量的空间依赖关系，揭示空间自相关的影响方向和程度；λ 是空间误差自相关系数，用来测度邻近地区关于高端服务业及其分产业竞争力的误差冲击对本地区因变量的影响程度。

7.3.2　空间计量模型空间效应的测算

勒沙杰和帕斯（2008）为了规避含有空间滞后项的空间计量模型运行结果的回归系数无法正确表征自变量对因变量的影响，根据空间效应作用的范围和对象的不同，将其影响区分为直接效应、间接效应（即空间溢出效应）和总效应。三种效应依次表征自变量 x 对本地区被解释变量 y 的平均影响，自变量 x 对其他地区的被解释变量 y 的平均影响，而总效应反映的是自变量 x 对整个经济体产生的平均影响，并采用偏微分方法正确测度三种效应。

7.3.3 数据来源与指标说明

中国服务业产业的统计数据在《国民经济行业分类》（GB/T 4754—2002）出台后逐步完善，本书中高端服务业的范围借鉴了原毅军和陈艳莹（2011）的分类方法，同时考虑了数据可得性和可比性原则，将以下四类产业认定为高端服务业：信息传输、计算机服务和软件业；金融业；租赁和商务服务业；科学研究、技术服务和地质勘查业。样本范围为本书选取的 31 个省级行政区，时间跨度为 2003—2019 年。所有数据均来源于中国知网的中国经济社会大数据研究平台，各变量数据均以 2003 年为基期进行计算。根据理论模型分析结果，具体变量说明如下。

7.3.3.1 因变量

要反映一个省份的经济实力或综合竞争力，最简便的代理指标是其生产总值（各次产业增加值之和）。然而，中国各省的人口数量差异很大。通常来说，人口数量较大的省份，其经济规模也相应较大。因此，考虑到人口总量因素，并计算人均量时，其竞争力就不一定显著。因而从人均规模的相对指标上来考虑就比较合理。所以，本书用各省 GDP 占全国 GDP 比重除以各省人口比重占全国人口比重，即各省人均 GDP 与全国人均 GDP 之比作为该省的综合竞争力，并用 Y_j 表示，该比值越高，其综合竞争力就越强。进一步考虑一个省份高端服务业的竞争力，这是一个省份综合竞争力中的一部分，其数值上相当于该省高端服务业的增加值或产值占地区生产总值的比例。由于收集相关统计数据存在较大难度，本书采用了高端服务业产品总销售额占第三产业产品销售额的比例来近似衡量。在全国范围内，各省份的人均 GDP（用 Y_i 表示）可以较好地衡量该省的综合经济竞争力。而各省份的高端服务业竞争力是该地区综合经济竞争力特别是第三产业竞争力的重要组成部分。这个数值相当于该省份高端服务业产值在其第三产业生产总值中所占的比重。因此，可以构造如下的高端服务业竞争力公式：

$$GJ_i = \frac{SALE_i \big/ X_i}{\sum_i SALE_i \big/ X_i} Y_i \qquad (7.17)$$

式中，$SALE_i$ 为 i 省份的高端服务业生产总值；X_i 为 i 省份的第三产业生产总值；可以看出高端服务业竞争力指标（GJ_i）实质上是两个统计数据的乘积，这一指标综合考虑了各省份的综合经济竞争力和高端服务业在各省份第三产业中的比重，从而能够更准确地测度各省份高端服务业的竞争力。有关高端服务业的分行业的竞争力公式与此类似，在此不再赘述。由于中国各省份在高端服务业相关行业的生产总值在很多省份中缺乏统计，依据数据可得性原则和服务业统计数据的特殊性，借鉴马鹏和李文秀（2014b）的方法，本书的高端服务业生产总值采用高端服务业城镇单位从业人员工资总额替代行业的销售额，用第三产业职工工资总额取代第三产业的销售额。第三产业职工工资总额采用职工工资总额减去制造业、采矿业、建筑业以及农、林、牧、渔业的职工工资总额的差额。

7.3.3.2　解释变量

根据理论模型分析的结果，相应地采用以下变量作为解释变量进行检验。

第一，高端服务业集聚度，采用区位熵（QWS）进行衡量，具体为 $QWS=$（该省高端服务业城镇单位从业人员数 / 该省从业人员数）/（全国高端服务业城镇单位从业人员数／全国从业人员数）。该区位熵的大小反映了不同省份高端服务业的集聚程度，具体计算结果如第四章的表4.1—表4.10。

第二，研发要素区际开放度。R&D人员和R&D资本历来是研发要素最重要的两种资源。因此，本书参照邓峰和杨婷玉（2019）的方法计算R&D人员流动量和R&D资本流动量作为研发要素区际开放度的变量。

R&D人员流动量。"拉力—推力"理论被劳动经济学用于解释影响劳动力迁移的动因，即劳动力从一个地区流入其他地区的数量由该地区的推动力和其他地区的吸引力的合力决定。一个地区的R&D人员数不断增多容易造成该地区的资源拥挤而产生挤出效应，而一个地区的经济发展水平等因素是吸引R&D人员向其流动的主要动因。参照已有的研究构建R&D人员流动量指标如下：

$$pfl_{ij} = \frac{\ln RDP_i \times \ln PGDP_j}{D_{ij}} \tag{7.18}$$

$$pfl_i = \sum_{j=1}^{n} pfl_{ij} \tag{7.19}$$

式中，i、j表示不同的省份；pfl_{ij}表示i省份流向j省份的R&D人员流动量；RDP代表i省份R&D人员数，$PGDP_j$代表j省份的人均GDP，代表了j省份的经济发展水平；D_{ij}为根据i、j两省份的省会城市经纬度测算出来的两省份间的距离。Pfl_i表示i省份流入到其他省份总的R&D人员流动量；n=1…31，代表本书选取的31个省级行政区。

R&D资本流动量。区域间的金融市场发展水平决定了R&D资本流动的去向和数量，参照蒋天颖等（2014）的研究，构建R&D资本流动量测算指标如下：

$$cfl_{ij} = \frac{\ln RDC_i \times \ln RDC_j}{D_{ij}} \qquad (7.20)$$

$$cfl_i = \sum_{j=1}^{n} cfl_{ij} \qquad (7.21)$$

式中，i、j、n、D_{ij} 的含义同上文；cfl_{ij} 为 i 省份流到 j 省份的 R&D 资本流动量；RDC_i 代表 i 省份的 R&D 资本存量，RDC_j 代表 j 省份的 R&D 资本存量，其值采用常用的永续盘存法计算；cfl_i 表示 i 省份流入到其他省份总的 R&D 资本流动量。

第三，经济体的劳动力数量（L），采用各省市的从业人员数表示。

第四，产品间的替代弹性（T），采用各省份规模以上制造业企业数与本书选取的 31 个省份平均规模以上制造业企业数的比值表示。

第五，制造业产品支出份额（Z），采用制造业固定资产投资占全国固定资产投资的比重表示。

7.4　实证结果与分析

7.4.1　产业竞争力的空间探索性分析

借助 Geoda 软件，笔者采用假设海南与广东、广西相邻的二进制空间邻接矩阵，使用全局 Moran's I 指数对 2003—2019 年中国的高端服务业竞争力指标进行空间相关性检验，检验该指标在省域间是否存在空间自相关性（见表 7.1、表 7.2 和图 7.1）。

表 7.1　2003—2019 年高端服务业及其分产业产业竞争力的 Moran's I 指数值（1）

行业分布	行业集聚水平	年份								
		2003	2004	2005	2006	2007	2008	2009	2010	2011
高端服务业竞争力	Moran's I	0.162	0.194	0.200	0.187	0.186	0.194	0.192	0.204	0.180
	Z 值	2.332	2.619	2.696	2.588	2.421	2.467	2.440	2.827	2.322
	P 值	0.020	0.020	0.025	0.027	0.034	0.037	0.034	0.016	0.033
信息服务业竞争力	Moran's I	0.078	0.127	0.108	0.093	0.094	0.084	0.081	0.076	0.030
	Z 值	1.680	2.303	2.074	2.104	2.186	2.284	1.979	1.904	1.301
	P 值	0.093	0.027	0.041	0.038	0.031	0.026	0.048	0.042	0.086
金融服务业竞争力	Moran's I	0.338	0.322	0.328	0.302	0.292	0.282	0.285	0.297	0.320
	Z 值	3.635	3.365	3.604	3.681	3.336	3.365	3.454	3.444	3.575
	P 值	0.000	0.007	0.004	0.006	0.008	0.013	0.003	0.007	0.010
商务服务业竞争力	Moran's I	0.073	0.107	0.108	0.092	0.097	0.1000	0.103	0.086	0.083
	Z 值	1.514	1.828	2.065	1.659	1.918	2.097	2.159	1.764	1.701
	P 值	0.130	0.070	0.048	0.077	0.059	0.046	0.042	0.057	0.062
研发服务业竞争力	Moran's I	0.170	0.218	0.205	0.202	0.199	0.231	0.214	0.238	0.216
	Z 值	2.980	2.850	2.346	2.402	2.676	2.826	2.738	2.676	3.253
	P 值	0.003	0.017	0.037	0.036	0.021	0.014	0.017	0.029	0.007

表 7.2　2003—2019 年我国高端服务业及其分产业产业竞争力 Moran's I 指数值（2）

行业分布	行业集聚水平	年份							
		2012	2013	2014	2015	2016	2017	2018	2019
高端服务业竞争力	Moran's I	0.206	0.211	0.262	0.260	0.259	0.269	0.255	0.174
	Z 值	3.082	2.582	3.139	3.159	3.190	3.125	3.001	2.224
	P 值	0.008	0.029	0.008	0.014	0.009	0.012	0.013	1.026
信息服务业竞争力	Moran's I	0.075	0.111	0.173	0.173	0.171	0.169	0.153	0.089
	Z 值	2.173	1.903	2.303	2.423	2.295	2.341	2.206	1.440
	P 值	0.021	0.045	0.040	0.020	0.035	0.027	0.042	0.150

（续表）

行业分布	行业集聚水平	年份							
		2012	2013	2014	2015	2016	2017	2018	2019
金融服务业竞争力	Moran's I	0.286	0.265	0.330	0.325	0.351	0.384	0.377	0.263
	Z 值	3.015	3.067	3.791	3.655	3.898	4.097	4.326	3.046
	P 值	0.010	0.014	0.003	0.005	0.002	0.005	0.002	0.002
商务服务业竞争力	Moran's I	0.095	0.109	0.149	0.141	0.142	0.148	0.150	0.121
	Z 值	1.933	1.503	1.848	1.961	1.918	1.965	2.165	1.739
	P 值	0.048	0.100	0.061	0.064	0.063	0.062	0.052	0.082
研发服务业竞争力	Moran's I	0.329	0.343	0.362	0.372	0.345	0.339	0.313	0.210
	Z 值	4.124	4.130	3.848	4.186	4.089	4.190	3.763	2.831
	P 值	0.006	0.002	0.004	0.006	0.003	0.003	0.004	0.005

注：伴随概率 P-Value 产生的系列为 999。

图 7.1　高端服务业及其分产业竞争力的 Moran's I 值

表 7.1 和表 7.2 的检验结果表明：从全国层面来看，除了 2011 年的信息服务业产业竞争力的全局 Moran's I 小于 0.05 外，所有年份的高端服务业及其分产业的竞争力 Moran's I 指数值均为正值，并且在 10% 以下的 P 值显著性水平下通过了正态分布检验。这表明我国高端服务业整体和其分产业的产

业竞争力在所考察年份存在显著的空间正相关性，即我国高端服务业及其分产业的产业竞争力在省域间并非表现出完全随机的状态，而是表现出具有相似值的省域在空间上的集聚趋势，即具有较高高端服务业产业竞争力的省区相互靠近，或者较低高端服务业产业竞争力的省区相对地互相靠近的空间联系结构。

从图7.1可以看出，金融服务业竞争力的空间正相关性在多数年份都是最强的，在2003—2013年呈现出逐年降低的趋势，Moran's I值由2003年的0.340降到2013年的0.265，后则呈现明显上升趋势，由2013年的0.265上升到2017年和2018年的0.384和0.377，但2019年则又迅速下降至自2003年以来的最低点0.264。仅次于金融服务业的是研发服务业，在2003—2011年研发服务业竞争力的空间相关性波动幅度不大，但2011年后研发服务业竞争力的空间相关性呈现出一个明显的倒U型，即先上升后又下降的趋势，在上升趋势中提升非常显著，由2011年的0.216提升到2015年的0.372，2012—2015年均超过金融服务业竞争力的空间相关性；信息服务业竞争力的空间相关性是比较低的，而且在2004—2011年表现出逐年下降趋势，但在2011年后又呈现明显的上升趋势，2014—2017年大体保持平稳，但在2018年和2019年下降明显；商务服务业竞争力的Moran's I值也比较低，2004—2011年总体呈现稍微下降后，在2011年后总体则呈现上升趋势；对于整体高端服务业竞争力来说，其空间正相关性在2003—2011年总体维持在0.189左右，在2012年以后呈现上升趋势，但同样在2019年呈现下降趋势。

为了进一步揭示各省市高端服务业及其分产业产业竞争力的高低，通过Moran's I散点图对2003年和2019年的高端服务业及其分产业的产业竞争力进行了局部空间自相关分析。相关分析如图7.2—图7.6所示。

Moran scatterplot (Moran's I = 0.1616 and P−value = 0.0197)
高端服务业竞争力2003

（ a ）

Moran scatterplot (Moran's I = 0.1735 and P−value = 0.0261)
高端服务业竞争力2019

（ b ）

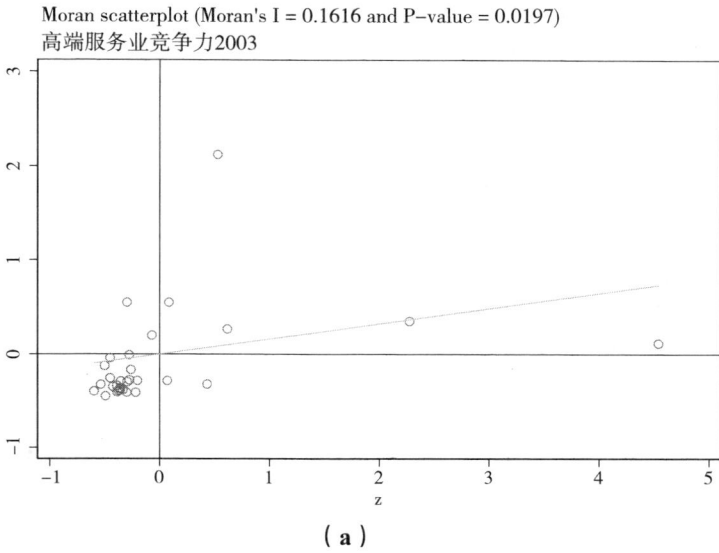

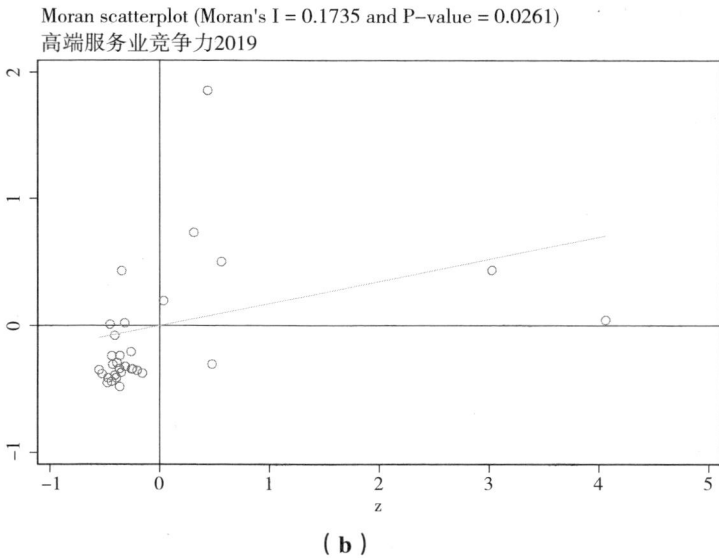

图 7.2　2003 年（ a ）和 2019 年（ b ）我国高端服务业产业竞争力 Moran's I 散点

Moran scatterplot (Moran's I = 0.0778 and P−value = 0.0931)

信息服务业竞争力2003

（a）

Moran scatterplot (Moran's I = 0.0894 and P−value = 0.1500)

信息服务业竞争力2019

（b）

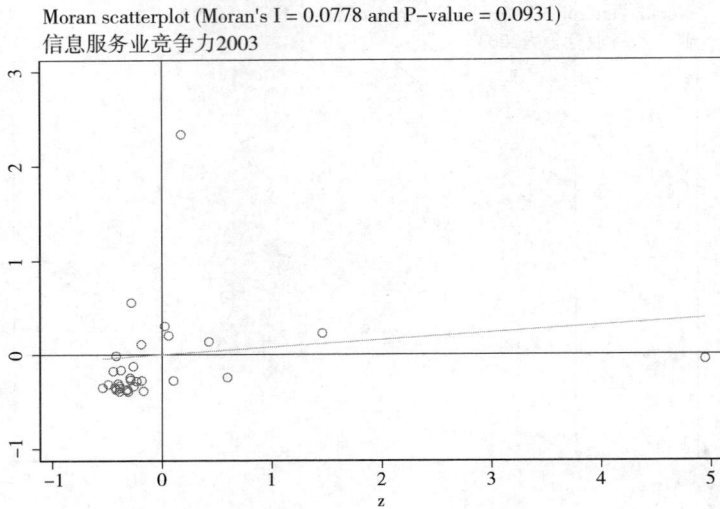

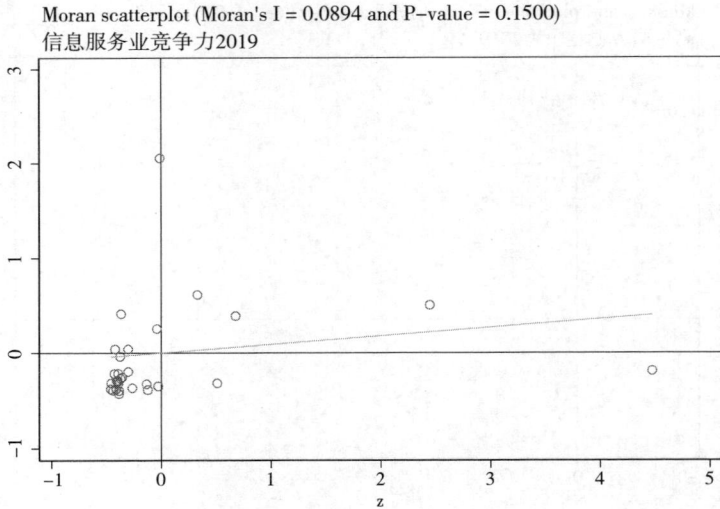

图 7.3　2003 年（a）和 2019 年（b）我国信息服务业产业竞争力 Moran's I 散点

Moran scatterplot (Moran's I = 0.3384 and P−value = 0.0003)
金融服务业竞争力2003

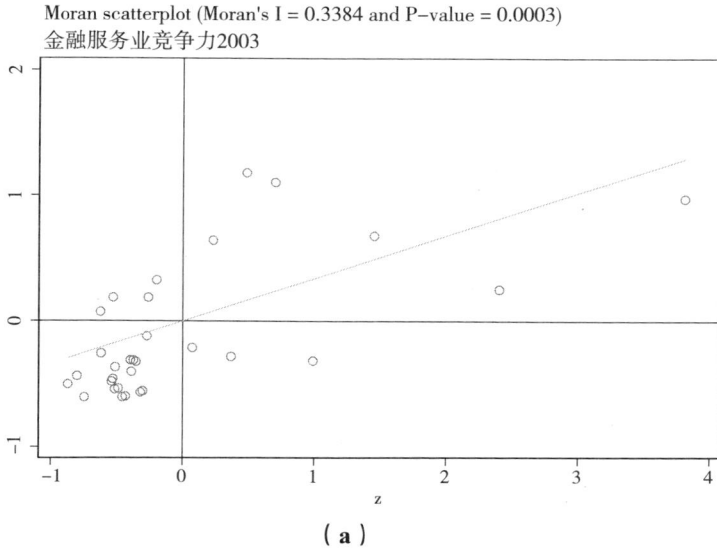

（a）

Moran scatterplot (Moran's I = 0.2634 and P−value = 0.0023)
金融服务业竞争力2019

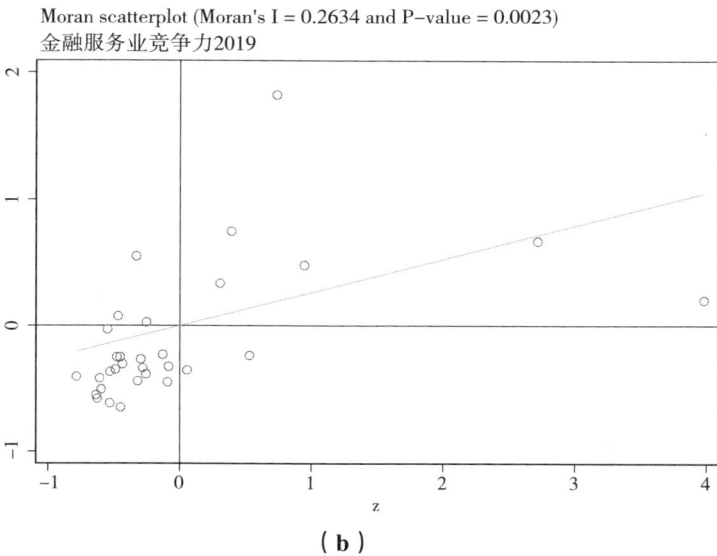

（b）

图 7.4　2003 年（a）和 2019 年（b）我国金融服务业产业竞争力 Moran's I 散点

Moran scatterplot (Moran's I = 0.0728 and P-value = 0.1300)
商务服务业竞争力2003

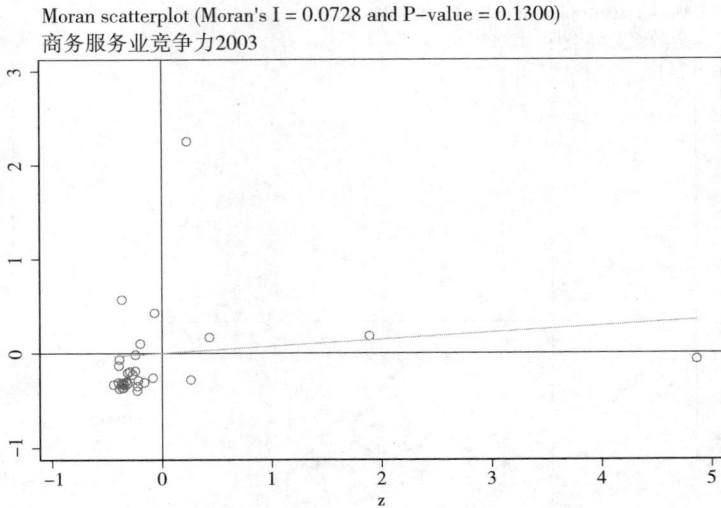

(a)

Moran scatterplot (Moran's I = 0.1212 and P-value = 0.0820)
商务服务业竞争力2019

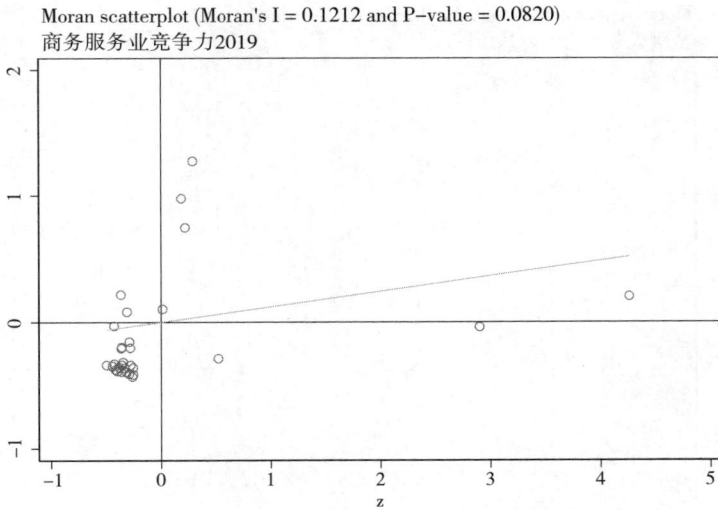

(b)

图 7.5　2003 年（a）和 2019 年（b）我国商务服务业产业竞争力 Moran's I 散点

Moran scatterplot (Moran's I = 0.1699 and P–value = 0.0029)
研发服务业竞争力2003

（ a ）

Moran scatterplot (Moran's I = 0.2097 and P–value = 0.0046)
研发服务业竞争力2019

（ b ）

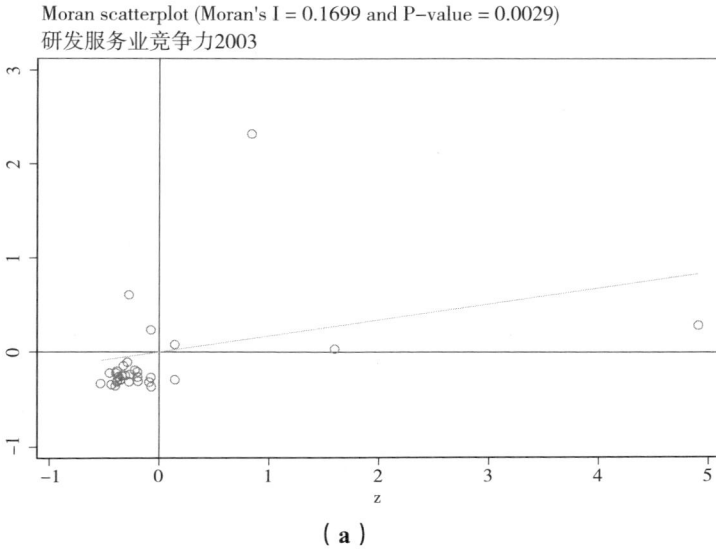

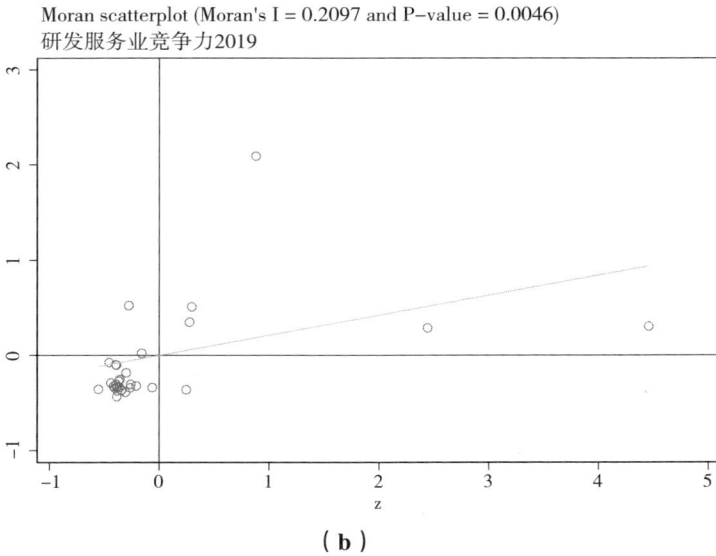

图 7.6　2003 年（ a ）和 2019 年（ b ）我国研发服务业产业竞争力 Moran's I 散点

从图 7.2—图 7.6 的高端服务业及其分产业的产业竞争力 Moran's I 散点图中可以看出，大部分省份分布在第一象限（H-H）区域和第三象限（L-L）区域，呈现出正向空间相关关系。其中，第一象限区域表示具有较高产业竞争力的省份集聚（高值集聚），但各产业竞争力分布在第一象限区域的省份较少。第三象限区域表示具有较低产业竞争力的省份集聚（低值集聚），涵盖了本书选取的 31 个省级行政区中的大多数省份。这一结果表明我国高端服务业及其分产业的产业竞争力普遍较低，呈现出严重的两极分化和低水平集聚的现象。为了更清晰地展示产业竞争力的分布状况，将图 7.2—图 7.6 制作成表 7.3。

表 7.3　2003 年和 2019 年高端服务业及其分产业竞争力的 LISA 集聚结果

行业分布	年份	H-H（1）	H-L（4）	L-H（2）	L-L（3）
高端服务业	2003	北京、天津、江苏、浙江、上海	广东、辽宁	河北、福建、海南	其他 21 个省份
	2019	北京、天津、上海、江苏、浙江、福建、山西	广东	江西、海南、河北	其他 20 个省份
信息服务业	2003	天津、江苏、浙江、上海、福建	辽宁、北京、广东	河北、海南、江西	其他 20 个省份
	2019	天津、江苏、浙江、上海、山西	北京、广东	河北、福建、海南、江西	其他 20 个省份
金融服务业	2003	北京、天津、江苏、浙江、上海、福建	辽宁、山东、广东	河北、海南、安徽、江西	其他 18 个省份
	2019	北京、天津、江苏、浙江、福建、上海	辽宁、广东	河北、江西	其他 21 个省份
商务服务业	2003	北京、天津、浙江、上海	广东	河北、江苏、福建、海南	其他 22 个省份
	2019	天津、江苏、浙江、福建、上海	北京、广东	河北、海南	其他 22 个省份
研发服务业	2003	北京、天津、浙江、上海	青海	河北、江苏、海南	其他 23 个省份
	2019	北京、天津、上海、江苏、浙江、	广东	福建、海南、河北	其他 22 个省份

通过表 7.3 可以看出，在 2003 年和 2019 年这两个年份中，各产业分布在高值集聚区域的省份均比较少，除了山西省出现在 2019 年高端服务业和信息服务业产业竞争力高值集聚区域外，其余的高值集聚省份全部是东部省份。这些省份通常是：北京、天津和上海这三个直辖市，以及浙江省，另外江苏省除了 2003 年商务服务业和研发服务业竞争力落在第二象限外，其他年份都分布在高值集聚区域中；福建也有部分产业竞争力落在高值集聚区域中。而分布在低值集聚区域的省份在两个年份中均较多，除了金融服务业竞争力在 2003 年为 18 个省份外，其他产业至少有 20 个省份分布在低值集聚区域，这说明我国高端服务业竞争力的水平普遍较低，呈现出一种低水平集聚的现象。加总高值区域和低值区域集聚的分布发现，各产业两个年份至少有 24 个省份分布在其中，显示出了较强的空间正相关性。

在各产业竞争力分布的第一梯队中，绝大多数地区来自东部地区，而且各产业的竞争力呈现出向东部转移的趋势，即较高产业竞争力的省份正在向东部地区集聚。在 8 个位于第一梯队的地区中，北京、天津、浙江、上海和江苏这 5 个地区比较稳定，而另外 3 个地区在不同产业中则出现一定的变化。高端服务业竞争力和金融服务业竞争力的第一梯队没有变化，除了上面提到的 5 个省份外，还包括广东、福建和辽宁，仍然是东部省份；信息服务业竞争力在 2003 年还包括福建、广东和辽宁，到了 2019 年，辽宁被宁夏所取代；商务服务业竞争力在 2003 年还包括广东、辽宁和内蒙古，但到了 2019 年，内蒙古被宁夏所取代，辽宁被福建所取代；研发服务业竞争力中，2003 年还包括广东、辽宁和青海，到了 2019 年，辽宁和青海被福建和湖北所取代。同时我们发现，跟这些第一梯队邻近的很多中部省份已经由 2003 年的第四梯队上升到第二或第三梯队，表明第一梯队省份对周边省份具有一定的带动作用。但从中也可以发现，江西除了金融服务业竞争力地位有所上升外，其他产业竞争力均处于第四梯队中，安徽各产业竞争力的提升也不明显。

7.4.2 空间面板模型选择与估计

基于上文中的模型设定和检验思路，为了消除变量异方差的影响，所有变量均采用自然对数的形式，对混合数据的普通面板数据模型进行 OLS 回归，回归结果如表 7.4 所示。

表 7.4 OLS 估计结果

模型	结果	变量						
		QWS	pfl	cfl	L	T	Z	R^2
高端模型	（p 值）	0.718 （0.000）	0.098 （0.000）	0.378 （0.000）	−0.240 （0.000）	0.425 （0.000）	−0.224 （0.000）	0.841
信息模型	（p 值）	0.781 （0.000）	0.108 （0.000）	0.365 （0.000）	−0.252 （0.000）	0.483 （0.000）	−0.251 （0.000）	0.840
金融模型	（p 值）	0.641 （0.000）	0.099 （0.000）	0.303 （0.000）	−0.299 （0.000）	0.522 （0.000）	−0.277 （0.000）	0.795
商务模型	（p 值）	0.972 （0.000）	0.051 （0.062）	0.374 （0.000）	0.020 （0.627）	0.208 （0.000）	−0.119 （0.000）	0.894
研发模型	（p 值）	0.718 （0.000）	0.103 （0.000）	0.481 （0.000）	−0.243 （0.000）	0.312 （0.000）	−0.134 （0.000）	0.794

表 7.4 表明，高端服务业集聚、R&D 人员流动、R&D 资本流动和产品间的替代弹性对高端服务业及其分产业竞争力均表现出显著的促进作用。经济体的劳动力数量、制造业产品支出份额对高端服务业及其分产业竞争力均表现出显著的抑制作用。其中，只有经济体的劳动力数量对高端服务业竞争力的影响与理论模型相悖。对模型 OLS 回归残差进行 Moran 检验及 LM 检验，结果如表 7.5 所示。

表 7.5　Moran 检验和 LM 检验

行业分布	结果	Moran'I 值	LMsar	LMerr	稳健 LMsar	稳健 LMerr
高端服务业	指数值	0.307	386.45	406.16	2.54	279.72
	p 值	0.000	0.000	0.000	0.111	0.000
信息服务业	指数值	0.315	128.98	20.23	21.62	14.68
	p 值	0.000	0.000	0.000	0.000	0.000
金融服务业	指数值	0.262	197.97	279.50	32.70	114.23
	p 值	0.000	0.000	0.000	0.000	0.000
商务服务业	指数值	0.263	70.63	283.50	1.33	214.21
	p 值	0.000	0.000	0.000	0.248	0.000
研发服务业	指数值	0.241	64.57	238.46	0.03	173.92
	p 值	0.000	0.000	0.000	0.853	0.000

由表 7.5 可知，各产业 OLS 回归残差的 LMsar 值和 LMerr 值全部通过显著性检验，且除了信息服务业的 LMerr 值小于 LMsar 值外，其余均为 LMsar > LMerr 值。稳健的 LMsar 值仅有信息服务业和金融服务业通过检验，其他均不显著。稳健的 LMerr 值则全部通过检验，且在信息服务业中 LMsar > LMerr 值，其余均为 LMsar < LMerr 值。因此，除了信息服务业中空间滞后面板模型优于空间误差面板模型外，其他产业模型中均为空间误差面板模型优于空间滞后面板模型。各产业残差的 Moran's I 值在 0.241—0.315 间，且 P 值为 0，表明各产业模型均存在显著的空间正相关性，采用 OLS 方法回归会使结果有偏或无效。因此，为了提高回归结果准确性，需选用能够将各省份经济活动空间相关性考虑在内的空间面板 SAR、SEM 和 SDM 模型进行估计。进一步经豪斯曼（Hausman）检验，空间面板计量模型均选用固定效应，使用 Matlab R2016a 软件完成估计，结果如表 7.6—表 7.15 所示。

表 7.6　高端服务业产业竞争力空间面板模型估计结果

高端模型	解释变量	无固定效应	空间固定	时间固定	时空固定
空间自回归面板模型	intercept	2.078***	—	—	—
	lnQWS	0.727***	0.363***	0.804***	0.387***
	lnpfl	0.112***	0.695***	0.045**	0.696***
	lncfl	0.196***	0.383***	0.05	−0.487
	lnL	−0.135***	0.09	−0.228***	0.113
	lnT	0.346***	−0.014	0.430***	0.012
	lnZ	−0.225***	0.039***	−0.185***	0.032**
	W*dep.var.	0.550***	0.575***	0.235***	0.454***
	R^2 值	0.875	0.983	0.908	0.984
	方差	0.072	0.011	0.055	0.010
	对数似然值	−58.504	462.430	−25.011	482.972
空间误差面板模型	lnQWS	0.812***	0.376***	0.819***	0.395***
	lnpfl	0.157***	0.642***	0.033*	0.727***
	lncfl	0.100**	0.797***	0.082**	−0.375
	lnL	0.013	0.057	−0.277***	0.109
	lnT	0.161***	−0.003	0.459***	0.014
	lnZ	−0.128***	0.033**	−0.167***	0.031**
	spat.aut.	0.990***	0.632***	0.166	0.407***
	R^2 值	−36.219	0.979	0.903	0.984
	方差	0.072	0.011	0.057	0.010
	对数似然值	−98.705	456.839	14.347	483.624

（续表）

高端模型	解释变量	无固定效应	空间固定	时间固定	时空固定
空间杜宾面板模型	intercept	3.767***	—	—	—
	lnQWS	0.879***	0.370***	0.885***	0.329***
	lnpfl	0.04	0.758***	0.033	0.534***
	lncfl	−0.03	−0.605*	−0.04	−0.539
	lnL	−0.138***	0.078	−0.124***	0.038
	lnT	0.296***	0.005	0.312***	−0.001
	lnZ	−0.124***	0.043***	−0.145***	0.044***
	w*lnQWS	−0.487***	−0.216	−0.524***	−0.223
	w*lnpfl	−0.942***	1.156**	−0.821***	−1.7
	w*lncfl	1.016***	0.882**	1.173***	9.902***
	w*lnL	0.139	−0.103	−0.148	−0.011
	w*lnT	0.204	−0.336***	0.864***	−0.365**
	w*lnZ	−0.284***	0.088	−0.845***	−0.036
	W*dep.var.	0.501***	0.287***	0.233***	0.317***
	R^2 值	0.914	0.984	0.923	0.985
	方差	0.050	0.01	0.046	0.010
	对数似然值	39.320	479.582	18.478	499.558

注：***、** 和 * 分别表示通过 1%，5% 和 10% 的显著性检验。

表 7.7　高端服务业产业竞争力空间面板模型空间效应估计结果

高端模型	变量	空间自回归面板模型			空间杜宾面板模型		
		直接效应	间接效应	总效应	直接效应	间接效应	总效应
无固定效应	lnQWS	0.747***	0.885***	1.632***	0.877***	−0.092	0.785***
	lnpfl	0.115***	0.137***	0.252***	0.002	−1.864***	−1.862***
	lncfl	0.201***	0.238***	0.439***	0.012	1.985***	1.997***
	lnL	−0.138***	−0.163***	−0.301***	−0.137***	0.127	−0.010
	lnT	0.355***	0.420***	0.775***	0.310***	0.717**	1.027***
	lnZ	−0.231***	−0.275***	−0.505***	−0.138***	−0.694***	−0.832***
空间固定效应	lnQWS	0.375***	0.497***	0.872***	0.368***	−0.151	0.217
	lnpfl	0.719***	0.951***	1.669***	0.785***	1.875**	2.660***
	lncfl	0.394***	0.506***	0.900***	−0.585*	0.990**	0.405
	lnL	0.094	0.125	0.219	0.076	−0.118	−0.042
	lnT	−0.014	−0.019	−0.033	−0.002	−0.463***	−0.464***
	lnZ	0.040***	0.053***	0.093**	0.045***	0.143	0.188**
时间固定效应	lnQWS	0.808***	0.246***	1.054***	0.881***	−0.405**	0.476**
	lnpfl	0.046**	0.014**	0.061**	0.021	−1.051***	−1.030***
	lncfl	0.049	0.015	0.063	−0.024	1.502***	1.478***
	lnL	−0.227***	−0.069***	−0.296***	−0.125***	−0.232	−0.357
	lnT	0.430***	0.131***	0.561***	0.325***	1.213***	1.538***
	lnZ	−0.185***	−0.056***	−0.242***	−0.159***	−1.136***	−1.295***
时空固定效应	lnQWS	0.394***	0.326***	0.720***	0.324***	−0.200	0.124
	lnpfl	0.708***	0.585***	1.293***	0.499***	−2.185	−1.686
	lncfl	−0.501	−0.421	−0.922	−0.313	14.408***	14.094***
	lnL	0.115	0.095	0.210	0.038	−0.006	0.031
	lnT	0.010	0.008	0.018	−0.010	−0.536**	−0.546**
	lnZ	0.033**	0.027*	0.060**	0.043***	−0.032	0.011

注：***、** 和 * 分别表示通过 1%，5% 和 10% 的显著性检验。

表 7.8　信息服务业产业竞争力空间面板模型估计结果

信息模型	解释变量	无固定效应	空间固定	时间固定	时空固定
空间自回归面板模型	intercept	1.619***	—	—	—
	lnQWS	0.824***	0.830***	0.915***	0.828***
	lnpfl	0.120***	0.560***	0.040*	0.719***
	lncfl	0.156***	1.191***	−0.043	−0.624
	lnL	−0.102***	0.262***	−0.217***	0.274***
	lnT	0.375***	0.050*	0.457***	0.077***
	lnZ	−0.248***	0.023	−0.179***	0.022
	W*dep.var.	0.582***	0.327***	0.275***	0.191***
	R² 值	0.877	0.979	0.911	0.980
	方差	0.098	0.018	0.073	0.017
	对数似然值	−141.306	325.886	−120.395	348.444
空间误差面板模型	lnQWS	0.885***	0.845***	0.917***	0.841***
	lnpfl	0.160***	0.604***	0.024	0.750***
	lncfl	0.032	1.549***	0.000	−0.548
	lnL	−0.012	0.248***	−0.296***	0.282***
	lnT	0.196***	0.059*	0.503***	0.075***
	lnZ	−0.119***	0.024	−0.160***	0.026
	spat.aut.	0.990***	0.316***	0.114	0.208**
	R² 值	−30.683	0.978	0.905	0.980
	方差	0.090	0.018	0.078	0.017
	对数似然值	−159.147	323.209	−65.755	348.820
空间杜宾面板模型	intercept	1.304	—	—	—
	lnQWS	0.983*	0.824***	0.992***	0.841***
	lnpfl	0.045***	0.690***	0.038	0.674***
	lncfl	−0.091*	−0.360	−0.075	−0.308
	lnL	−0.140*	0.231***	−0.135***	0.245***
	lnT	0.301***	0.083***	0.324***	0.095***
	lnZ	−0.107***	0.031	−0.126***	0.021
	w*lnQWS	−0.442***	0.297*	−0.365***	0.576***
	w*lnpfl	−0.799***	−0.013	−0.560***	−0.750
	w*lncfl	1.039***	1.974***	0.655**	−0.127

（续表）

信息模型	解释变量	无固定效应	空间固定	时间固定	时空固定
空间杜宾面板模型	w*lnL	0.406***	0.430	0.125	0.731
	w*lnT	0.211	−0.709***	0.949***	−0.530***
	w*lnZ	−0.453***	0.232***	−1.013***	0.208**
	W*dep.var.	0.397***	−0.018	0.135***	−0.148*
	R² 值	0.920	0.980	0.927	0.981
	方差	0.063	0.016	0.060	0.016
	对数似然值	−23.523	350.184	−14.229	356.455

注：***、** 和 * 分别表示通过 1%，5% 和 10% 的显著性检验。

表 7.9　信息服务业产业竞争力空间面板模型空间效应估计结果

信息模型	变量	空间自回归面板模型			空间杜宾面板模型		
		直接效应	间接效应	总效应	直接效应	间接效应	总效应
无固定效应	lnQWS	0.843***	1.138***	1.981***	0.982***	−0.078	0.903***
	lnpfl	0.123***	0.167***	0.290***	0.020	−1.303***	−1.283***
	lncfl	0.159***	0.214***	0.373***	−0.059	1.638***	1.579***
	lnL	−0.106***	−0.139***	−0.245***	−0.127***	0.582**	0.455
	lnT	0.386***	0.520***	0.906***	0.311***	0.550*	0.861***
	lnZ	−0.255***	−0.346***	−0.601***	−0.123***	−0.820***	−0.943***
空间固定效应	lnQWS	0.836***	0.416***	1.252***	0.825***	0.276*	1.101***
	lnpfl	0.573***	0.283**	0.855***	0.690***	−0.026	0.664
	lncfl	1.198***	0.582***	1.779***	−0.352	1.945***	1.593***
	lnL	0.265***	0.132***	0.397***	0.229***	0.413	0.642*
	lnT	0.049	0.024	0.073	0.084***	−0.707***	−0.623***
	lnZ	0.024	0.012	0.036	0.031	0.229**	0.260***
时间固定效应	lnQWS	0.920***	0.342***	1.263***	0.989***	−0.263*	0.726***
	lnpfl	0.041*	0.015*	0.056*	0.033	−0.627**	−0.594***

（续表）

信息模型	变量	空间自回归面板模型			空间杜宾面板模型		
		直接效应	间接效应	总效应	直接效应	间接效应	总效应
时间固定效应	lncfl	−0.043	−0.016	−0.059	−0.069	0.725*	0.656*
	lnL	−0.214***	−0.080***	−0.294***	−0.134***	0.120	−0.014
	lnT	0.456***	0.169***	0.625***	0.333***	1.141***	1.474***
	lnZ	−0.180***	−0.067***	−0.246***	−0.135***	−1.180***	−1.315***
时空固定效应	lnQWS	0.831***	0.192**	1.023***	0.837***	0.397***	1.234***
	lnpfl	0.721***	0.166**	0.887***	0.681***	−0.674	0.007
	lncfl	−0.605	−0.142	−0.747	−0.305	−0.079	−0.384
	lnL	0.276***	0.064*	0.340***	0.235***	0.614	0.849*
	lnT	0.076**	0.018	0.093**	0.098***	−0.481***	−0.384**
	lnZ	0.023	0.005	0.028	0.021	0.175*	0.196**

注：***、** 和 * 分别表示通过 1%，5% 和 10% 的显著性检验。

表 7.10　金融服务业产业竞争力空间面板模型估计结果

金融模型	解释变量	无固定效应	空间固定	时间固定	时空固定
空间自回归面板模型	intercept	1.749***	—	—	—
	lnQWS	0.611***	0.512***	0.679***	0.516***
	lnpfl	0.130***	0.452***	0.080***	0.362**
	lncfl	0.112***	0.634***	0.001	−0.004
	lnL	−0.219***	0.149**	−0.277***	0.167**
	lnT	0.440***	−0.010	0.513***	0.022
	lnZ	−0.274***	0.054***	−0.262***	0.040***
	W*dep.var.	0.697***	0.424***	0.448***	0.037
	R^2 值	0.858	0.975	0.878	0.977
	方差	0.065	0.012	0.057	0.012
	对数似然值	−38.140	426.274	−124.970	449.561

（续表）

金融模型	解释变量	无固定效应	空间固定	时间固定	时空固定
空间误差面板模型	lnQWS	0.763***	0.516***	0.733***	0.516***
	lnpfl	0.159***	0.395***	0.048**	0.361**
	lncfl	0.031	1.063***	0.042	−0.018
	lnL	−0.031	0.127	−0.338***	0.169**
	lnT	0.249***	−0.004	0.567***	0.020
	lnZ	−0.192***	0.045***	−0.244***	0.040***
	spat.aut.	0.990***	0.433***	0.234**	0.115
	R^2 值	−50.933	0.973	0.862	0.977
	方差	0.072	0.012	0.065	0.012
	对数似然值	−99.788	423.700	−17.863	449.400
空间杜宾面板模型	intercept	2.401***	—	—	—
	lnQWS	0.758***	0.490***	0.769***	0.491***
	lnpfl	0.107***	0.464***	0.100***	0.304*
	lncfl	−0.058	0.109	−0.119***	0.238
	lnL	−0.223***	0.124	−0.187***	0.125
	lnT	0.402***	0.004	0.389***	0.018
	lnZ	−0.197***	0.050***	−0.208***	0.042***
	w*lnQWS	−0.692***	−0.480**	−1.303***	−0.335
	w*lnpfl	−0.313	0.678	−0.388**	−3.598**
	w*lncfl	0.819***	0.275	1.991***	5.466**
	w*lnL	0.024	0.097	−0.371***	0.377
	w*lnT	0.241	−0.440***	0.851***	−0.245
	w*lnZ	−0.192*	0.139**	−0.835***	0.044
	W*dep.var.	0.558***	0.172	0.408***	−0.025
	R^2 值	0.889	0.976	0.900	0.977

（续表）

金融模型	解释变量	无固定效应	空间固定	时间固定	时空固定
空间杜宾面板模型	方差	0.051	0.012	0.047	0.011
	对数似然值	30.749	440.515	−61.658	457.082

注：***、** 和 * 分别表示通过 1%，5% 和 10% 的显著性检验。

表 7.11　金融服务业产业竞争力空间面板模型空间效应估计结果

金融模型	变量	空间自回归面板模型			空间杜宾面板模型		
		直接效应	间接效应	总效应	直接效应	间接效应	总效应
无固定效应	lnQWS	0.645***	1.394***	2.039***	0.740***	−0.599*	0.141
	lnpfl	0.136***	0.297***	0.433***	0.091***	−0.586	−0.495
	lncfl	0.119***	0.258***	0.377***	−0.014	1.779***	1.765***
	lnL	−0.231***	−0.498***	−0.729***	−0.231***	−0.241	−0.472
	lnT	0.464***	1.003***	1.467***	0.431***	1.042***	1.473***
	lnZ	−0.290***	−0.627***	−0.917***	−0.215***	−0.666***	−0.880***
空间固定效应	lnQWS	0.521***	0.390***	0.911***	0.486***	−0.480	0.005
	lnpfl	0.457***	0.342**	0.799***	0.472***	0.895	1.366*
	lncfl	0.644***	0.462***	1.106***	0.113	0.348	0.461
	lnL	0.150*	0.112	0.262*	0.128	0.144	0.272
	lnT	−0.010	−0.008	−0.018	−0.002	−0.527***	−0.529***
	lnZ	0.054***	0.041**	0.095***	0.052***	0.176**	0.229***
时间固定效应	lnQWS	0.690***	0.542***	1.232***	0.738***	−1.626***	−0.889***
	lnpfl	0.081***	0.064***	0.146***	0.090***	−0.581*	−0.491
	lncfl	0.001	0.001	0.003	−0.058	3.219***	3.162***
	lnL	−0.282***	−0.222***	−0.504***	−0.200***	−0.728***	−0.928***
	lnT	0.522***	0.410***	0.932***	0.420***	1.659***	2.079***
	lnZ	−0.266***	−0.209***	−0.475***	−0.237***	−1.516***	−1.753***
	lnQWS	0.517***	0.024	0.540***	0.491***	−0.335	0.156

（续表）

金融模型	变量	空间自回归面板模型			空间杜宾面板模型		
		直接效应	间接效应	总效应	直接效应	间接效应	总效应
时空固定效应	lnpfl	0.365**	0.017	0.381**	0.307*	−3.484**	−3.177**
	lncfl	−0.027	0.000	−0.028	0.230	5.357**	5.587**
	lnL	0.172**	0.008	0.180**	0.121	0.358	0.479
	lnT	0.021	0.001	0.022	0.018	−0.249	−0.231
	lnZ	0.040**	0.002	0.042**	0.043***	0.045	0.088

注：***、** 和 * 分别表示通过 1%，5% 和 10% 的显著性检验。

表 7.12　商务服务业产业竞争力空间面板模型估计结果

商务模型	解释变量	无固定效应	空间固定	时间固定	时空固定
空间自回归面板模型	intercept	1.593***	—	—	—
	lnQWS	0.959***	0.734***	0.983***	0.743***
	lnpfl	0.069***	−0.170	0.011	−0.042
	lncfl	0.232***	1.212***	0.080*	−0.892**
	lnL	0.102***	0.758***	−0.034	0.791***
	lnT	0.153***	−0.187***	0.268***	−0.157***
	lnZ	−0.131***	0.153***	−0.101***	0.156***
	W*dep.var.	0.409***	−0.019	0.155***	−0.078
	R^2 值	0.908	0.979	0.929	0.981
	方差	0.095	0.023	0.075	0.021
	对数似然值	−128.974	265.741	−80.640	290.513
空间误差面板模型	lnQWS	0.987***	0.736***	0.993***	0.742***
	lnpfl	0.111***	−0.189	0.004	−0.056
	lncfl	0.141***	1.191***	0.112***	−0.951**
	lnL	0.158***	0.762***	−0.074**	0.796***

（续表）

商务模型	解释变量	无固定效应	空间固定	时间固定	时空固定
空间误差面板模型	lnT	0.027	−0.185***	0.282***	−0.158***
	lnZ	−0.041	0.152***	−0.082***	0.156***
	spat.aut.	0.990***	0.070	0.193**	0.091
	R^2 值	−14.359	0.979	0.928	0.981
	方差	0.083	0.023	0.076	0.021
	对数似然值	−138.085	265.840	−59.746	290.007
空间杜宾面板模型	intercept	3.039***	—	—	—
	lnQWS	1.020***	0.721***	1.026***	0.726***
	lnpfl	0.032	−0.020	0.024	−0.102
	lncfl	0.020	−0.850*	0.033	−0.829*
	lnL	0.045	0.745***	0.053	0.725***
	lnT	0.132***	−0.166***	0.156***	−0.170***
	lnZ	−0.045*	0.168***	−0.069***	0.163***
	w*lnQWS	−0.523***	−0.422**	−0.416***	−0.437**
	w*lnpfl	−0.752***	1.972***	−0.623***	−0.268
	w*lncfl	1.045***	2.131***	0.738**	5.540*
	w*lnL	0.011	−1.191***	−0.216	−1.813***
	w*lnT	0.468**	−0.199	1.107***	−0.212
	w*lnZ	−0.408***	−0.005	−0.890***	−0.108
	W*dep.var.	0.366***	−0.061	0.141***	0.040
	R^2 值	0.934	0.981	0.939	0.981
	方差	0.067	0.021	0.064	0.021
	对数似然值	−39.479	285.817	−37.946	295.300

注：***、** 和 * 分别表示通过 1%，5% 和 10% 的显著性检验。

表 7.13 商务服务业产业竞争力空间面板模型空间效应估计结果

商务模型	变量	空间自回归面板模型			空间杜宾面板模型		
		直接效应	间接效应	总效应	直接效应	间接效应	总效应
无固定效应	lnQWS	0.972***	0.659***	1.631***	1.016***	−0.227	0.790***
	lnpfl	0.068***	0.047**	0.115**	0.012	−1.185***	−1.173**
	lncfl	0.235***	0.159***	0.393***	0.045	1.643***	1.688***
	lnL	0.104***	0.072**	0.175**	0.045	0.049	0.094
	lnT	0.155***	0.104***	0.259***	0.147***	0.802**	0.949***
	lnZ	−0.133***	−0.091***	−0.223***	−0.056**	−0.662***	−0.719***
空间固定效应	lnQWS	0.734***	−0.007	0.727***	0.722***	−0.439***	0.283*
	lnpfl	−0.172	0.001	−0.171	−0.028	1.873**	1.846**
	lncfl	1.212***	−0.024	1.188***	−0.876*	2.091***	1.215***
	lnL	0.760***	−0.006	0.754***	0.753***	−1.182***	−0.430
	lnT	−0.186***	0.002	−0.184***	−0.164***	−0.187	−0.351**
	lnZ	0.153***	−0.001	0.151***	0.167***	−0.009	0.158*
时间固定效应	lnQWS	0.984***	0.181***	1.164***	1.022***	−0.318*	0.704***
	lnpfl	0.011	0.002	0.012	0.020	−0.697**	−0.676**
	lncfl	0.080*	0.015*	0.094*	0.039	0.851***	0.890**
	lnL	−0.035	−0.006	−0.041	0.049	−0.252	−0.203
	lnT	0.269***	0.049***	0.318***	0.168***	1.311***	1.479***
	lnZ	−0.102***	−0.019***	−0.121***	−0.077***	−1.038***	−1.115***
时空固定效应	lnQWS	0.744***	−0.046	0.698***	0.725***	−0.425**	0.299
	lnpfl	−0.043	0.001	−0.042	−0.099	−0.391	−0.490
	lncfl	−0.883*	0.049*	−0.834*	−0.806	5.902	5.096
	lnL	0.789***	−0.048	0.741***	0.720***	−1.861***	−1.141
	lnT	−0.157***	0.010	−0.147***	−0.172***	−0.225	−0.397
	lnZ	0.157***	−0.010	0.147***	0.162***	−0.104	0.058

注：***、** 和 * 分别表示通过 1%，5% 和 10% 的显著性检验。

表 7.14 研发服务业产业竞争力空间面板模型估计结果

研发模型	解释变量	无固定效应	空间固定	时间固定	时空固定
空间自回归面板模型	intercept	3.076***	—	—	—
	lnQWS	0.733***	0.228***	0.820***	0.260***
	lnpfl	0.100***	0.894***	0.029	0.816***
	lncfl	0.315***	0.694***	0.144***	0.024
	lnL	-0.160***	0.085	-0.272***	0.111
	lnT	0.263***	-0.008	0.362***	0.019
	lnZ	-0.134***	0.073***	-0.085***	0.062***
	W*dep.var.	0.437***	0.254***	0.070**	0.285***
	R^2 值	0.817	0.970	0.866	0.971
	方差	0.104	0.018	0.079	0.018
	对数似然值	-154.595	320.596	-71.471	334.171
空间误差面板模型	lnQWS	0.831***	0.237***	0.822***	0.262***
	lnpfl	0.288***	0.868***	0.026	0.827***
	lncfl	0.598***	0.980***	0.157***	0.109
	lnL	0.337***	0.067	-0.288***	0.105
	lnT	-0.011	-0.004	0.373***	0.022
	lnZ	-0.199***	0.069***	-0.083***	0.061***
	spat.aut.	0.611***	0.254***	-0.018	0.331***
	R^2 值	0.643	0.969	0.865	0.971
	方差	0.167	0.018	0.079	0.018
	对数似然值	-283.377	319.670	-70.663	334.379

（续表）

研发模型	解释变量	无固定效应	空间固定	时间固定	时空固定
空间杜宾面板模型	intercept	7.139***	—	—	—
	lnQWS	0.830***	0.255***	0.858***	0.213***
	lnpfl	0.005	0.922***	−0.019	0.601***
	lncfl	0.035	−0.040	0.036	0.117
	lnL	−0.215***	0.093	−0.184***	0.076
	lnT	0.296***	0.025	0.321***	0.008
	lnZ	−0.062***	0.065***	−0.096***	0.077***
	w*lnQWS	−0.531***	−0.502***	−0.226	−0.702***
	w*lnpfl	−0.952***	0.770	−1.015***	−2.355
	w*lncfl	1.519***	0.194	1.189***	13.665***
	w*lnL	−0.240	0.211	−0.288	0.751
	w*lnT	0.216	−0.217	0.707***	−0.353*
	w*lnZ	−0.371***	0.062	−0.747***	−0.028
	W*dep.var.	0.333***	0.099	0.062**	0.181*
	R^2 值	0.865	0.972	0.879	0.974
	方差	0.077	0.017	0.071	0.016
	对数似然值	−73.124	340.204	−44.155	359.915

注：***、** 和 * 分别表示通过 1%，5% 和 10% 的显著性检验。

表 7.15 研发服务业产业竞争力空间面板模型空间效应估计结果

研发模型	变量	空间自回归面板模型			空间杜宾面板模型		
		直接效应	间接效应	总效应	直接效应	间接效应	总效应
无固定效应	lnQWS	0.745***	0.564***	1.309***	0.826***	−0.388**	0.438**
	lnpfl	0.101***	0.077***	0.178***	−0.016	−1.434***	−1.451***

（续表）

研发模型	变量	空间自回归面板模型			空间杜宾面板模型		
		直接效应	间接效应	总效应	直接效应	间接效应	总效应
无固定效应	lncfl	0.318***	0.240***	0.559***	0.070	2.272***	2.341***
	lnL	−0.162***	−0.121***	−0.283***	−0.221***	−0.473*	−0.693**
	lnT	0.265***	0.200***	0.465***	0.302***	0.474*	0.776***
	lnZ	−0.135***	−0.103***	−0.237***	−0.069***	−0.588***	−0.658***
空间固定效应	lnQWS	0.229***	0.083*	0.311***	0.252***	−0.530***	−0.278*
	lnpfl	0.902***	0.323*	1.224***	0.919***	0.977	1.896***
	lncfl	0.696***	0.233**	0.929***	−0.056	0.211	0.155
	lnL	0.083	0.031	0.114	0.095	0.255	0.350
	lnT	−0.009	−0.002	−0.011	0.025	−0.231	−0.206
	lnZ	0.074***	0.027*	0.101***	0.066***	0.075	0.141
时间固定效应	lnQWS	0.820***	0.062**	0.882***	0.857***	−0.176	0.681***
	lnpfl	0.030	0.002	0.032	−0.023	−1.082***	−1.104***
	lncfl	0.144***	0.011*	0.155***	0.039	1.271***	1.310***
	lnL	−0.272***	−0.020**	−0.292***	−0.185***	−0.311	−0.495**
	lnT	0.363***	0.028**	0.390***	0.324***	0.768***	1.092***
	lnZ	−0.086***	−0.007*	−0.092***	−0.099***	−0.793***	−0.892***
时空固定效应	lnQWS	0.261***	0.109**	0.370***	0.204***	−0.817***	−0.612**
	lnpfl	0.828***	0.343*	1.170***	0.570***	−2.917	−2.347
	lncfl	0.000	−0.005	−0.006	0.275	17.229***	17.505***
	lnL	0.107	0.044	0.151	0.083	0.944	1.027
	lnT	0.019	0.007	0.026	0.004	−0.448*	−0.444*
	lnZ	0.063***	0.026*	0.090***	0.076***	−0.009	0.067

注：***、** 和 * 分别表示通过 1%，5% 和 10% 的显著性检验。

7.4.3　模型结果与分析

表 7.6—表 7.15 的模型参数估计结果显示，高端服务业及其分产业的 SAR、SEM 和 SDM 三种模型中，无固定效应模型估计的 R^2 值和极大似然值均最小。由于它忽略了空间和时间效应的影响，因此不予考虑。双固定效应估计的 R^2 和对数似然函数值均最大，并且方差几乎在所有模型中都最小，同时该效应模型同时考虑了空间和时序变化的影响，因此，空间和时间双固定模型是最佳的模型选择。另外，高端服务业及其分产业中三种模型的地区固定效应估计的对数似然函数值、方差和 R^2 值与双固定模型非常接近，所有解释变量估计值跟双固定效应的估计结果在数值和显著性方面均非常相似，而所有模型的时间固定效应估计中 R^2 值和对数似然函数值均最小，对数似然函数值甚至为负，方差也相对较大。因此，结合前面的 LM 检验，空间杜宾模型优于空间自回归模型和空间误差模型，故下文主要根据空间杜宾模型的时空双固定模型为主，空间固定估计模型辅助进行分析。同时，SAR 和 SDM 模型的回归系数由于空间效应的影响并不能直接反映自变量对因变量的影响程度。因此，需要进一步计算 SAR 和 SDM 模型中各解释变量的直接、间接和总效应三种空间效应，才能具体表征自变量对因变量的影响程度。其空间效应的估计结果已在前面的表格中详细列出。表 7.6—表 7.15 的估计结果体现出以下几个特征。

第一，在所有产业空间自回归面板模型估计中，代表空间相关性的空间自回归系数 W*dep.var 在空间固定效应估计中均为正且显著（商务模型为负但不显著）；在时间固定效应估计中均为正且显著，在双固定效应估计中除了商务模型中为负但不显著外，其他模型均为正且显著（金融模型中不显著）。在所有产业空间误差面板模型估计中，代表空间自相关系数的 spat. aut 在空间固定效应和双固定效应估计中均为正且显著（金融模型中空间固定不显著，商务模型中空间固定和双固定效应估计中不显著 ）；在时间固定效应估计中除了研发模型为负但不显著外，其他均为正，且在金融和商务模型中表现显著。在所有产业空间杜宾面板模型估计中，W*dep.var 在空间固定效应估计中高端、金融和研发模型中均为正但只有高端模型中显著，在信息模型和商务模型中为负但不显著；在时间固定效应估计中高端、商务和研发模型中为正但商务模型中不显著，在信息和金融模型中为负且信息模型中显著。该结果表明中国在省级层面，本省的高端服务业竞争力会受到其他省份高端服务业竞争力的加权影响，而在分产业竞争力方面则表现出一定的差异。

第二，五种产业模型估计的主变量——高端服务业集聚或其分产业集聚度方面。在无固定效应、空间固定效应、时间固定效应和时空双固定效应模型的估计中，高端服务业及其分产业的集聚均相应地促进了产业竞争力的提升，且全部通过 0.01 显著性水平的检验。根据空间杜宾面板模型双固定效应估计结果，从其对自身产业竞争力的影响程度来看，信息服务业集聚对自身产业竞争力的影响最大；其次是商务、金融、高端和研发服务业集聚。同时，后三种固定效应模型估计的产业集聚对相应产业竞争力的促进在时点固定估计中最高，而地区固定效应和时空双固定效应估计结果均较小且较为接近。这说明了地区间高端服务业或其分产业集聚度的差异是导致相应产业竞争力差异的主要原因，地区上高端服务业或其分产业集聚度的提升能够明显提升相应产业的竞争力，这也为我国促进高端服务业集聚提供了一个强有力的经验证据。另外，时点固定效应模型中高端服务业或其分产业集聚度的提升对相应产业竞争力的提升促进作用最大，说明随着时间的推移，产业集聚的累积循环因果效应发挥积极的作用，极大地促进了相应产业竞争力的提升。高端服务业及其分产业聚集度的直接效应均表现出对自身竞争力显著的促进作用，但其间接效应在各产业中却表现各异，信息模型中为正且显著，在其他模型中为负且在商务和研发模型中表现显著。高端服务业及其分产业聚集度对各自产业竞争力的总效应除了研发模型中为负且显著外，其他产业模型为正，但只有信息模型中表现显著。这表明中国的高端服务业及其分产业集聚水平的提高能够提升本地区相应产业竞争力的提升，但由于现有各产业集聚水平偏低，部分产业对周边地区高端服务业竞争力的提升产生了负向的影响。结合第6章的研究发现，高端服务业在为自身提供知识产品和知识服务等高级生产要素时有效地促进了自身的产业升级，即促进了自身竞争力的提升；同时，高端服务产品作为现代制造业的中间产品投入，能够明显地促进制造业升级。这也很大程度上验证了高端服务业最主要的功能之一是促进制造业和服务业升级。

第三，根据空间杜宾面板模型双固定效应估计结果，R&D人员流动量（lnpfl）除了在商务模型中为不显著外，其他产业模型中均为正且显著，表明R&D人员流动对高端服务业及其分产业竞争力表现出一定的促进作用。从空间效应的直接效应来看，除了商务模型中为负但不显著外，其他产业模型中为正且显著，说明R&D人员流动量对本地区的高端服务业及其分产业的竞争力产生促进作用；从空间效应的间接效应和总效应来看，其数值几乎为负，但只在金融模型中表现显著，说明R&D人员流动量对地区的高端服务业产业竞争力产生了负向影响。R&D资本流动量（lncfl）在高端、信息和商务模型中为负且商务模型中表现显著，在金融和研发模型中为正但不显著，表明R&D资本流动对商务服务业竞争力产生较明显的抑制作用外，总体上R&D资本流动对高端服务业及其他分产业竞争力的作用并不明显。同时，从R&D资本流动量空间效应的直接效应在金融和研发模型中为正但不显著，在其他三种产业模型中为负但不显著，从间接效应和总效应来看，在除了在信息模型中为负但不显著外，在其他产业模型中均为正且除了商务模型不显著外其他均表现显著，说明R&D资本流动量确实能够在高端、金融和研发服务业竞争力中产生空间溢出作用。

第四，从几个控制变量的空间效应来看。经济体的劳动力数量（lnL）正向促进了高端服务业及其分产业竞争力，但在高端、金融和研发模型中表现不明显。其直接效应在所有产业模型中均为正且在信息和商务模型中表现显著。在间接效应方面，在商务服务业竞争力中表现出显著抑制作用，其他均不显著。在总效应中显著促进了高端服务业整体的竞争力，但在分产业中不明显。产品间的替代弹性（lnT）明显地促进了信息服务业竞争力，明显抑制了商务服务业竞争力，在其他产业模型中作用不明显，直接效应也是如此。从间接效应和总效应来看，除了金融模型不显著外，其他产业模型都抑制了高端服务业及其分产业的竞争力。制造业产品支出份额（lnZ）除了对信息服务业竞争力促进作用不明显外，对高端服务业及其他分产业的竞争力均表现出显著的促进作用，其直接效应也是如此。从间接效应来看，在信息模型中具有显著的溢出效应，但在其他产业模型中表现不明显。从总效应来看，其数值全部为正且仅在信息模型中表现显著。

7.4.4　稳健性检验

前文的研究主要基于经济活动的空间相关性，构建了经济距离权重矩阵。为了检验结果的稳健性，本书进一步采用仅考虑空间地理距离的地理距离空间权重矩阵，对空间面板数据模型进行检验。结果表明，采用地理距离权重矩阵后，回归结果与原有结果非常相似。虽然估计结果的系数大小有所差异，但其方向和显著性水平并没有发生根本改变。这表明研究结果是稳健可靠的。

7.5 结论与政策含义

统筹研发要素流动，大力发展高端服务业，充分利用高端服务业的集聚特性和研发要素流动的正向外部性，进而促进高端服务业竞争力的提升，已经成为各个国家和地区的重要选择。本书着重考察了高端服务业集聚与研发要素区际流动对高端服务业竞争力的影响机制，以及能否得到中国经济数据的验证。利用新经济地理学理论构建了高端服务业集聚、研发要素流动影响高端服务业竞争力的理论模型。在此基础上，利用本书选取的 31 个省级行政区 2003—2019 年的经济数据，设定空间面板计量模型，对理论模型的结论进行了实证检验。主要的研究发现如下。

本书选取的 31 个省级行政区的高端服务业及其分产业竞争力之间存在显著的空间相关性。中国高端服务业集聚度较低，但我国高端服务业或其分产业集聚度的提升不管是在空间层面还是时间层面均显著地促进自身竞争力的显著提升，而且在时间层面的提升更加显著，从而验证了高端服务业集聚能够促进我国高端服务业的升级。高端服务业集聚对高端服务业竞争力提升的直接效应和空间溢出效应均显著为正。这表明中国省份间高端服务业的发展不是独立随机的，还会受到其他省份高端服务业发展的影响。通过提升高端服务业集聚度能够进一步提升高端服务业竞争力。因此，各个省份在发展高端服务业、促进其集聚发展、制定相应的产业发展规划时，不仅需要关注本省份的相关经济条件与环境，还需要通盘考虑周边地区的经济发展特别是高端服务业发展情况。在充分利用本地区经济条件的基础上，加强地区间的交流与合作，有效利用周边的资源要素，推动本地区高端服务业的提升，同时也提升其他省份的高端服务业竞争力。

研发要素区际流动对高端服务业竞争力提升的直接效应和空间溢出效应均显著为正。这意味着研发要素在区际的流动不仅能够促进本地区高端服务业竞争力的提升，其所伴随的空间知识溢出效应还有助于提升其他地区的高端服务业竞争力。然而 R&D 人员流动和 R&D 资本流动所带动的空间溢出效应在各产业中各异，甚至表现出抑制作用。因此，应该针对不同产业制定不同的研发要素区际流动制度，充分发挥其空间溢出效应，提升中国高端服务业的整体竞争力。

该结论的政策启示在于，研发要素作为高端服务业重要的投入要素，其不但可以直接促进高端服务业竞争力的提升，而且在区际的流动在一些产业中能够显著地促进高端服务业竞争力。因此，各地区应该根据不同产业特点，营造良好的营商环境，加强地区间的交流与合作，进一步破除地区壁垒、扩大对内开放、营造良好的区域间研发要素流动的体制机制、促进其自由流动。各地区应该重视人才和创造良好的资本市场，在充分利用本地区研发要素基础上促进其向周边地区溢出，同时利用好周边地区研发要素的溢出部分，这将有利于促进中国高端服务业竞争力的持续提升。

上述研究结论对促进我国各省市高端服务业产业竞争力提升的启示是：高端服务业集聚能够显著地促进自身产业竞争力的提升，而且高端服务业产业竞争力的提升是多种因素综合作用的结果，各种要素对高端服务业整体或者其分产业的作用并不一定表现一致。因此，应该综合考虑各因素之间的作用，分产业、分要素制定各个产业的发展政策，注意发挥某一要素对某一产业的正向效应，尽量避免对其他产业产生不利的影响。

第8章 高端服务业集聚、空间知识溢出与经济增长

8.1 引言

经济增长在区域间存在一定的空间溢出性，这一观点已经得到了部分学者研究的肯定。区域间的经济增长在空间上相互影响，具有明显的空间自相关性。特别是在今后40年或半个世纪的时间里，中国经济发展的核心动力在于"双循环相互促进"，既要以内循环带动外循环，以内部市场经济的高质量发展为对外开放创造更好的前提条件，使中国市场更具吸引力，也应以外循环的高水平发展推动中国特色社会主义市场经济的持续完善和发展（李晓，2021）。同时，在我国"双循环"发展战略下，以及随着《中共中央国务院关于加快建设全国统一大市场的意见》的出台，我国区域间的经济联系将越来越紧密，省域之间经济增长的空间关联程度也将得到不断增强。

由于服务产品具有无形性、难以储存和不可分割等属性，使得服务业对专业化劳动力和本地市场规模的依赖度较高，呈现出明显的集聚特征（李江帆等，2018），生产性服务业集聚已经成为当今中国的典型事实之一，被视为我国加快生产性服务业发展坚持的基本原则之一。通过生产性服务业集聚充分发挥其宏、微观经济效应、纠正其资源错配效应，或许是中国未来提升资源配置效率、促进经济增长的重要突破口，也已成为全球产业布局调整

的焦点之一（戴美虹，2020）。同时，由于高端服务业是以信息技术和现代管理理念为主要依托发展起来的，以提供技术性、知识性和公共性服务为主业，居于服务业高端的服务业，高端服务业是现代服务业的核心，同时具有生产性服务业和知识密集型服务业的特征，而其最本质的功能是其具有较强的空间溢出性。但高端服务业集聚对经济增长的溢出效应到底是正向的还是负向的；也就是说，产生的是正外部效应还是负外部效应的相关研究相对较少。

在已有的研究中，一方面，部分学者的研究结论表明服务业集聚对经济增长有正向推动作用（西科尼，Ciccone，2002；张萃，2016）；另一方面，也有学者认为服务业集聚对经济增长不存在促进作用，甚至有负向作用（安德森，Andersson，2004；谷永芬等，2013）。以上这些研究忽略了发挥服务业集聚的经济效应所需要的外部环境，以及开放经济条件下不同地区的效应差异（纪玉俊等，2015；万丽娟等，2016）。通过梳理发现，有关高端服务业集聚对经济增长的影响研究比较少，少量定量的研究也是采用传统的经济理论和计量方法，没有对高端服务业集聚的空间效应进行检验，也就是忽略了高端服务业集聚所产生的空间经济溢出效应对周边地区的影响，容易导致分析结果出现偏误，而目前这类研究成果还比较少（侯淑霞和王雪瑞，2014；徐晔和宋晓薇，2016；仲深和杜磊，2018），所得的结论也存在差异，且鲜有涉及行业比较。基于此，本章尝试利用新经济地理学理论，构建高端服务业集聚、空间知识溢出对经济增长影响理论模型。在此基础上以本书选取的 31 个省级行政区为研究对象，运用多种空间计量模型对其进行实证检验，以期比较客观地量化我国高端服务业集聚对经济增长的影响，进而为促进中国经济的可持续增长提供政策启示。

8.2 高端服务业集聚、知识溢出影响经济增长的机制

8.2.1 模型假设

承接第 3 章，同样假设整个经济体中具有东部和西部两个地区、三个部门（农业部门 A、制造业部门 M 和高端服务业部门 H）。处于完全竞争市场的农业部门使用劳动力（L）生产同质的农产品，高端服务业部门使用研发要素（J）生产新的高端知识，并投入到制造业部门的生产中，使得制造业部门由于投入要素高端知识的异质性而生产出差异化产品。本章假设研发要素可以在整个经济体的总量不变，并将其标准化为 1，在东西部之间能够有成本的流动，而劳动力同样不能在东西部之间流动。东部和西部初始对称，东部和西部的企业可以在区际自由迁徙。

农业部门遵循瓦尔拉斯分析框架，处于完全竞争市场且规模收益不变，以劳动力作为唯一的投入要素，生产的农产品是同质的，东西部间交易零成本，同样将农业部门劳动投入作为计价单位并标准化为 1。制造业部门遵从迪克西特—斯蒂格利茨（Dixit-Stiglitz）分析框架，处于垄断竞争的市场环境中，并且具有规模收益递增的特征，制造业部门利用高端服务业的产出即高端知识生产差异化产品，每个制造业企业生产一单位制造业产品。

8.2.2 消费者行为

参照藤田昌久和蒂斯（Fujita and Thisse，2003）的研究，假设整个经济体的消费者对产品具有相同的效用函数，同样对制造业产品具有多样化偏好。则消费者的间接效用函数为：

$$V = \ln v = \ln[\varepsilon P^{-\mu}] \tag{8.1}$$

式中，ε 为消费者支出，μ 为消费者对制造业产品的支出份额，$0 < \mu < 1$；P 为制造业产品的价格指数，并且有：

$$P = \left[\int_0^M p(i)^{-(\sigma-1)} di \right]^{-1/(\sigma-1)} \qquad (8.2)$$

式中，$p(i)$ 为制造业部门生产的第 i 种制造业产品的价格；M 为制造业部门生产的总的产品种类数，$i \in [0，M]$；σ 代表不同制造业产品之间的不变替代弹性。

8.2.3　生产者行为

与第 3 章中相同，农业部门处于完全竞争市场中并且规模收益不变，以劳动力作为唯一的投入要素，生产同质的农产品，东西部间交易零成本，因此东西部的劳动力的工资率相等。与第 3 章中式（3.5）相同，我们将农业部门的劳动投入作为计价单位并标准化为 1。在制造业部门中，生产每种制造业产品 i，都需要投入一种由高端服务业生产的高端知识和一单位的劳动力 L。同一地区内制造业产品的交易无运输成本，而不同地区间制造业产品的交易存在"冰山"运输成本 $\tau > 1$，即从一个区域 $r \in \{A，B\}$（为便于表达，本章将东部和西部分别用 A 和 B 表示）运出 τ 单位制造业产品到另外一个区域 $s \in \{s \neq r|A，B\}$ 时，流失了 $\tau - 1$ 单位，只有 1 个单位制造业产品到达另一个区域。因此，假设区域 r 的制造业产品价格为 $p_r(i)$，那么运输到区域 s 的价格则为区域 r 的 τ 倍，即 $p_{rs}(i) = p_r(i)\tau$。

用 E_r 代表区域 r 的支出，P_r 代表制造业产品的价格指数，很容易得到东部和西部对制造业产品 i 的需求量。同样定义自由贸易度 $\Phi \equiv \tau^{1-\sigma}$，结合式（8.2）可以得到整个经济体中制造业产品的均衡价格 p_r、均衡数量 q^*_r、均衡利润 π^*_r 分别为：

$$P_r^* = 1/\rho \ , \quad q_r^* = \mu\rho\left(\frac{E_r}{M_r + \Phi M_s} + \frac{\Phi E_s}{\Phi M_r + M_s}\right), \quad \pi_r^* = q_r^*/(\sigma-1) \qquad (8.3)$$

8.2.4 高端服务业部门

高端服务业部门使用研发要素生产新的知识。根据罗默（1990）的内生增长理论指出，创新研发人员的效率得益于原来积累起来的知识资本。而知识资本的积累也将促进研发要素的生产力。我们假设区域 $r \in \{A, B\}$ 中的知识总量为 K_r，高端服务业在整个经济体中的占比为 λ_r，高端服务业企业 j 拥有的高端知识存量为 $h(j)$。根据藤田昌久和蒂斯（2003）的研究，得到区域 r 拥有的高端知识总量为：

$$K_r = \left[\int_0^{\lambda_r} h(j)^\beta dj + \eta_r \int_0^{1-\lambda_r} h(j)^\beta dj\right]^{1/\beta} \qquad (8.4)$$

式中，β 是高端服务业企业进行产品生产时的创新互补参数，反映了高端服务业企业的异质性，$0 < \beta < 1$；η_r（$0 \le \eta_r \le 1$）反映了其他区域的知识向 r 区域的空间溢出程度。

由于制造业企业利用高端服务业企业生产的高端知识作为生产要素，而高端知识具有异质性，使得制造业企业生产出来的制造业产品也具有异质性，因此地区的高端知识存量与制造业企业的数量 M 正相关（藤田昌久、蒂斯，2003）。不失一般性，假设 $h(j)=M$、$\lambda_A \equiv \lambda$、$\lambda_B \equiv 1-\lambda$，结合式（8.4）可得区域 A 和区域 B 高端服务业生产的知识数量分别为：

$$k_A(\lambda) = [\lambda + \eta_A(1-\lambda)]^{1/\beta} \ , \quad k_B(\lambda) = [1-\lambda+\eta_B\lambda]^{1/\beta} \qquad (8.5)$$

将 $k_A(\lambda)$ 和 $k_B(\lambda)$ 分别对空间知识溢出程度求偏导，可得：

$$\frac{\partial k_A(\lambda)}{\partial \eta_A} = \frac{1-\lambda}{\beta}[k_A(\lambda)]^{1-\beta} > 0, \quad \frac{\partial k_B(\lambda)}{\partial \eta_B} = \frac{\lambda}{\beta}[k_B(\lambda)]^{1-\beta} > 0 \qquad (8.6)$$

为了简明起见，假设制造业企业总数 M=1。因此，如果东部 A 中的制造业企业数量为 λ，则西部 B 中的制造业企业数量就为 $1-\lambda$。高端服务业企业 j 的总收益为：

$$\varepsilon_j = \alpha_H + w_j \qquad (8.7)$$

式中，a_H 为高端服务业企业 j 的初始资产价值；w_j 是高端服务业企业 j 生产新知识所得的报酬。市场均衡时，a_H 等于制造业企业的资产价值，w_j 等于均衡资产价值乘以高端服务业企业数量。

8.2.5　市场均衡

由于企业在东部和西部间能够自由迁移，因此如果东部 A 的制造业企业数量 M_A 与西部 B 的制造业企业数量 M_B 都为正，即两个区域均有制造业企业存在，则东部企业利润必然等于西部企业的利润。因此，根据式（8.3）可知 $q_A^* = q_B^*$，并在此基础上，考虑整个经济体的总支出 $E = E_A + E_B$ 和制造业企业总数 $M = M_A + M_B$，我们得到：

$$M_A = \frac{E_A - \Phi E_B}{(1-\Phi)E} M, \quad M_B = \frac{E_B - \Phi E_A}{(1-\Phi)E} M \qquad (8.8)$$

当 $M_A > 0$ 并且 $M_B > 0$ 时，得到 $\Phi < E_A/E_B < 1/\Phi$。由式（8.3）、式（8.8）可得：

$$P_r = (1/\rho)[(1+\Phi)(E_r/E)M]^{-1/(\sigma-1)}, \quad q_A^* = q_B^* = \mu\rho E/M \qquad (8.9)$$

同理，可得 $M_A = M$ 并且 $M_B = 0$，$E_A/E_B \geq 1/\Phi$ 时的均衡结果，以及 $M_A = 0$ 并且 $M_B = M$，$E_A/E_B \leq 1/\Phi$ 时的均衡结果。

根据式（8.3）、式（8.9）及其推论，可以得到制造业企业的均衡利润为：

$$\pi^* = \max\{\pi_A^*, \pi_B^*\} = \frac{\mu E}{\sigma M} \tag{8.10}$$

根据梅利茨（Melitz，2003）研究，制造业企业的资产价值与其期望利润相等。假设 π 代表单个制造业企业的资产价值，我们可以得到整个经济体制造业企业的资产价值为：

$$a_H = M\pi = \frac{\mu E^*}{\sigma} \tag{8.11}$$

假设区域 r 中制造业企业的均衡工资为 w_r^*，那么每单位知识的成本等于均衡工资除以知识资本存量。由于制造业企业只需要投入新知识进行生产，所以知识平均成本也就是企业的成本。在均衡状态下，企业的成本等于企业的资产价值 π，因此均衡工资可以表示为企业资产价值乘以知识资本存量，所以区域 r 的均衡工资为：

$$w_r^*(\lambda) = a_H k_r(\lambda) \tag{8.12}$$

8.2.6 高端服务业集聚的长期均衡

继而，我们讨论高端服务业企业迁移的长期均衡问题。根据式（8.1），我们可以求得东部和西部地区人员的迁移偏好为：

$$V_A(\lambda) - V_B(\lambda) = \ln v_A(\lambda) - \ln v_B(\lambda) \tag{8.13}$$

联立式（8.1）、式（8.8）、式（8.11）和式（8.12）可得：

$$v_r(\lambda) = a_H[1 + k_r(\lambda)][P_r]^{-\mu} \tag{8.14}$$

根据式（8.9），在 $\Phi < E_A/E_B < 1/\Phi$ 情况下，可以得到东部和西部地区价格指数之比与支出之比之间的关系；同理可得在 $E_A/E_B \geqslant 1/\Phi$ 以及 $E_A/E_B \leqslant 1/\Phi$ 时东部和西部地区价格指数之比与支出之比之间的关系。为此将式（8.14）代入式（8.13）得到：

$$V_A(1) = V_B(1) > 0，\quad V_A(1/2) = V_B(1/2) = 0，\quad V_A(0) = V_B(0) < 0$$

并且有：

$$\frac{\mathrm{d}[V_A(\lambda) = V_B(\lambda)]}{\mathrm{d}\lambda} \geqslant 0$$

这意味着高端服务业的空间分布存在三种均衡状态，分别是 $\lambda=1$、$\lambda=1/2$、$\lambda=0$ 这三种均衡状态，即高端服务业企业在东部和西部平均分布（当 $\lambda=1/2$ 时）状态，或者高端服务业企业完全集聚于东部或者西部区域（当 $\lambda=1$ 或 $\lambda=0$ 时）。然而，从式中可以看出，在 $\lambda=1/2$ 的平均分布均衡下，一旦出现任何冲击使得迁移偏好出现微小的偏离，就会导致迁移偏好的不断增加或者减少，进而形成较强的迁移偏好，最终导致 λ 由 1/2 向 1 或者 0 转变。因此，$\lambda=1/2$ 即东西部平均分布均衡并不是经济体的稳定均衡状态，$\lambda=1$ 或者 $\lambda=0$ 即集聚状态才是经济体的稳定均衡状态。

8.2.7　高端服务业集聚的空间知识溢出效应对经济增长的影响

在前文的证明中，存在三个高端服务业的空间分布均衡状态，但对称均衡却容易受到冲击而处于非稳定状态，而另外两种均衡状态则是稳态稳定集聚均衡状态。因此，不妨假设高端服务业企业向东部（区域 A）集聚，即 $\lambda > 1/2$。由于地区的高端知识存量与制造业企业的数量 M 成正比，那么高端服务业企业的迁移量 ΔS_K 必然有如下等式：

$$
\begin{aligned}
\Delta S_K &= \frac{(K_A - K_B)}{2M} = \frac{1}{2}[K_A(\lambda) - K_B(\lambda)] \\
&= \frac{1}{2}[\lambda + \eta_A(1-\lambda)]^{1/\beta} - \frac{1}{2}[1 - \lambda + \eta_B\lambda]^{1/\beta}
\end{aligned}
\tag{8.15}
$$

其中，ΔS_K 表示高端服务业企业从西部（B）向东部（A）的迁移量。$(K_A - K_B)/M$ 表示东部（A）比西部（B）多出来的高端服务业企业数量。

由于假设东部和西部初始对称，当高端服务业企业从西部（B）流向东部（A）以后，东部（A）比西部（B）多出来的高端服务业企业数量中本来有一半是东部（A）的，多出的另外一半才是来自于西部 B 的高端服务业企业流入，所以（$K_A - K_B$）$/2M$ 才是高端服务业企业的流动量。

根据式（8.15），在 $0 \leqslant \lambda < 1$ 的情况下，可以求得空间知识溢出对高端服务业企业迁移量的偏导，并有以下不等式恒成立：

$$\frac{\partial \eta_A}{\partial \Delta S_k} = \frac{2\beta}{1-\lambda}[k_A(\lambda)]^{\beta-1} > 0, \quad \frac{\partial \eta_B}{\partial \Delta S_k} = -\frac{2\beta}{\lambda}[k_B(\lambda)]^{\beta-1} < 0 \qquad (8.16)$$

在式（8.16）中，当 $\lambda=1$ 时，即整个经济体的高端服务业企业都集聚于东部（A），则第一个算式左边的不等式不存在，不存在西部的高端服务业企业流入东部的情况。式（8.16）表明，当高端服务业企业由西部（B）流向东部（A）时，将有利于流入地东部（A）的知识溢出，但不利于流出地西部（B）的知识溢出。

考虑式（8.7）可以求得东部（A）和西部（B）的总收益函数，并将式（8.11）和式（8.12）代入可得：

$$E = L / \{1 - \frac{\mu\lambda}{\sigma}[1 + k_A(\lambda)] - \frac{\mu(1-\lambda)}{\sigma}[1 + k_B(\lambda)]\} \qquad (8.17)$$

将式（8.5）代入式（8.17），可以得到空间知识溢出对总收益的影响：

$$\frac{\partial E}{\partial \eta} = \frac{\dfrac{\mu L}{\sigma}[\lambda \dfrac{\partial k_A(\lambda)}{\partial \eta} + (1-\lambda) \dfrac{\partial k_B(\lambda)}{\partial \eta}]}{\{1 - \dfrac{\mu L}{\sigma}[1 + k_A(\lambda)] - \dfrac{\mu(1-\lambda)}{\sigma}[1 + k_B(\lambda)]\}^2} \qquad (8.18)$$

由式（8.6）可以得到 $\partial E/\partial \eta > 0$，即空间知识溢出有利于经济的增长。

根据式（8.16）和式（8.18），借助链式法则，可以得到高端服务业的迁移量 ΔS_K 对总收益 E 的边际贡献为：

$$\frac{\partial E}{\partial \Delta S_K} = \frac{\partial E}{\partial \eta_A}\frac{\partial \eta_A}{\partial \Delta S_K} + \frac{\partial E}{\partial \eta_B}\frac{\partial \eta_B}{\partial \Delta S_K}$$

$$= \frac{\dfrac{\mu L}{\sigma}[\lambda \dfrac{\partial k_A(\lambda)}{\partial \eta_A}\dfrac{\partial \eta_A}{\partial \Delta S_K} + (1-\lambda)\dfrac{\partial k_B(\lambda)}{\partial \eta_B}\dfrac{\partial \eta_B}{\partial \Delta S_K}]}{\{1 - \dfrac{\mu L}{\sigma}[1+k_A(\lambda)] - \dfrac{\mu(1-\lambda)}{\sigma}[1+k_B(\lambda)]\}^2} \quad (8.19)$$

将式（8.5）、式（8.6）和式（8.16）三个公式代入式（8.19），则当 $\lambda >$ 1/2，可得式（8.19）中 $\partial E / \partial \Delta S_K > 0$。

综合上面分析结果，我们可以获得如下命题：高端服务业的集聚能够促进知识的空间溢出，而知识溢出又促进了经济增长。

8.3　实证检验

8.3.1　变量设置与数据来源

在变量选择方面，本章的因变量即经济增长采用以 2003 年为基期的实际国内生产总值表示。本章的高端服务业细分行业承接前文，仍然采用信息传输、计算机服务和软件业，金融业，租赁和商务服务业，科学研究、技术服务和地质勘查业作为高端服务业的四个分行业。主要的解释变量为高端服务业整体及其分行业的集聚度，采用区位熵指数进行衡量，具体计算公式为各省份高端服务业城镇单位从业人员数 / 各省份从业人员数）/（全国高端服务业城镇单位从业人员数 / 全国从业人员数），具体结果可见第 4 章的表 4.1—表 4.10，此处不再赘述。另外，根据经典的柯布—道格拉斯（Cobb-Douglas）函数表明，劳动力与物质资本存量是影响经济增长最为重要的两大因素，因此将其作为控制变量纳入估计模型当中。同时，根据我国经济实际情况，各省份的人力资本水平、对外开放度、对内开放度等变量应对经济增长产生影响，故将其作为控制变量纳入模型中。然而实证检验中，对内开放度对经济增长的影响并不显著，因此将其剔除。各控制变量具体说明如下。

第一，劳动力。采用张应武（2010）的方法用有效劳动力表示。具体计算过程为，先计算出各省市就业人员平均受教育年数，各省市就业人员平均受教育年数 =（未上过学比重 + 小学比重）×6+ 初中比重 ×9+ 高中比重 ×12+ 大专比重 ×15+ 本科比重 ×16+ 研究生比重 ×19，接着计算出有效劳动力，有效劳动力 = 各省市就业人员数 ×（各省市就业人员平均受教育年数 / 当年全国就业人员平均受教育年数）。

第二，物质资本存量。应用全国和各省份统计年鉴中的资本形成总额数据，该数据包括固定资本形成总额和存货变动两部分，再应用单豪杰（2008）估算方法得到。

第三，人力资本水平。用各省份平均受教育年数表示 X70。具体计算过程为借鉴王志平（2010）的方法，各省市就业人员平均受教育年数 =（未上过学比重 + 小学比重）×6+ 初中比重 ×9+ 高中比重 ×12+ 大专比重 ×15+ 本科比重 ×16+ 研究生比重 ×19。

第四，对外开放度。采用各省份的进出口额除以相应省份的地区生产总值计算。

样本数据为 2003—2019 年本书选取的 31 个省级行政区的面板数据，数据均来自 CNKI 中国经济与社会发展统计数据库。

8.3.2　高端服务业增长率的空间自相关分析

首先应对我国省域经济指标进行检验，以验证其是否存在空间自相关性。采用假设海南与广东、广西相邻的二进制空间邻接矩阵，2003—2019 年本书选取的 31 个省级行政区的生产总值指标的 Moran's I 指数检验结果如表 8.1 所示。

表 8.1　2003—2019 年本书选取的 31 个省级行政区生产总值的 Moran's I 指数统计值

年份	2003	2004	2005	2006	2007	2008	2009	2010	2011
Moran's I	0.223	0.230	0.235	0.237	0.238	0.241	0.255	0.251	0.262
Z 值	2.293	2.343	2.383	2.397	2.403	2.424	2.542	2.506	2.601
P 值	0.022	0.019	0.017	0.017	0.016	0.015	0.011	0.012	0.009
年份	2012	2013	2014	2015	2016	2017	2018	2019	—
Moran's I	0.247	0.249	0.261	0.267	0.279	0.280	0.265	0.273	—
Z 值	2.469	2.485	2.593	2.643	2.753	2.772	2.635	2.708	—
P 值	0.014	0.013	0.010	0.008	0.006	0.006	0.008	0.007	—

　　表 8.1 的结果显示，所有年份的生产总值指标的 Moran's I 值均显著为正，且数值较大，并有不断增长趋势。这表明我国经济在省域间并非表现出完全随机的状态，而是存在显著的空间正相关性，表现出具有相似值的省域在空间上集聚的空间联系结构，并有不断加强趋势。为更直观地展示我国省域间经济的空间相关性，特制作本书选取的 31 个省级行政区生产总值的 2003 年和 2019 年的 Moran's I 散点图（见图 8.1）。同时，将这两年我国省份生产总值的 LISA 集聚结果整理成表格，如表 8.2 所示。

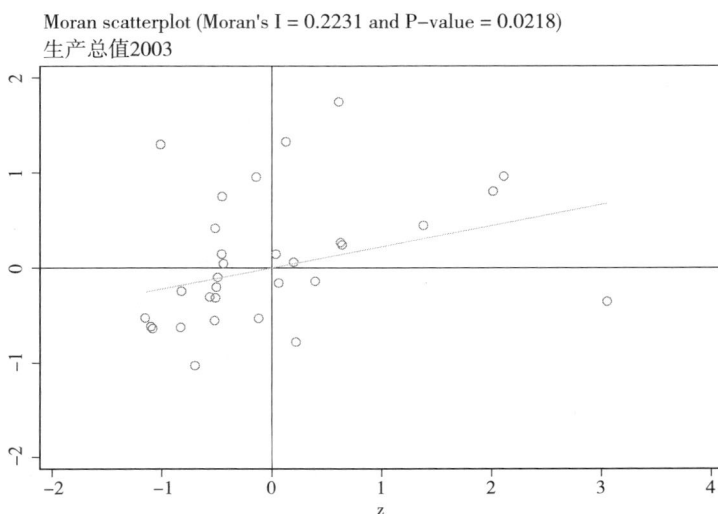

Moran scatterplot (Moran's I = 0.2231 and P-value = 0.0218)
生产总值2003

（a）

Moran scatterplot (Moran's I = 0.2729 and P–value = 0.0068)
生产总值2019

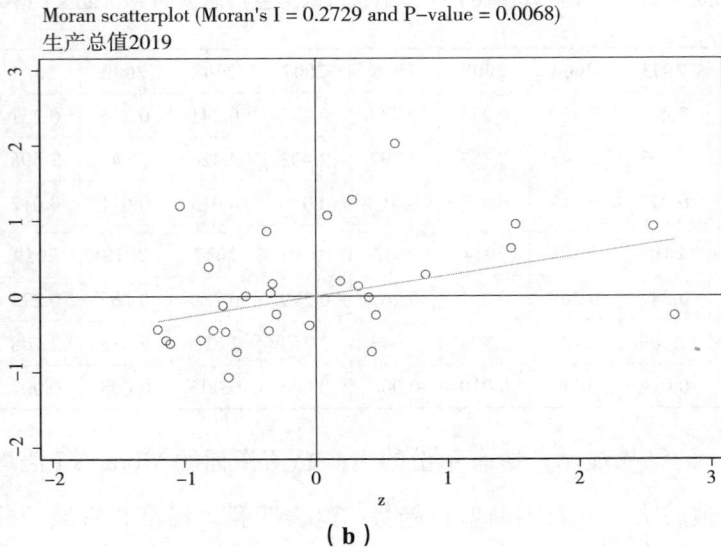

（ b ）

图 8.1　2003 年（a）和 2019 年（b）我国生产总值 Moran's I 散点

表 8.2　2003 年和 2019 年我国省份生产总值的 LISA 集聚结果

年份	H–H（1）	H–L（4）	L–H（2）	L–L（3）
2003	北京、河北、山东、上海、江苏、浙江、福建、湖南、河南、	广东、辽宁、湖北、四川	山西、江西、广西、海南、天津、安徽	其他12 个省份
2019	河北、山东、上海、江苏、浙江、福建、湖南、河南、安徽	广东、北京、湖北、四川	山西、江西、广西、海南、天津、重庆	其他12 个省份

　　通过表 8.2 可以看出，2003 年和 2019 年均有 9 个省份分布在第一象限（H–H）区域，这表明这些省份具有较高的经济集聚（高值集聚）。两个年份均包括河北、山东、上海、江苏、浙江、福建、湖南、河南，在 2003 年还包括北京，在 2019 年还包括安徽，意味着北京被安徽取代。两个年份均有 12 个省份分布在第三象限（L–L）区域，这表明这些省份经济集聚较低（低值集聚），省域间的生产总值呈现正向空间相关关系。另外，从图 8.2 和表 8.2 中可以观察到，处于第一梯队的生产总值的省份绝大部分集中在我国的东部。

8.3.3　空间权重矩阵的构建

通过前面的分析发现，我国省域间的经济存在明显的正向空间自相关性，在对经济增长影响因素进行回归分析时，应该采用空间计量分析方法。而空间权重矩阵的设定对空间计量分析会产生较大的影响。我们综合考虑了我国各省份经济在距离与经济发展程度上的相互影响存在较大差异，同样采用能够同时表征不同空间单元地理特征和经济特征的距离经济空间权重矩阵来表示，以更全面地刻画我国省域间经济的空间影响，具体可参照第 5 章中5.3.2 节的空间权重矩阵构建方法。

8.3.4　空间面板模型选择与估计

经过分析发现，我国省份间的生产总值存在明显的空间正相关性，模型设定时应考虑空间因素的影响，以避免引起实证分析结果的偏误，故应采用空间面板数据模型。为了探索高端服务业集聚是否对经济增长存在空间溢出效应，我们将解释变量的空间滞后项纳入模型中，并建立了空间杜宾面板数据模型进行实证分析。因此，在分析高端服务业及其分产业集聚、知识溢出对经济增长的影响效应时，同时建立了空间面板自回归模型（SAR）、空间面板误差模型（SEM）和空间面板杜宾模型（SDM）进行稳健性对比实证研究。由于本书的实证分析样本局限于本书选取的 31 个省级行政区，故选用空间固定效应模型。具体模型设定为：

空间自回归面板模型：

$$
\begin{aligned}
\log GDP_{it} = &\ \alpha_0 + \rho W \log GDP_{it} + \alpha_1 \log QWS_{it} \\
&+ \alpha_2 \log L_{it} + \alpha_3 \log M_{it} + \alpha_4 \log Z_{it} + \alpha_5 \log YM_{it} + \varepsilon
\end{aligned}
\tag{8.20}
$$

空间误差面板模型：

$$\log GDP_{it} = \alpha_0 + \alpha_1 \log QWS_{it} + \alpha_2 \log L_{it} + \alpha_3 \log M_{it}$$
$$+ \alpha_4 \log Z_{it} + \alpha_5 \log YM_{it} + \lambda W\varepsilon + \varepsilon \qquad (8.21)$$

空间杜宾面板模型：

$$\log GDP_{it} = \alpha_0 + \alpha_1 \log QWS_{it} + \alpha_2 \log L_{it} + \alpha_3 \log M_{it}$$
$$+ \alpha_4 \log Z_{it} + \alpha_5 \log YM_{it} + \lambda W\varepsilon + \varepsilon \qquad (8.22)$$

其中，$i=1$，2，$\cdots$，N 个省域，N=31；时间 $t=1$，2，$\cdots$，T，T=11；GDP 为因变量，$\log GDP$ 代表经济增长指标；QWS 代表高端服务业的集聚指标；L 代表各省份的劳动力指标，用有效劳动力表示；M 代表各省份的物质资本存量；Z 代表各省份的智力支持指标；YM 代表外资依存度。W 采用 5.3.2 节构建的空间权重矩阵。参数 α_1–α_5 分别反映各解释变量对因变量的影响；ρ 表示地区因变量生产总值的空间依赖关系，揭示空间自相关的影响方向和程度；λ 是空间误差自相关系数，用来测度邻近地区关于经济增长的误差冲击对本地区经济增长的影响程度。

8.4　实证结果与分析

8.4.1　高端服务业及其分行业集聚对经济增长的影响

我国 31 个省级行政区高端服务业整体及其分行业的区位熵指数采用第 4 章的表 4.1—表 4.10 数据。再根据模型（8.20）（8.21）（8.22）选择变量分别构建三种空间面板数据模型分析高端服务业及其分产业集聚对经济增长的影响。在空间经济距离权重下对空间计量模型进行空间相关性检验，结果如表 8.3 所示。

表 8.3　空间经济距离权重下的 Moran 检验和 LM 检验

行业分布	Moran'I 值	LMsar	LMerr	稳健 LMsar	稳健 LMerr
高端服务业	0.071	29.36	20.90	23.49	15.03
信息服务业	0.070	27.17	20.23	21.62	14.68
金融服务业	0.081	34.66	26.68	27.66	19.68
商务服务业	0.071	27.61	20.67	21.90	14.97
研发服务业	0.072	21.52	20.90	23.53	15.50

注：表中的所有指数值均通过了 1% 的显著性检验。

各产业 OLS 回归残差的 LMsar、LMerr、稳健的 LMsar 和稳健的 LMerr 值全部通过了 1% 水平的显著性检验。这表明空间滞后和空间误差模型都是适用的。同时，高端服务业及其分产业模型在 LMsar 和稳健的 LMsar 值上均大于 LMerr 和稳健的 LMerr 值，这表明空间滞后模型相对优于空间误差模型。各产业残差的 Moran's I 值均较小，且 P 值为 0，这表明各产业模型均存在显著的空间正相关性，采用 OLS 方法回归会使结果有偏或无效。因此，为了提高回归结果准确性，需选用能够将各省份经济活动空间相关性考虑在内的空间面板 SAR、SEM 和 SDM 模型进行估计。

进一步经豪斯曼检验，空间面板计量模型均选用固定效应，使用 Matlab R2016a 软件完成估计。同时，为便于表达，将高端服务业及其分产业集聚、空间溢出对经济增长的影响模型简称为：高端模型、信息模型、金融模型、商务模型、研发模型。每种产业模型分别进行空间自回归、空间误差和空间杜宾面板模型分析，三种空间面板数据模型估计结果又分为无固定效应、空间固定时间、时间固定效应和时间空间双固定效应，结果如表 8.4—表 8.13 所示。

通过 Matlab R2016a 软件实证发现，高端服务业整体及其分行业集聚对经济增长的影响非常相近，特别是在各对应模型参数对经济增长影响的方向上表现出高度一致性，仅在其数值大小上有些差异，故下文先列出高端服务业整体及其分行业对经济增长影响的参数估计结果和空间效应结果，再统一对其进行分析。

8.4.1.1 高端服务业整体集聚对经济增长的影响

表 8.4　高端服务业集聚对经济增长影响参数估计结果

高端模型	解释变量	无固定	空间固定	时间固定	时空固定
空间自回归面板模型	intercept	2.134***	—	—	—
	QWS	0.034***	0.036***	0.027***	0.029***
	lnL	0.854***	0.852***	0.859***	0.861***
	lnM	0.088***	0.092***	0.083***	0.085***
	lnZ	1.024***	0.950***	1.072***	1.054***
	YM	0.458***	0.454***	0.339***	0.346***
	W*dep.var.	0.088***	0.101***	−0.004	0.068
	R^2 值	0.9661	0.9685	0.9701	0.9719
	方差	0.0329	0.0325	0.03	0.0299
	对数似然值	151.94	170.10	184.34	201.28
空间误差面板模型	QWS	0.049***	0.032***	0.026***	0.027***
	lnL	0.841***	0.863***	0.859***	0.859***
	lnM	0.098***	0.083***	0.085***	0.088***
	lnZ	0.392***	1.050***	1.089***	1.069***
	YM	0.405***	0.390***	0.342***	0.346***
	spat.aut.	0.698***	0.616***	−0.359**	−0.129
	R^2 值	0.9551	0.9633	0.9701	0.9719
	方差	0.0334	0.0319	0.0296	0.0297
	对数似然值	137.56	168.13	186.79	204.04
空间杜宾面板模型	intercept	−1.199***	—	—	—
	QWS	0.031***	0.032***	0.030***	0.032***

（续表）

高端模型	解释变量	无固定	空间固定	时间固定	时空固定
空间杜宾面板模型	lnL	0.861***	0.859***	0.856***	0.858***
	lnM	0.083***	0.086***	0.087***	0.088***
	lnZ	1.033***	0.992***	1.016***	0.973***
	YM	0.356***	0.360***	0.370***	0.372***
	w*QWS	0.014	0.015	0.005	−0.010
	w*lnL	−0.202**	−0.191**	0.175**	0.229**
	w*lnM	0.016	0.007	0.211**	0.164**
	w*lnZ	−0.402*	−0.221	−0.249	0.907
	w*YM	0.098	0.087	0.337	0.258
	W*dep.var.	0.239**	0.227**	−0.364***	−0.362***
	R^2 值	0.9687	0.9705	0.971	0.973
	方差	0.0304	0.0305	0.0291	0.0288
	对数似然值	171.70	186.98	144.45	186.41

注：***、** 和 * 分别表示通过 1%、5% 和 10% 的显著性检验。

表 8.5　高端服务业集聚对经济增长影响的参数空间效应估计结果

高端模型	变量	空间自回归面板模型			空间杜宾面板模型		
		直接效应	间接效应	总效应	直接效应	间接效应	总效应
无固定效应	QWS	0.034***	0.003***	0.037***	0.032***	0.028	0.059*
	lnL	0.854***	0.082***	0.936***	0.861***	0.006	0.867***
	lnM	0.088***	0.008***	0.096***	0.084***	0.044*	0.128***
	lnZ	1.027***	0.098***	1.125***	1.028***	−0.166	0.862**
	YM	0.458***	0.044***	0.501***	0.359***	0.235**	0.594***
空间固定效应	QWS	0.036***	0.004***	0.040***	0.033***	0.028	0.061*
	lnL	0.852***	0.096***	0.948***	0.859***	0.006	0.866***
	lnM	0.091***	0.010***	0.101***	0.087***	0.032	0.119***
	lnZ	0.954***	0.106***	1.060***	0.997***	0.022	1.019**
	YM	0.455***	0.051***	0.506***	0.364***	0.213**	0.576***

（续表）

高端模型	变量	空间自回归面板模型			空间杜宾面板模型		
		直接效应	间接效应	总效应	直接效应	间接效应	总效应
时间固定效应	QWS	0.028***	0	0.028***	0.030***	−0.004	0.026
	lnL	0.859***	−0.003	0.856***	0.858***	−0.101*	0.758***
	lnM	0.083***	0	0.083***	0.083***	0.136**	0.219***
	lnZ	1.074***	−0.003	1.071***	1.028***	−0.478	0.550*
	YM	0.338***	−0.001	0.337***	0.365***	0.145	0.511**
时空固定效应	QWS	0.029***	0.002	0.032***	0.032***	−0.015	0.017
	lnL	0.861***	0.065	0.926***	0.861***	−0.061	0.799***
	lnM	0.085***	0.006	0.091***	0.085***	0.099*	0.184***
	lnZ	1.047***	0.079	1.126***	0.964***	0.43	1.394**
	YM	0.347***	0.026	0.373***	0.372***	0.087	0.459**

注：***、** 和 * 分别表示通过 1%、5% 和 10% 的显著性检验。

8.4.1.2　信息服务业集聚对经济增长的影响

表 8.6　信息服务业集聚对经济增长影响参数估计结果

信息模型	解释变量	无固定	空间固定	时间固定	时空固定
空间自回归面板模型	intercept	−2.212	—	—	—
	QWS	0.022***	0.023***	0.016***	0.017***
	lnL	0.850***	0.848***	0.854***	0.856***
	lnM	0.086***	0.089***	0.083***	0.085***
	lnZ	1.094***	1.029***	1.153***	1.141***
	YM	0.479***	0.477***	0.353***	0.360***
	W*dep.var.	0.085***	0.097***	−0.004	0.062
	R² 值	0.9659	0.9682	0.9698	0.9716
	方差	0.0331	0.0328	0.0303	0.0302
	对数似然值	150.18	167.77	182.16	198.80
空间误差面板模型	QWS	0.031***	0.020***	0.015***	0.015***
	lnL	0.830***	0.859***	0.855***	0.854***
	lnM	0.100***	0.083***	0.084***	0.087***

（续表）

信息模型	解释变量	无固定	空间固定	时间固定	时空固定
空间误差面板模型	lnZ	0.424***	1.128***	1.168***	1.152***
	YM	0.438***	0.409***	0.355***	0.359***
	spat.aut.	0.688***	0.606***	−0.350**	−0.108
	R^2 值	0.9547	0.9634	0.9698	0.9716
	方差	0.0341	0.0321	0.0299	0.03
	对数似然值	132.47	166.47	184.46	201.41
空间杜宾面板模型	intercept	−1.313	—	—	—
	QWS	0.018***	0.019***	0.016***	0.017***
	lnL	0.856***	0.855***	0.850***	0.853***
	lnM	0.082***	0.086***	0.085***	0.086***
	lnZ	1.110***	1.079***	1.115***	1.081***
	YM	0.374***	0.378***	0.380***	0.383***
	w*QWS	0.002	0.003	−0.022	−0.031
	w*lnL	−0.212**	−0.199**	0.131	0.200*
	w*lnM	0.008	0.001	0.201***	0.153**
	w*lnZ	−0.377*	−0.233	−0.146	1.012
	w*YM	0.123	0.114	0.286	0.202
	W*dep.var.	0.250***	0.237**	−0.329***	−0.340***
	R^2 值	0.9684	0.9702	0.9707	0.9727
	方差	0.0307	0.0308	0.0294	0.0291
	对数似然值	169.23	184.16	150.71	186.43

注：***、** 和 * 分别表示通过 1%、5% 和 10% 的显著性检验。

表 8.7　信息服务业集聚对经济增长影响的参数空间效应估计结果

信息模型	变量	空间自回归面板模型			空间杜宾面板模型		
		直接效应	间接效应	总效应	直接效应	间接效应	总效应
无固定效应	QWS	0.022***	0.002***	0.024***	0.018***	0.007	0.025
	lnL	0.851***	0.078***	0.929***	0.857***	0.001	0.858***
	lnM	0.086***	0.008***	0.094***	0.083***	0.036	0.119***
	lnZ	1.096***	0.101***	1.197***	1.108***	−0.115	0.993***

（续表）

信息模型	变量	空间自回归面板模型			空间杜宾面板模型		
		直接效应	间接效应	总效应	直接效应	间接效应	总效应
无固定效应	YM	0.480***	0.044***	0.524***	0.378***	0.292***	0.670***
空间固定效应	QWS	0.023***	0.002***	0.025***	0.019***	0.010	0.029
	lnL	0.848***	0.090	0.937***	0.855***	0.005	0.859***
	lnM	0.090***	0.010***	0.099***	0.086***	0.028	0.114***
	lnZ	1.026***	0.108	1.134***	1.075***	0.017	1.092**
	YM	0.478***	0.051***	0.529***	0.383***	0.264**	0.646**
时间固定效应	QWS	0.016***	−0.000	0.016***	0.017***	−0.022	−0.006
	lnL	0.855***	−0.003	0.852***	0.852***	−0.114*	0.738***
	lnM	0.082***	−0.000	0.082***	0.082***	0.132**	0.215***
	lnZ	1.151***	−0.004	1.146***	1.117***	−0.379	0.738**
	YM	0.352***	−0.001	0.351***	0.381***	0.128	0.509**
时空固定效应	QWS	0.017***	0.001	0.018***	0.018***	−0.029	−0.011
	lnL	0.856***	0.056	0.912***	0.854***	−0.067	0.787***
	lnM	0.085***	0.006	0.091***	0.084***	0.094*	0.177***
	lnZ	1.141***	0.075	1.216***	1.072***	0.522	1.594***
	YM	0.361***	0.024	0.385***	0.381***	0.041	0.423*

注：***、**和*分别表示通过1%、5%和10%的显著性检验。

8.4.1.3　金融服务业集聚对经济增长的影响

表 8.8　金融服务业集聚对经济增长影响参数估计结果

金融模型	解释变量	无固定	空间固定	时间固定	时空固定
空间自回归面板模型	intercept	−1.758***	—	—	—
	QWS	0.127***	0.132***	0.132***	0.139***
	lnL	0.868***	0.867***	0.885***	0.889***
	lnM	0.093***	0.096***	0.081***	0.084***
	lnZ	0.733***	0.652***	0.652***	0.622***
	YM	0.396***	0.389***	0.289***	0.293***

（续表）

金融模型	解释变量	无固定	空间固定	时间固定	时空固定
空间自回归面板模型	W*dep.var.	0.092***	0.106***	0.005	0.104***
	R² 值	0.9687	0.971	0.9729	0.9747
	方差	0.0304	0.0299	0.0272	0.0269
	对数似然值	172.89	192.35	210.52	228.51
空间误差面板模型	QWS	0.160***	0.135***	0.129***	0.132***
	lnL	0.877***	0.885***	0.885***	0.885***
	lnM	0.089***	0.084***	0.084***	0.087***
	lnZ	0.264***	0.645***	0.679***	0.658***
	YM	0.318***	0.321***	0.292***	0.294***
	spat.aut.	0.727***	0.683***	-0.351**	-0.111
	R² 值	0.9589	0.9645	0.9729	0.9746
	方差	0.0292	0.0288	0.0268	0.0268
	对数似然值	171.69	192.84	212.56	230.57
空间杜宾面板模型	intercept	-0.698**	—	—	—
	QWS	0.135***	0.141***	0.147***	0.153***
	lnL	0.885***	0.884***	0.885***	0.889***
	lnM	0.080***	0.085***	0.086***	0.088***
	lnZ	0.652***	0.565***	0.561***	0.504***
	YM	0.303***	0.307***	0.320***	0.319***
	w*QWS	0.001	-0.012	0.145*	0.071
	w*lnL	-0.274***	-0.229***	0.212**	0.276***
	w*lnM	0.032	0.016	0.253***	0.195***
	w*lnZ	-0.351	0.124	-0.617	0.932
	w*YM	0.068	0.082	0.326	0.274
	W*dep.var.	0.286***	0.233**	-0.377***	-0.384***
	R² 值	0.9717	0.9734	0.9741	0.9761
	方差	0.0275	0.0274	0.026	0.0255
	对数似然值	197.98	214.58	164.15	213.40

注：***、** 和 * 分别表示通过 1%、5% 和 10% 的显著性检验。

表 8.9　金融服务业集聚对经济增长影响的参数空间效应估计结果

金融模型	变量	空间自回归面板模型			空间杜宾面板模型		
		直接效应	间接效应	总效应	直接效应	间接效应	总效应
无固定效应	QWS	0.127***	0.013***	0.140***	0.135***	0.054	0.189***
	lnL	0.868***	0.088***	0.957***	0.885***	−0.028	0.857***
	lnM	0.093***	0.009***	0.103***	0.081***	0.076***	0.156***
	lnZ	0.731***	0.074***	0.804***	0.657***	−0.219	0.439
	YM	0.396***	0.040***	0.436***	0.305***	0.217**	0.522***
空间固定效应	QWS	0.133***	0.016***	0.148***	0.141***	0.025	0.166***
	lnL	0.867***	0.102***	0.969***	0.884***	−0.031	0.853***
	lnM	0.097***	0.011***	0.108***	0.085***	0.046	0.131***
	lnZ	0.652***	0.076***	0.728***	0.572***	0.343	0.914**
	YM	0.389***	0.046***	0.435***	0.309***	0.198**	0.507***
时间固定效应	QWS	0.132***	0.001	0.134***	0.145***	0.065	0.210***
	lnL	0.886***	0.009	0.895***	0.887***	−0.090	0.797***
	lnM	0.081***	0.0008	0.082***	0.083***	0.165***	0.248***
	lnZ	0.655***	0.006	0.662***	0.576***	−0.622**	−0.046
	YM	0.289***	0.003	0.292***	0.317***	0.142	0.460**
时空固定效应	QWS	0.139***	0.016**	0.155***	0.153***	0.009	0.162**
	lnL	0.890***	0.104**	0.994***	0.890***	−0.048	0.842***
	lnM	0.084***	0.010**	0.094***	0.085***	0.120**	0.205***
	lnZ	0.629***	0.073**	0.702***	0.491***	0.544	1.034*
	YM	0.292***	0.034**	0.326***	0.317***	0.112	0.429**

注：***、**和*分别表示通过 1%、5% 和 10% 的显著性检验。

8.4.1.4　商务服务业集聚对经济增长的影响

表 8.10　商务服务业集聚对经济增长影响参数估计结果

商务模型	解释变量	无固定	空间固定	时间固定	时空固定
空间自回归面板模型	intercept	−2.285***	—	—	—
	QWS	0.017***	0.018***	0.012***	0.013***

（续表）

商务模型	解释变量	无固定	空间固定	时间固定	时空固定
空间自回归 面板模型	lnL	0.850***	0.848***	0.853***	0.855***
	lnM	0.086***	0.089***	0.083***	0.085***
	lnZ	1.129***	1.058***	1.187***	1.173***
	YM	0.462***	0.458***	0.334***	0.340***
	W*dep.var.	0.086***	0.099***	−0.008	0.053
	R^2 值	0.9654	0.9677	0.9695	0.9714
	方差	0.0336	0.0333	0.0306	0.0305
	对数似然值	146.18	163.85	179.60	196.32
空间误差 面板模型	QWS	0.026***	0.015***	0.011***	0.012***
	lnL	0.828***	0.858***	0.854***	0.854***
	lnM	0.102***	0.083***	0.085***	0.087***
	lnZ	0.429***	1.177***	1.196***	1.174***
	YM	0.407***	0.390***	0.338***	0.342***
	spat.aut.	0.690***	0.602***	−0.389***	−0.154
	R^2 值	0.9535	0.9628	0.9695	0.9714
	方差	0.0348	0.0326	0.03	0.0301
	对数似然值	126.83	162.39	182.52	199.68
空间杜宾 面板模型	intercept	−1.353***	—	—	—
	QWS	0.014***	0.015***	0.013**	0.014***
	lnL	0.855***	0.854***	0.851***	0.853***
	lnM	0.084***	0.086***	0.087***	0.088***
	lnZ	1.151***	1.128***	1.147***	1.114***
	YM	0.352***	0.354***	0.363***	0.366***
	w*QWS	0.009	0.012	0.008	0.005
	w*lnL	−0.189**	−0.187**	0.243***	0.280***
	w*lnM	0.008	0.004	0.190***	0.153**
	w*lnZ	−0.415*	−0.351	−0.203	0.643
	w*YM	0.118	0.101	0.360	0.309
	W*dep.var.	0.233**	0.231**	−0.416***	−0.405***

（续表）

商务模型	解释变量	无固定	空间固定	时间固定	时空固定
空间杜宾面板模型	R^2值	0.968	0.9698	0.9704	0.9724
	方差	0.0311	0.0311	0.0297	0.0294
	对数似然值	166.12	181.19	127.68	175.84

注：***、**和*分别表示通过1%、5%和10%的显著性检验。

表8.11　商务服务业集聚对经济增长影响的参数空间效应估计结果

商务模型	变量	空间自回归面板模型			空间杜宾面板模型		
		直接效应	间接效应	总效应	直接效应	间接效应	总效应
无固定效应	QWS	0.017***	0.002***	0.019***	0.014***	0.017	0.031
	lnL	0.851***	0.080***	0.930***	0.855***	0.013	0.868***
	lnM	0.086***	0.008***	0.094***	0.084***	0.035	0.119***
	lnZ	1.128***	0.105***	1.233***	1.150***	−0.177	0.973***
	YM	0.462***	0.043***	0.505***	0.355***	0.257***	0.612***
空间固定效应	QWS	0.018***	0.002***	0.020***	0.015***	0.018	0.033
	lnL	0.849***	0.092***	0.941***	0.854***	0.014	0.868***
	lnM	0.089***	0.010***	0.098***	0.087***	0.032	0.119***
	lnZ	1.055***	0.114***	1.169***	1.125***	−0.134	0.991**
	YM	0.459***	0.050***	0.509***	0.359***	0.240**	0.599***
时间固定效应	QWS	0.012***	−0.00008	0.012***	0.013***	0.002	0.015
	lnL	0.854***	−0.006	0.847***	0.853***	−0.082	0.771***
	lnM	0.083***	−0.0006	0.082***	0.083***	0.113**	0.197***
	lnZ	1.181***	−0.009	1.173***	1.157***	−0.493*	0.664**
	YM	0.336***	−0.003	0.334***	0.360***	0.160	0.520***
时空固定效应	QWS	0.013***	0.0008	0.014***	0.014***	0.0002	0.015
	lnL	0.854***	0.051	0.905***	0.855***	−0.048	0.808***
	lnM	0.086***	0.005	0.091***	0.085***	0.088*	0.173***
	lnZ	1.165***	0.069	1.234***	1.114***	0.113	1.227**
	YM	0.342***	0.020	0.362***	0.365***	0.119	0.484**

注：***、**和*分别表示通过1%、5%和10%的显著性检验。

8.4.1.5　研发服务业集聚对经济增长的影响

表 8.12　研发服务业集聚对经济增长影响参数估计结果

研发模型	解释变量	无固定	空间固定	时间固定	时空固定
空间自回归面板模型	intercept	-2.249^{***}	—	—	—
	QWS	0.025^{***}	0.027^{***}	0.019^{***}	0.020^{***}
	lnL	0.854^{***}	0.852^{***}	0.858^{***}	0.859^{***}
	lnM	0.087^{***}	0.090^{***}	0.083^{***}	0.085^{***}
	lnZ	1.079^{***}	1.003^{***}	1.133^{***}	1.114^{***}
	YM	0.471^{***}	0.468^{***}	0.344^{***}	0.351^{***}
	W*dep.var.	0.089^{***}	0.102^{***}	-0.003	0.066
	R^2 值	0.9657	0.968	0.9697	0.9716
	方差	0.0333	0.033	0.0304	0.0302
	对数似然值	148.30	166.21	181.47	198.22
空间误差面板模型	QWS	0.037^{***}	0.022^{***}	0.018^{***}	0.018^{***}
	lnL	0.838^{***}	0.862^{***}	0.858^{***}	0.857^{***}
	lnM	0.099^{***}	0.083^{***}	0.085^{***}	0.088^{***}
	lnZ	0.399^{***}	1.113^{***}	1.150^{***}	1.130^{***}
	YM	0.419^{***}	0.399^{***}	0.346^{***}	0.351^{***}
	spat.aut.	0.710^{***}	0.613^{***}	-0.365^{***}	-0.121
	R^2 值	0.9534	0.9627	0.9697	0.9716
	方差	0.0341	0.0323	0.0299	0.03
	对数似然值	131.53	164.57	183.99	201.05
空间杜宾面板模型	intercept	-1.322^{***}	—	—	—
	QWS	0.022^{***}	0.023^{***}	0.020^{***}	0.022^{***}
	lnL	0.860^{***}	0.858^{***}	0.855^{***}	0.857^{***}
	lnM	0.083^{***}	0.086^{***}	0.086^{***}	0.088^{***}
	lnZ	1.093^{***}	1.053^{***}	1.084^{***}	1.037^{***}
	YM	0.364^{***}	0.368^{***}	0.374^{***}	0.377^{***}
	w*QWS	0.006	0.006	-0.004	-0.015
	w*lnL	-0.196^{**}	-0.196^{**}	0.178^{**}	0.235^{**}

（续表）

研发模型	解释变量	无固定	空间固定	时间固定	时空固定
空间杜宾面板模型	w*lnM	0.013	0.004	0.203***	0.158**
	w*lnZ	−0.395*	−0.238	−0.210	0.945
	w*YM	0.132	0.113	0.330	0.244
	W*dep.var.	0.235**	0.237**	−0.364***	−0.367***
	R^2值	0.968	0.970	0.971	0.973
	方差	0.031	0.031	0.030	0.029
	对数似然值	168.256	183.315	141.819	182.655

注：***、** 和 * 分别表示通过 1%、5% 和 10% 的显著性检验。

表 8.13　研发服务业集聚对经济增长影响的参数空间效应估计结果

研发模型	变量	空间自回归面板模型			空间杜宾面板模型		
		直接效应	间接效应	总效应	直接效应	间接效应	总效应
无固定效应	QWS	0.025***	0.002***	0.028***	0.022***	0.015	0.037
	lnL	0.855***	0.084***	0.939***	0.860***	0.007	0.867***
	lnM	0.087***	0.009***	0.096***	0.083***	0.043	0.126***
	lnZ	1.072***	0.105***	1.177***	1.091***	−0.168	0.923***
	YM	0.472***	0.046***	0.518***	0.368***	0.280***	0.648***
空间固定效应	QWS	0.027***	0.003***	0.030***	0.023***	0.013	0.036
	lnL	0.852***	0.097***	0.949***	0.859***	0.008	0.867***
	lnM	0.090***	0.010***	0.100***	0.086***	0.031	0.118***
	lnZ	1.007***	0.113***	1.120***	1.055***	0.023	1.079**
	YM	0.466***	0.053***	0.519***	0.370***	0.265***	0.636***
时间固定效应	QWS	0.019***	−0.000007	0.019***	0.020***	−0.008	0.013
	lnL	0.857***	−0.0008	0.857***	0.856***	−0.098	0.758***
	lnM	0.083***	−0.0001	0.083***	0.084***	0.129**	0.213***
	lnZ	1.131***	−0.0008	1.130***	1.099***	−0.462	0.637**
	YM	0.344***	−0.0003	0.343***	0.371***	0.150	0.521***
时空固定效应	QWS	0.020***	0.002	0.022***	0.023***	−0.017	0.006
	lnL	0.860***	0.064	0.924***	0.859***	−0.059	0.800***

（续表）

研发模型	变量	空间自回归面板模型			空间杜宾面板模型		
		直接效应	间接效应	总效应	直接效应	间接效应	总效应
时空固定效应	lnM	0.085***	0.006	0.091***	0.085***	0.096*	0.181***
	lnZ	1.117***	0.083	1.200***	1.021***	0.422	1.443***
	YM	0.351***	0.026	0.377***	0.372***	0.067	0.439**

注：***、** 和 * 分别表示通过 1%、5% 和 10% 的显著性检验。

8.4.2　模型结果分析

表 8.4—表 8.13 的结果显示，高端服务业及其分产业的 SAR、SEM 和 SDM 三种模型参数估计结果显示，无固定效应模型估计的 R^2 值和极大似然值均最小，并且忽略了空间和时间效应的影响，在此不予考虑。双固定效应估计的 R^2 值和对数似然函数值均最大，方差几乎在所有模型中都最小。同时，该模型考虑了空间和时序变化的影响。因此，空间和时间双固定模型是最佳的模型。另外，高端服务业及其分产业中三种模型的所有地区固定和时间固定效应估计的对数似然函数值、方差和 R^2 与双固定模型非常接近，所有解释变量估计值跟双固定效应的估计结果非常相近并且均很显著。因此，结合前面的 LM 检验，空间杜宾模型优于空间自回归模型和空间误差模型。因此，下文主要根据空间杜宾模型的时空双固定模型为主，空间固定和时间固定模型辅助进行分析。表 8.4—表 8.13 的估计结果体现出以下四个特征。

第一，在所有产业的空间自回归面板模型估计中，代表空间相关性的空间自回归系数 W*dep.var 在空间固定效应估计中均为正且显著，在时间固定效应估计中均为负但不显著，在双固定效应估计中均为正但不显著；在所有产业空间误差面板模型估计中，代表空间自相关系数的 spat.aut 在空间固定效应估计中均为正且显著，在时间固定效应估计中均为负且显著，在双固定效应估计中均为负但不显著；在所有产业空间杜宾面板模型估计中，W*dep.var 在空间固定效应估计中均为正且显著，在时间固定效应估计中均为负且显著，在双固定效应估计中均为负且显著。该结果表明中国各省份的经济增长在空间层面具有显著的正向空间相关效应，在时间层面则表现出一定的负向空间相关性，甚至在总效应中对经济增长的影响也表现出负向显著影响。

第二，在所有产业的 SAR、SEM 和 SDM 三种模型参数估计结果中，所有模型解释变量的参数估计结果均为正且都通过了 1% 水平的显著性检验。这表明各省份高端服务业及其分产业的空间集聚、有效劳动力、物质资本存量、人力资本水平、对外开放度均对经济增长产生显著的正向影响。根据空间杜宾面板模型双固定效应估计结果，不同产业集聚水平对经济增长影响程度来看，金融服务业集聚对经济增长的影响最大，其次是高端、研发、信息和商务服务业集聚；有效劳动力（lnL）、物质资本存量（lnM）和对外开放度（YM）对经济增长影响程度均为正且显著，从其数值和符号来看，所有产业各自变量对经济增长的回归系数值差别非常小，甚至相等，表明这几个变量在高端服务业及其分产业模型中对经济增长的影响程度几乎相同；这也一定程度上说明了模型的稳健性。智力支持变量（lnZ）人力资本水平对经济增长影响程度来看，在高端、信息、商务和研发模型中对经济增长的正向影响较大，系数估计值差别也较小，但在信息服务业模型估计中数值明显较小，表明在信息模型中智力支持对经济增长的正向影响较小。然而，SDM 模型的回归系数由于空间效应的影响并不能够直接反映自变量对因变量的影响程度，因此需要进一步计算 SDM 模型中各解释变量的直接、间接和总效应三种空间效应进行分析，才能具体表征自变量对因变量的影响程度，其空间效应的估计结果见前面的表格。

第三，主要变量即高端服务业及其分产业聚集度变量方面，其直接效应均表现出对经济增长的显著促进作用，但其间接效应却不明显，有些产业如高端、信息和研发模型中数值为负但不显著，而其总效应除了信息模型中为负但不显著外，其他产业模型为正，但只有金融模型中表现显著。说明虽然中国的高端服务业及其分产业集聚水平较低，但现有集聚水平下仍然对各自省份经济增长表现出一定的促进作用，反映出中国高端服务业及其分产业集聚的经济增长效应在本地区得到了有效发挥，但对周边省份则产生了负向的抑制作用。

第四，在其他控制变量方面，各产业模型中有效劳动力变量（lnL）的直接效应和总效应估计结果均为正且显著，而间接效应均为负且在信息和商务模型中表现显著。这表明增加有效劳动力投入能够促进本省份的经济增长，但对周边省份经济增长产生负的外部影响，且对信息和商务服务业的负向影响尤为明显。产生该现象的原因可能源于中国目前的劳动力供给结构问题导致的。蔡昉（2014）就指出中国劳动力在 2004—2010 年就由原有的劳动力过剩转变为劳动力短缺，即出现了"刘易斯拐点"（Lewis turning point），中国的劳动力红利正在消失。而这种有效劳动力短缺势必造成省域之间人才的争夺，从而影响周边省份相关产业的发展，进而对周边省份的经济增长产生负面影响。物质资本存量（lnM）在所有产业模型的直接、间接和总效应中均为正且显著，表明物质资本存量不但促进了本地区的经济增长，也对周边地区的经济增长产生了正向影响。智力支持变量（lnZC）和对外开放度变量（YM）在所有产业模型的直接和总效应中均为正且显著，但其间接效应均为正但不显著（只有对外开放度变量在信息模型中显著为正）。这表明智力支持和对外开放度虽然促进了本地区的经济增长，但对周边地区的经济增长正向影响不显著。

8.5　研究结论与政策含义

本章利用新经济地理学理论，构建高端服务业集聚、空间知识溢出对经济增长影响的理论模型。在此基础上，通过探索性分析构建多种空间面板计量模型，量化分析了 2003—2019 年本书选取的 31 个省级行政区高端服务业及其分产业集聚、有效劳动力、物质资本存量、对外开放度对经济增长的影响程度和方向。研究表明，中国省域间的经济增长具有显著的空间正相关性，表现出具有相似值的省域在空间上集聚的空间联系结构，并有不断加强趋势。高端服务业集聚度的提升能够显著促进本省份的经济增长，不同产业集聚水平对经济增长影响程度来看，金融服务业集聚对经济增长的影响最大；其次是高端、研发、信息和商务服务业集聚，但会对周边省份产生一定的抑制作用。有效劳动力、物质资本存量、对外开放度和智力支持变量对经济增长的直接效应和总效应均显示出明显的促进作用，但在间接效应上大多数变量表现出促进作用，但个别变量在有些产业中表现不明显或产生一定的抑制作用。

上述研究结论对促进中国各省市高端服务业竞争力提升的启示是：高端服务业的集聚能够促进知识溢出，进而极大地促进本省份的经济增长，同时辐射带动周边省份经济的增长。因此，在现阶段中国应该坚持高端服务业的集聚发展道路，努力提升产业集聚度。同时，在努力促进高端服务业集聚发展过程中，优化各地区的营商环境，促进高端服务业的知识溢出，促进周边地区的发展。

第9章　结论与政策建议

9.1　研究结论

本书利用新经济地理学理论，构建了高端服务业集聚形成机理与集聚效应的理论模型框架。利用产业集聚指标，对我国高端服务业集聚发展现状进行了详尽的衡量。采用空间计量经济学方法，利用我国省域数据对高端服务业集聚形成机理及其对制造业升级和自身升级进行了验证，得到了一些有意义的结论。

利用新经济地理学理论构建了高端服务业集聚形成机理的理论模型。模型分析表明，高端服务业空间分布的稳定状态与贸易自由度正相关，与高端知识溢出程度负相关。在多种影响因素中，地区的劳动力数量、地区制造业产品支出份额、区际贸易自由度、区域内的知识存量水平与高端服务业集聚呈正相关关系；而信息化水平与高端服务业集聚呈负相关关系。

高端服务业整体集聚水平不高，高端服务业及其分行业的集聚程度提升不显著，近年来很多省份甚至出现下降趋势。在绝大多数年份中，租赁和商务服务业的集聚程度最高；其次是信息传输、计算机服务与软件业，科学研究、技术服务与地质勘探业；而金融业的集聚程度最低。分东、中、西部来看，东部的集聚度最高，表现出以东部为核心、中西部为外围的分布结构。

在构建的高端服务业集聚形成机理模型基础上，提出高端服务业集聚理论假说，通过空间探索性分析构建空间面板杜宾误差模型，深入分析了本书选取的 31 个省级行政区 2003—2019 年的劳动力、支出水平、产品间替代弹性、经济开放度、知识存量、信息传递成本、政策因素和城市化率对高端服务业及其分行业集聚发展的作用机制。研究证实，我国省份层面高端服务业及其分产业的集聚发展具有明显空间正相关性，而且各个因素对高端服务业及其分产业的影响程度和方向存在一定的差异。因此，应该综合考虑高端服务业整体和分产业的实际情况制定相应的产业发展政策。

运用新经济地理模型，阐述了高端服务业空间分布、空间溢出与制造业升级关系的机制模型。具体阐明了高端服务业集聚促进制造业升级的机理机制。理论分析得到高端服务业集聚度的提高能够促进制造业升级，提升高端知识的溢出程度能够促进制造业升级。此外，还利用本书选取的样本数据除西藏外 30 个省级行政区的新产品销售收入率指标作为制造业升级的代理变量，通过探索性空间分析，运用多种空间面板计量模型进行验证，为我国促进高端服务业集聚发展提供理论支撑和经验证据。利用新经济地理学理论对高端服务业集聚促进制造业升级的机理机制进行分析，运用我国省级层面的数据进行了验证，得到以下四点结论。

第一，当高端知识不能在区域间充分溢出时，如果高端服务业主要聚集于某个区域（假设为东部），随着高端服务业集聚度的提高，整个经济体制造业升级的速度将不断提高，并且其升级的增速也会越来越快。相反，当高端服务业在各区域间对称分布时，整个经济体的制造业升级速度最小。在高端服务业空间分布一定情况下，提高区域间高端知识的溢出强度，整个经济体制造业升级的速度也将随着增加。

第二，中国制造业升级在省级层面上存在空间正相关，邻近省份空间依赖性较强。因此，应从国家层面进行统筹安排，制定针对各省制造业升级的产业政策，加强省域之间制造业企业的交流合作，充分发挥各省份的自身优势以促进制造业发展。同时，加强区域协调与促进区域一体化发展，使各省份能够充分借鉴和共享周边省份制造业发展的经验与成果，并积极向周边省份溢出，促进各个省份制造业升级速度的提升和区域间的均衡发展。

第三，实证结果表明，高端服务业集聚水平的提高能够促进制造业的升级，但当前中国高端服务业的集聚水平有待提高，在区域层面尚难以对制造业升级产生明显的促进作用，甚至减缓了制造业升级的速度。但从时间层面上看，高端服务业集聚水平的提升对制造业升级起到了极大的加速作用。因此，应整合我国优质的高端资源，促进高端服务业集聚水平的提升，进而促进制造业的升级。

第四，FDI 和创新环境变量在省级层面上对制造业升级产生了一定的拖累效应。时间层面上则显现出明显的促进作用。政府干预程度变量在省级层面上显著促进了制造业升级，而在时间层面上却显现出一定的阻碍作用。

在分析提升高端服务业产业竞争力的必要性的基础上，利用新经济地理学理论构建了高端服务业集聚、研发要素流动影响高端服务业竞争力的理论模型。定义了高端服务业产业竞争力概念，然后通过探索性分析构建空间面板计量模型进行验证。所得主要结论有以下两点。

第一，中国各省份的高端服务业及其分产业竞争力之间存在显著的空间相关性。中国高端服务业的集聚度相对较低，但我国高端服务业或其分产业集聚度的提升，无论是在空间层面还是时间层面，均显著地促进了自身竞争力的显著提升。尤其在时间层面，提升效果更加显著，从而验证了高端服务业集聚能够促进我国高端服务业的升级。高端服务业集聚对高端服务业竞争力提升的直接效应和空间溢出效应均显著为正。这表明中国省份间高端服务业的发展不是随机独立的，还会受到其他省份高端服务业发展的影响，通过提升高端服务业集聚度能够进一步提升高端服务业竞争力。

第二，研发要素的区际流动对高端服务业竞争力提升的直接效应和空间溢出效应均显著为正，即研发要素在区际的流动不仅可以促进本地区高端服务业竞争力的提升，其所伴随的空间知识溢出效应还有助于提升其他地区的高端服务业竞争力。但 R&D 人员流动和 R&D 资本流动所带动的空间溢出效应在各产业中表现各异，甚至在某些情况下表现出抑制作用。

利用新经济地理学理论构建了高端服务业集聚、空间知识溢出对经济增长影响的理论模型。在此基础上，通过探索性分析构建多种空间面板计量模型，量化分析了 2003—2019 年本书选取的 31 个省级行政区高端服务业及其分产业集聚、有效劳动力、物质资本存量、对外开放度对经济增长的影响程度和方向。研究表明，中国省域间的经济增长呈现显著的空间正相关性，表现出具有相似值的省域在空间上集聚的空间联系结构，并有不断加强趋势。高端服务业集聚度的提升能够显著促进本省份的经济增长，从不同产业集聚水平对经济增长影响程度来看，金融服务业集聚对经济增长的影响最大；其次是高端、研发、信息和商务服务业集聚，都对周边省份产生一定的抑制作用。有效劳动力、物质资本存量、对外开放度和智力支持变量对经济增长的直接效应和总效应均显示出明显的促进作用。然而在间接效应上大多数表现为促进作用，但个别变量在有些产业中的促进作用表现不明显或者产生一定的抑制作用。

9.2 政策建议

当前，世界主要发达国家的产业结构已经从"工业型经济"向"服务型经济"成功转型。随着我国经济发展水平的提高，产业结构矛盾逐渐凸显，产业结构调整和优化升级已经成为我国当前亟须解决和发展的核心内容，而加快服务业发展，特别是加快具有知识密集型特征的高端服务业的发展已经成为我国各级政府的共识，是我国当前产业结构调整的重要方向之一。而高端服务业的集聚发展，已成为促进其发展的有效方式之一。世界经济服务化不断发展深化，服务业总量和规模不断扩大是其最直观的表现，而技术进步引起服务业内部结构的改变才是其深层次的原因。高端服务业就是由信息和网络技术、数字技术、现代管理技术等新兴技术的推动而产生的，它改变了传统服务业的价值链特征，使其由单纯的劳动密集型向技术密集型和知识密集型转变，价值创造能力大大提升。更重要的是，高端服务业凭借其在知识创新和知识传播上发挥的特殊功能可以向其他产业释放出较强的知识溢出效应，从而带动产业结构升级，尤其服务业和制造业的升级，通过这种产业关联效应提高地区和国家经济的竞争力。

我国服务业的发展与国外许多发达国家甚至是与同处发展中的国家相比稍显滞后，高端服务业的发展更为落后。从前文的实证分析中可以看出，高端服务业作为一种提供专业的知识服务和知识产品的知识密集型生产性服务业，我国高端服务业及其分产业集聚所产生的产业影响力和辐射力已经显著地促进了制造业升级和高端服务业自身竞争力的提升。然而，我国高端服务业与制造业间的联系尚存在产业联系广而不深入，辐射面积大但强度不够的特点，这不仅制约了我国制造业的结构升级和竞争力的提高，同时也制约了高端服务业自身的发展。目前，由于我国制造业整体上还处于产业链低端，高端服务业的发展不能完全采取依靠市场机制发挥作用，需要利用市场和政府两种手段共同推动高端服务业发展，加快高端服务业与制造业之间的产业融合，带动我国产业结构的不断升级和经济发展方式的转变，促进国民经济持续稳定的发展。

9.2.1 政策思路

长期以来，我国服务业历来被政府作为扩大就业的主要渠道，促进一些投资少、见效快的传统劳动密集型服务业发展成为政府对服务业政策最主要着力点。这不仅可以解决劳动力就业的问题，还能够在短时间内改变我国服务业的规模过小、结构单一的困境，增加服务业的供给。但在促进传统劳动密集型服务业发展的同时对与技术创新和科技进步相关的知识密集型服务业，尤其是高端服务业的发展却重视不够，是一种追求"量"的增长而忽视"质"的提升的服务业发展政策思路。这种政策思路的结果就是极大地促进了我国传统服务业的过度发展，在整体服务业中的比重过大。同时，使得具有较高知识含量的高端服务业发展严重滞后，竞争力较低，应有的较高的溢出效应无法充分发挥出来，对其他产业的带动力不强。因此，追求"量"的增长而忽视"质"的增长的服务业发展政策思路已经难以为继，我们必须努力优化服务业的结构，服务业发展的重心应该从追求"量"的增加转向追求"质"的提升，大力发展高端服务业。在第1章中我们已经对我国决策者和部门对服务业发展的一些会议（包括讲话）和文件进行梳理发现，自21世纪以来，政府部门已经清晰地认识到发展高端服务业的重要性，政策着力点已经向高端服务业倾斜，服务业发展的政策思路已经发生了从"量"向"质"的转变。发展高端服务业的重要性已经在我国政府部门间达成了共识，促进高端服务业的集聚发展已经成为我国政府产业政策调整的重要方向之一，这必将极大促进高端服务业的发展，使其发挥出应有的产业带动力，提升我国产业竞争力，促进我国经济走向集约式发展。

9.2.2 政策框架

高端服务业是现代服务业中具有较强外溢效应的产业集合体，能够带动服务业和制造业升级，增强对战略性资源的控制力，并提升整体经济竞争力和控制力。在投入方面，高端服务业具有知识密集和人力资本密集、高度依赖新技术和创新的特征；在生产方面，高端服务业具有高度创新性和高度互动性等特点；在需求方面，高端服务业的需求主要来自高端制造业和高端服务业自身，而且需求的国际化程度较高；在空间布局方面，高端服务业集聚发展的特征非常明显；在市场环境和制度环境方面，高端服务业对市场化、商业信用、知识产权保护、相关的法律法规等制度环境的要求更高。通过前文对高端服务业集聚对制造业升级和自身竞争力的提升作用可知，目前我国高端服务业集聚发展明显地促进制造业和其自身竞争力的提升。因此，我们应该坚定促进高端服务业发展的决心，坚持促进高端服务业集聚发展的方向，从供给、需求、市场环境和制度环境三个方面促进高端服务业成长。通过提高对高端服务业的供给，激发对高端服务业的需求，创造优良的市场环境和制度环境，发挥高端服务业强大的知识溢出能力带动制造业和服务业的升级，提高我国的产业综合竞争力。其政策框架如图 9.1 所示。

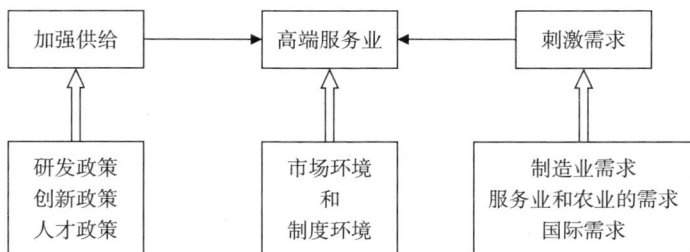

图 9.1 加快高端服务业发展的政策框架

9.2.3 政策建议

9.2.3.1 提高对高端服务业的供给，促进高端服务业的发展

高端服务业的重要特征是其具有高度的创新性，在区域和国家创新系统中扮演着关键的知识生产和知识传播的桥梁作用，并通过知识溢出效应带动

三次产业升级，从而提升地区经济和国家经济的竞争力。因此，高端服务业自身的创新能力与水平在很大程度上影响了其他创新主体的能力，进而决定了是否可以向其他行业释放出较强的知识溢出效应。我们首先应该从供给层面利用研发政策、创新政策、人才支持政策等促进和提升高端服务业的创新能力，使其真正成为地区和国家创新的主体，提升高端服务业的服务质量和服务水平，充分发挥其产业辐射力和带动力，不断提高我国的产业综合竞争力。

（1）通过研发政策引导和加强对高端服务业的技术供给

通过本书第 5 章和第 6 章的实证研究发现，以各省份高等学校专任教师数与省级行政区的平均高等专任教师数的比值来衡量我国地区的知识存量水平，在地区层面对高端服务业的产业集聚和制造业升级产生了一定的抑制作用。然而，从时间维度上看，这种知识存量水平却促进了高端服务业的集聚发展和制造业升级。这说明我国的技术研发资源虽然主要集中在高等院校和科研院所，但这些研发单位在高端服务业技术研发和制造业升级中的作用并没有得到应有的发挥。因此，应该通过研发政策引导和加强对高端服务业的技术供给，其具体途径如下。

首先，加强产学研合作，为高端服务业解决技术难题。高等院校和科研院所集中了我国主要的高端服务技术研发资源，而目前绝大多数的服务企业尚无法独立承担高端服务的技术研发活动。因此，高端服务企业需要借助高等院校和科研院所的技术研发优势，攻克相关技术难题。产学研合作正是为高端服务企业提供技术供给的有效途径。应当建立以政府、高端服务企业、高等院校和科研院所三方为主体，以科研项目为纽带的产学研联盟。在三方主体中，政府应发挥引导作用，通过设立引导高端服务技术研发和创新的专项资金，设立高端服务急需领域的相关课题，为参与研发和创新的高等院校、科研院所和企业提供资金支持。同时，应注重解决产学研联盟中的技术对接问题，解决好高端企业和高等院校或科研院所在研发与创新目的上的错位问题，并优先对具有市场需求的高端领域或技术给予资金支持与奖励。

其次，成立推动高端服务业科技发展的专项基金。除了鼓励高端服务企业与高等院校、科研院所的产学研联盟外，还应推动高端服务业科技发展的专项基金对高端服务企业的服务创新进行扶持和奖励，激发他们的创新积极性。同时，还应支持承接国外的高端服务企业的转移和实现高端服务企业的跨国并购战略。强化政府对高端服务业的财政投资力度，将高端服务业的科技发展专项资金列入财政预算，支持高端服务业在重点领域的重大建设项目，引导多渠道资金对高端服务业的科技投入，提高高端服务企业的自主研发能力。

（2）制定专门的高端服务业人才支持政策

高端服务业的高人力资本投入和创新性强的特点，使其更加依赖于人才的充裕程度和质量，特别是对于高素质、高层次人才的依赖性更强。因此，加快我国高端服务业发展，提高高端服务业的服务质量和服务效率，充分发挥其产业带动力和辐射力，应通过制定专门的高端服务业人才支持政策，解决高端服务业发展在人才方面的瓶颈约束。首先，完善甚至转变当前高等院校等机构的人才培养和培训机制，加强对现有高端服务业从业人员的教育、培训，挖掘和提升现有人才的整体素质。通过建立科学的考核、评价体系实施新的人才发展机制，实现人才培养从"学历型"向"能力型"和"创新型"的转变，为加快高端服务业发展提供充足的人力资本支持。其次，完善人才的开发利用环境，完善股权、期权激励机制等，引进海外高端服务业中的高级人才。最后，建立市场化的高端服务业人才流动机制，发挥人才市场的基础性作用，促进高端服务业在部门间和区域间的流动，发挥高端服务业的溢出效应，带动各次产业的发展。

（3）催生新的高端服务企业

首先，引导和促进新技术与传统产业的融合，催生新的产业形态。随着我国"互联网＋"的推进，传统劳动密集型产业与现代互联网技术的结合发展将越来越紧密，这势必促进传统劳动密集型产业产生进一步的分工和细化，催生出新的产业形态。例如，随着微信的发展，很多企业和个人通过微信公众号进行宣传和销售等，使很多原有的传统产业能够借助信息技术的发展而获得新的机遇。其次，促进制造业服务功能分离，促进高端服务业的发展。政府要制定相应的政策，引导制造业企业主动将一些服务业领域发展比较成熟和专业的非核心环节，如管理咨询、设计研发、商标专利等环节外包给服务企业，分离出制造业的服务功能加快高端服务业的发展。

9.2.3.2 激发高端服务业的需求，促进高端服务业的发展

需求因素不仅影响了高端服务业自身的发展，还决定了高端服务业能否发挥其强大的溢出效应，促进制造业和服务业的转型升级。因此，政府不仅要从供给层面鼓励和支持高端服务业发展，提高其创新水平，还要从需求层面激发加大制造业、服务业和农业（尤其制造业）对高端服务的需求。通过刺激高端服务业的需求，可以进一步加快高端服务业的发展，从而促进制造业的升级和产业竞争力的提升。

（1）刺激制造业对高端服务业的需求

前文分析发现，高端服务业及其分产业集聚均显著地促进了制造业升级，而且高端服务业在为制造业提供知识产品和服务等高端资源时具有显著的正向溢出效应。与此同时，制造业的升级势必也会增加对高端服务业产品的需求，从而带动高端服务业的发展。因此，我们要不断提升高端服务业服务质量和效率，积极利用各种手段引导制造业增加对高端服务业的需求。

（2）刺激服务业对高端服务业的需求

随着信息技术在服务领域的广泛应用，服务业的分工和专业化程度也在不断深化，服务业的转型升级需要更多的专业知识和创新研发能力的支撑，而高端服务业正好符合这些要求。因此，加强服务业与高端服务业的融合，

提升服务业对高端服务业的需求水平，通过高端服务业强大的溢出效应带动服务业的发展升级。通过前文研究发现，高端服务业集聚度的提高能够显著地提升自身的产业竞争力。因此，增强我国服务业对高端服务业的需求水平，首先应加速传统劳动密集型服务业与高端服务业的融合并促进其向高端服务业转变，即帮助那些发展较好、实力较强的企业通过服务、技术和产品的创新增加高端服务的业务，努力向技术密集和知识密集的方向发展；其次政府应对购买高端服务的服务企业在财政和税收等方面给予支持，引导更多的服务企业购买高端服务产品，通过扩大服务业内部对高端服务的需求来有效地带动服务业内部结构的升级。

（3）促进服务贸易结构转型，扩大高端服务业的国际需求

近年来，我国高端服务贸易取得了较快的发展，但和发达国家相比，我国高端服务贸易存在起步较晚、总量较小、在服务业服务贸易中所占比重较少，总体竞争力较低，高端服务贸易逆差在逐年扩大的特点。因此，我们应不断增加高端服务业国内需求，提高我国高端服务业服务质量、服务效率，进而不断提升其产业竞争力。有重点、分阶段地鼓励高端服务的出口，扩大其国际需求，进而优化我国服务贸易的结构。积极承接国际高端服务的转移，引进和学习国际先进的服务技术、行业标准、管理理念和管理模式，促进我国高端服务业的技术水平、创新能力的提高。鼓励有实力的国内高端服务企业开拓海外市场，采取如并购、联盟等方式促进国内高端服务业的发展。同时拓展国际市场，快速建立全球性的高端服务网络，增强高端服务企业为国际社会提供服务的能力，通过与国外市场的融合获取国外的市场知识和用户，增强我国高端服务业在国外市场的竞争力。

9.2.3.3 完善高端服务业发展的市场环境和制度环境，促进高端服务业的发展

高端服务业是一种经验品特征十分明显的信任密集型产业，对市场环境和制度环境极为敏感。我国经济正在进行转型发展，原有的计划经济体制仍然未被完全打破，市场对资源的配置尚未发挥基础性的作用。具体到高端服务业，很多高端服务企业国有成分占比过高，其他所有制成分占比较低，市场准入限制多，服务标准体系、统计制度都还不健全，支撑高端服务业发展的法律法规和知识产权保护制度等也尚未完全建立。因此，我国政府部门要针对高端服务业的特点出台相应的产业政策，不断完善市场环境和制度环境，为促进高端服务业发展营造一个优良的发展条件。

（1）提高市场化程度，为高端服务业发展提供公平竞争的市场环境

长期以来，我国高端服务业发展不仅严重滞后，而且由于对国家经济安全比较敏感，很多高端服务业如银行、保险、电信、科技等服务行业设置了比较高的市场准入门槛，将很多非公有制经济成分排除在外或者限制其发展壮大，其结果是国有经济成分占比过高，甚至呈现一种垄断经营形式，而其他非公有经济成分的生产要素和投资无法进入到高端服务业当中，致使高端服务业的资源配置失调，服务和生产效率不高。因此，为完善高端服务业发展的市场环境，应该降低垄断经营程度，引入竞争机制，实行同等国民待遇。对于国有经济比重较高的电信、金融、保险等行业，通过引入竞争机制，打破对各种非公有制经济的不合理限制，打破地方保护主义，在市场准入、税收、土地、融资等方面，实行与国有经济的同等待遇，特别是要实行民间资本与外资的同等待遇，通过创设公平竞争的发展环境鼓励民间资本参与到高端服务业当中，并对非国有经济在信息、技术、培训和管理等方面提供必要的帮助。

（2）完善相关法律法规，为加快高端服务业发展提供制度环境

首先，建立商业信用体系，加强对商业信用的立法和执法。高端服务业作为一个提供知识产品或服务的服务行业，事前无法确定高端服务业的服务水平和服务质量，是属于经验品特征十分明显的信任密集型产业，只有客户对高端服务业产品产生信任，制造业和服务业乃至农业对高端服务业的需求才能释放出来。因此，高端服务业的发展离不开商业信用的建立。建立社会信用评价、评级体系，加强社会信用监管和立法、执法体系建设，加大对失信行为的处罚力度，强化对违约处罚的规范化和制度化建设。

其次，完善高端服务业知识产权保护的相关法律法规。由于很多高端服务业的创新成果并不是以实物的形式出现，其服务创新成果具有一定的"无形性"，而且具有很强的正向溢出效应，极其容易被模仿和复制。因此，制定比较完善的知识产权保护制度，激励和保护创新主体的创新成果，才能增强创新主体的创新动力，激发创新主体的创新活力。所以，要完善我国知识产权法规，加大知识产权保护力度，制定和实施适合知识经济特点和顺应国际竞争趋势的国际规则，建立健全有利于知识产权保护的从业资格制度，为加快我国高端服务业的发展提供良好的制度环境。

最后，制定并实施合理的产业政策，为高端服务业提供产业基础。一是中央政府应该出台促进高端服务业集聚的政策文件，统筹各个地区高端服务业发展的关系。根据前文的分析可知，高端服务业的集聚在区域间存在显著的空间正相关性，而且影响高端服务业集聚的各个因素对高端服务业各分产业的影响程度和方向有所不同，因此，中央政府要在全国层面出台促进高端服务业集聚的政策措施，协调各个地区间的资源分配，充分发挥高端服务业集聚的正向效应，促进各地区高端服务业的发展。二是地方政府应该充分发挥本地区的优势，在促进高端服务业发展的同时促进其向周边地区的溢出，同时充分吸收利用周边地区向本区域的溢出效应。三是高端服务业产业竞争力的提升是多种因素综合作用的结果，应该综合考虑各因素之间的作用，充分发挥各地区的优势并向周边地区产生辐射，注重学习周边省份的有益经验，吸纳周边省份的优质资源，促进各因素之间的协调发展。

9.3　研究展望

我国关于高端服务业的研究起步较晚，目前主要集中在对其概念、特征、发展必要性和路径等方面的概括性介绍，一些基础性理论研究较为匮乏；在研究方法上主要以定性研究为主，鲜有专门对高端服务业进行定量研究的文献。

当前关于高端服务业的研究主要集中在对高端服务业概括性介绍，如高端服务业概念、特征，高端服务业发展的必要性、路径、地区性发展效应等方面，相应的基础性理论研究较为匮乏，且以定性研究居多，鲜有专门对其进行定量研究的文献，尚没有文献对高端服务业发展的产业集聚形成机理及其集聚效应的研究。本书力求在界定高端服务业概念的基础上，主要借助新经济地理学理论和空间计量经济学工具从高端服务业集聚的形成机理、高端服务业集聚对制造业升级的影响机制、高端服务业集聚对其自身升级发展和经济增长的影响进行系统分析，并利用我国省域数据进行验证，得到了一些有意义的结论和政策建议。然而，本书对高端服务业集聚的研究只是一个初步的尝试，受囿于笔者的水平，其中必然存在许多不足之处，这也将是下一阶段研究的方向。

有关服务业集聚的理论分析模型尚有待完善，本书尝试在改进新经济地理学 KSIBI 模型的基础上，构建了高端服务业集聚形成机理的理论框架，由于受到 KSIBI 模型假设的限制，没有考虑劳动力在区域间的流动，这与现实情形有所出入，可能造成对高端服务业集聚的解释力上存在缺陷，以后应该放宽有关劳动力流动性的限制对高端服务业集聚的形成进行分析。

由于受到数据的约束，本书对高端服务业集聚的分析层面放在了相对比较中观的我国省域层面，在高端服务业的分行业方面，还只是对其中的四个大类产业进行分析，无法对高端服务业众多的细分产业进行研究。随着我国服务业统计制度的完善，统计数据的不断丰富，使我们可以对高端服务业及其细分产业集聚在微观层面如各个城市进行研究，这也是下一步努力的方向。

中国地域辽阔，各省经济特别是高端服务业的发展存在着较大差距，各种因素对各省高端服务业集聚性的影响有所不同，各省高端服务业集聚对促进制造业升级，以及提升自身竞争力和经济增长的情况也会有所不同。把本书选取的 31 个省市区分成东中西部分别讨论，以讨论中国高端服务业集聚机理与集聚效应的空间异质性，有可能得到一些新的结果，这也是接下来要进一步完善的主要内容。

利用空间计量经济学对服务业集聚的研究必将成为今后的一个重要工具，同样受囿于笔者的水平，本书只是使用空间面板滞后模型、空间面板误差模型和空间面板杜宾模型进行研究。随着空间计量经济学的发展，采用更高级的空间计量经济学模型和方法对高端服务业集聚进行实证研究，以期得到更加精准的实证结果。

本书的研究只是限于国内各省域，视界很有限，如果把眼光放到整个世界范围，可以涉及的研究领域很多。中国经济与国外的联系越来越密切，把中国的高端服务业的发展放到世界范围内来考虑，将是未来绕不开的话题。努力提升中国产业特别是高端服务业在世界经济中的竞争力，对于中国经济继续保持快速持久地发展，无疑具有深远的意义。这将是笔者进一步研究的目标。

参 考 文 献

中文专著类

［1］ J. 保罗. 埃尔霍斯特. 空间计量经济学——从横截面数据到空间面板 ［M］. 肖光恩，译. 北京：中国人民大学出版社，2015.

［2］ 阿尔弗雷德·韦伯. 工业区位论 ［M］. 李刚剑，陈志人，张英保，译. 北京：商务印书馆，1997.

［3］ 蔡昉. 从人口红利到改革红利 ［M］. 北京：社会科学文献出版社，2014.

［4］ 黄解宇，杨再斌. 金融产业集聚论：金融中心形成的理论与实践解析 ［M］. 北京：中国社会科学出版社，2006：37-38.

［5］ 李江帆. 加快发展我国生产服务业研究 ［M］. 北京：经济科学出版社，2018：310.

［6］ 李小建. 经济地理学 ［M］. 北京：高等教育出版社，1999：69.

［7］ 迈克尔·波特. 竞争论 ［M］. 刘宁，高登等，李明轩，译. 北京：中信出版社，2003.

［8］ 任英华. 现代服务业集聚统计模型及其应用 ［M］. 长沙：湖南大学出版社，2011.

［9］ 丝奇雅·沙森. 全球城市：纽约伦敦东京 ［M］. 周振华，译. 上海：

上海社会科学院出版社，2005.

［10］藤田昌久，雅克－弗朗科斯.集聚经济学：城市、产业区位与区域增长［M］.成都：西南财经大学出版社，2004.

［11］托马斯·弗里德曼.世界是平的［M］.何帆，肖莹莹，郝正非，译.长沙：湖南科学技术出版社，2006.

［12］熊彼特.经济分析史［M］.朱泱，孙鸿敞，李宏，译.北京：商务印书馆，1980.

［13］杨公朴，夏大慰，龚仰军.产业经济学教程［M］.上海：上海财经大学出版社，2002.

［14］原毅军，陈艳莹.中国高端服务业发展研究［M］.北京：科学出版社，2011.

［15］郑长德.空间经济学与中国区域发展：理论与实证研究［M］.北京：经济科学出版社，2014.

中文期刊类

［1］ 安虎森，蒋涛.块状世界的经济学——空间经济学点评［J］.南开经济研究，2006（5）：92-103.

［2］ 白俊红，王钺，蒋伏心，等.研发要素流动、空间知识溢出与经济增长［J］.经济研究，2017，52（7）：109-123.

［3］ 曹东坡，于诚，徐保昌.高端服务业与先进制造业的协同机制与实证分析——基于长三角地区的研究［J］.经济与管理研究，2014（3）：76-86.

［4］ 陈春明，薛富宏.科技服务业发展现状及对策研究［J］.学习与探索，2014（4）：100-104.

［5］ 陈建军，陈国亮，黄洁.新经济地理学视角下的生产性服务业集聚及

其影响因素研究——来自中国 222 个城市的经验证据 [J]. 管理世界，
2009（4）：83-95.

［6］ 陈俊，胡宗义，刘亦文. 金融集聚的区域差异及影响因素的空间计量
分析 [J]. 财经理论与实践，2013，34（6）：21-24.

［7］ 陈丽娴，沈鸿，魏作磊. 服务业开放提高了经济增加值率吗——基
于产业集聚视角的门槛回归分析 [J]. 国际贸易问题，2016（10）：
85-95.

［8］ 陈柳钦. 克鲁格曼等新经济地理学派对产业集群的有关论述 [J]. 西
部商学评论，2009（1）.

［9］ 陈明，李健欣，李文秀. 推进制造业高质量发展的路径研究——基于
生产服务业开放的视角 [J]. 国际贸易，2020（10）：51-58.

［10］陈明，魏作磊. 生产性服务业开放对中国制造业生产率的影响分
析——基于生产性服务细分行业的角度 [J]. 经济评论，2018（3）：
59-73.

［11］陈文锋，平瑛. 上海金融产业集聚与经济增长的关系 [J]. 统计与决
策，2008（10）：93-95.

［12］陈艳莹，原毅军，袁鹏. 中国高端服务业的内涵、特征与界定 [J].
大连理工大学学报（社会科学版），2011（3）：20-26.

［13］陈玉宝，谢泗薪，吴叶兵. 多重视角下高端服务业战略发展模式研究
[J]. 中国商贸，2010（26）：4-5.

［14］陈元刚，王慧. 生产性服务业集聚对制造业转型升级的影响及对策研
究——基于长江经济带 11 个省市面板数据的实证分析 [J]. 重庆理工
大学学报（社会科学），2020，34（2）：45-57.

［15］程东全，顾锋，耿勇. 服务型制造中的价值链体系构造及运行机制研
究 [J]. 管理世界，2011（12）：180-181.

［16］戴美虹.生产性服务业集聚与性别工资差距——集聚效应和选择效应的来源识别［J］.经济科学，2020，（4）：71-83.

［17］单豪杰.中国资本存量K的再估算：1952~2006年［J］.数量经济技术经济研究，2008，25（10）：17-31.

［18］但斌，张乐乐，钱文华.知识密集型生产性服务业区域性集聚分布模式及其动力机制研究［J］.软科学，2008（3）：5-8.

［19］邓峰，杨婷玉.市场分割对省域创新效率的空间相关性研究——基于创新要素流动视角［J］.科技管理研究，2019（17）：19-29.

［20］杜人淮.发展高端服务业的必要性及举措［J］.现代经济探讨，2007（11）：17-21.

［21］方远平，阎小培，陈忠暖.服务业区位因素体系的研究［J］.经济地理，2008（1）：44-48.

［22］冯华，王智毓.我国科技服务业与经济增长关系的实证研究［J］.软科学，2018，32（2）：6-10.

［23］顾乃华，刘胜.中国省际契约执行效率影响服务业集聚的理论与实证研究［J］.北京工商大学学报（社会科学版），2015，30（6）：31-40.

［24］顾乃华，朱卫平.产业互动、服务业集聚发展与产业转移政策悖论——基于空间计量方法和广东数据的实证研究［J］.国际经贸探索，2010（12）：28-34.

［25］顾乃华，朱文涛.生产性服务业对外开放对产业融合的影响——基于行业面板数据的实证研究［J］.北京工商大学学报（社会科学版），2019，34（4）：11-20.

［26］顾乃华.我国城市生产性服务业集聚对工业的外溢效应及其区域边界——基于HLM模型的实证研究［J］.财贸经济，2011（5）：115-122.

［27］顾雪芹.中国生产性服务业开放与制造业价值链升级［J］.世界经济研究，2020，313（3）：121-134.

［28］关伟.大连市高端科技服务业的发展现状及其走向［J］.辽宁师范大学学报（自然科学版），2011（3）：372-377.

［29］韩冬芳.高端服务业发展运行机制构建［J］.中国流通经济，2012（8）：59-63.

［30］韩峰，王琢卓，李玉双.生产性服务业集聚与城市经济增长——基于湖南省地级城市面板数据分析［J］.产业经济研究，2011（6）：19-27.

［31］韩峰，阳立高.生产性服务业集聚如何影响制造业结构升级？——一个集聚经济与熊彼特内生增长理论的综合框架［J］.管理世界，2020，36（2）：72-94.

［32］韩同银，李宁.河北省生产性服务业集聚对制造业升级的影响——基于京津冀协同发展视角［J］.河北经贸大学学报，2017，38（5）：83-88.

［33］何江，张馨之.中国区域经济增长及其收敛性：空间面板数据分析［J］.南方经济，2006（5）：44-52.

［34］和云，何胜锐.北京高端服务业人才队伍建设面临的困境和对策［J］.经济研究参考，2013（44）：39-49.

［35］洪国志，胡华颖，李郇.中国区域经济发展收敛的空间计量分析［J］.地理学报，2010（12）：1548-1558.

［36］黄刚伟，陈晓君.珠海市发展高端服务业存在的问题及对策［J］.经济纵横，2009（2）：57-59.

［37］黄旭平.区位与产业集聚：理论溯源与发展脉络［J］.南京政治学院学报，2006（4）：40.

［38］黄永明，李娑.对外贸易开放、对内区际开放与制造业全要素生产率提升［J］.产经评论，2019，10（1）：110-126.

［39］纪玉俊，丁科华.生产性服务业集聚与地区制造业升级——基于门槛回归模型的实证检验［J］.山东工商学院学报，2015，29（2）：58-64.

［40］江茜，王耀中.生产性服务业集聚与制造业竞争力［J］.首都经济贸易大学学报，2016，18（1）：74-80.

［41］蒋三庚，宋佳娟.CBD 现代服务业集聚模式与产品差异化垄断研究［J］.北京工商大学学报（社会科学版），2013，28（2）：27-30.

［42］蒋三庚.现代服务业集聚若干理论问题研究［J］.北京工商大学学报（社会科学版），2008（1）：42-45.

［43］蒋天颖，谢敏，刘刚.基于引力模型的区域创新产出空间联系研究——以浙江省为例［J］.地理科学，2014，34（11）：1320-1326.

［44］蒋永康，梅强，李文远.关于科技服务业内涵和外延的界定［J］.商业时代，2010（6）：111-112.

［45］矫萍，姜明辉.生产性服务业 FDI 空间集聚的影响因素研究——基于空间计量的分析［J］.预测，2015（2）：41-47.

［46］金荣学，卢忠宝.我国服务业集聚的测度、地区差异与影响因素研究［J］.财政研究，2010（10）：41-45.

［47］康正发.信息服务业在上海产业转型升级中的作用研究［J］.中国管理信息化，2012（5）：30-33.

［48］来有为，陈红娜.以扩大开放提高我国服务业发展质量和国际竞争力［J］.管理世界，2017（5）：17-27.

［49］李镔，汤子隆，许珊珊，等.我国金融产业集聚研究——基于空间统计学的研究方法［J］.经济问题，2013（7）：56-60.

［50］李海舰.《中国高端服务业发展研究》评介［J］.中国工业经济，2012（4）：160.

［51］李红，王彦晓.金融集聚、空间溢出与城市经济增长——基于中国 286个城市空间面板杜宾模型的经验研究［J］.国际金融研究，2014（2）：89-96.

［52］李炯光.古典区位论：区域经济研究的重要理论基础［J］.求索，2004（1）：14-16.

［53］李林，丁艺，刘志华.金融集聚对区域经济增长溢出作用的空间计量分析［J］.金融研究，2011（5）：113-123.

［54］李诗琪，杨晨.金融发展对绿色创新效率的影响研究［J］.江西师范大学学报（哲学社会科学版），2018（6）：84-92

［55］李思慧.产业集聚、人力资本与企业能源效率——以高新技术企业为例［J］.财贸经济，2011（9）：128-134.

［56］李太平，钟甫宁，顾焕章.衡量产业区域集聚程度的简便方法及其比较［J］.统计研究，2007（11）：64-68.

［57］李文秀，胡继明.中国服务业集聚实证研究及国际比较［J］.武汉大学学报（哲学社会科学版），2008（2）：213-219.

［58］李文秀.服务业的城市集聚机理理论与实证研究——来自纽约、东京的例证及其对我国的启示［J］.产经评论，2012，3（4）：36-45.

［59］李文秀.美国服务业集聚实证研究［J］.世界经济研究，2008（1），79-83.

［60］李晓.“双循环”需要更高水平的对外开放［J］.南开学报（哲学社会科学版），2021（1）：13-17.

［61］李晓龙，冉光和，郑威.科技服务业空间集聚与企业创新效率提升——来自中国高技术产业的经验证据［J］.研究与发展管理，2017，

29（4）：1-10.

[62] 李一，孙林岩，冯泰文.地理视角下中国生产性服务业发展影响因素研究[J].科技进步与对策，2014（2）：51-57.

[63] 李勇坚，孟静.以发展高端服务业促进国家经济安全[J].经济研究参考，2012（46）：10-18.

[64] 李勇坚，夏杰长.高端服务业：维护和促进国家经济安全的战略产业[J].国际贸易，2012（6）：61-66.

[65] 李勇坚.高端服务业与流通产业价值链控制力——基于中国本土零售企业的研究[J].中国流通经济，2012，26（8）：18-24.

[66] 连廷广.论发展生产性服务企业的急迫性和思路[J].山东财政学院学报，2006（2）：22-24.

[67] 廖晓东，邱丹逸，林映华.基于区位熵的中国科技服务业空间集聚测度理论与对策研究[J].科技管理研究，2018（2）：171-178.

[68] 林光平，龙志和，吴梅.中国地区经济 σ- 收敛的空间计量实证分析[J].数量经济技术经济研究，2006（4）：14-21.

[69] 林宏杰.市场效应、政府行为与科技服务业集聚发展的空间视角分析——以福建省为例[J].重庆大学学报（社会科学版），2018（5）：1-17.

[70] 刘虹涛，靖继鹏.信息技术对传统产业结构影响分析[J].情报科学，2002（3）：333-336.

[71] 刘开云.科技服务业研究述评与展望[J].科技进步与对策.2014（12）：149-153.

[72] 刘胜，陈秀英.金融服务业与制造业空间协同分布驱动制造业转型升级了吗[J].金融经济学研究，2019，34（1）：111-120.

[73] 刘新，刘星.地方财政社会保障支出对就业的影响效应——基于

1999—2008 年的面板数据经验［J］.经济与管理研究，2010（10）：74-82.

［74］刘艳，江成城.发展广州高端服务业的战略布局及对策研究［J］.经济研究参考，2014（59）：36-41.

［75］刘叶.我国商务服务业的空间集聚及其外溢效应研究——基于 276 个地级市面板数据的实证分析［J］.软科学（8）：81-85.

［76］刘奕，夏杰长，李垚.生产性服务业集聚与制造业升级［J］.中国工业经济，2017（7）：24-42.

［77］刘志彪.新时代形成全面开放新格局与建设现代化经济体系［J］.中南大学学报（社会科学版），2019，25（2）：1-6.

［78］刘志彪.长三角一体化发展示范区建设：对内开放与功能定位［J］.现代经济探讨，2019（6）：1-5.

［79］刘志彪.重塑中国经济内外循环的新逻辑［J］.探索与争鸣，2020（7）：42-49.

［80］卢飞，刘明辉.生产性服务业集聚门槛与制造业升级研究——基于集聚三重效应的分析［J］.贵州财经大学学报，2016（4）：24-35.

［81］吕拉昌，阎小培.服务业地理学的几个基本理论问题［J］.经济地理，2005（1）：117-120.

［82］马风华，刘俊.我国服务业地区性集聚程度实证研究［J］.经济管理，2006（23）：10-13.

［83］马鹏，李文秀.高端服务业集聚效应研究——基于产业控制力视角的分析［J］.中国软科学，2014（4）：169-179.

［84］马鹏，李文秀.高端服务业视角的中国产业控制力提升理论与实证研究［J］.产经评论，2014（2）：5-14.

［85］麦启安.发展高端服务业势在必行［J］.国际人才交流，2014（2）：2.

[86] 孟凡峰.生产性服务业集聚与制造业升级——基于省际面板的研究 [J].现代管理科学,2015(1),57-59.

[87] 聂尔德.一种改进的地区间产业集中度的测算模型 [J].统计与决策,2010(9):27-29.

[88] 潘丽英.论金融中心形成的微观基础——金融机构的空间聚集 [J].上海财经大学学报,2003(1):50-57.

[89] 齐芮,祁明.科技服务业集聚对工业效率提升的溢出效应研究——基于2003-2015年中国215个地级以上城市的经验证据 [J].宏观质量研究,2018(1):86-94.

[90] 齐亚伟,刘丹,信息产业发展促进区域产业结构合理化的灰色关联分析 [J].经济经纬,2014(4):74-79.

[91] 钱水土,张宇.中国金融业双向开放对货币政策效应的影响研究 [J].商业经济与管理,2017(11):84-96.

[92] 任英华,邱碧槐,王耀中.服务业集聚现象测度模型及其应用 [J].数理统计与管理,2011,30(6):1089-1096.

[93] 任英华,王婷婷,熊建练.知识密集型服务业发展的影响因素——基于空间面板数据模型 [J].技术经济,2013,32(3):46-50.

[94] 任英华,游万海,徐玲.现代服务业集聚形成机理空间计量分析 [J].人文地理,2011(1):82-87.

[95] 邵汉华,钟琪.研发要素空间流动与区域协同创新效率 [J].软科学,2018(11):120-123.

[96] 申静,周青.北京市高端服务业的内涵和外延 [J].技术经济,2015(9):38-43.

[97] 盛斌,毛其淋.贸易开放、国内市场一体化与中国省际经济增长:1985~2008年 [J].世界经济,2011(11):44-66.

［98］盛丰.生产性服务业集聚与制造业升级：机制与经验——来自 230 个城市数据的空间计量分析［J］.产业经济研究，2014（2）：32-39.

［99］司增绰，张亚男.科技服务业集聚对制造业发展的影响——基于江苏省 13 个地级市的面板数据分析［J］.商业经济研究，2017（7）：190-193.

［100］宋华盛，何力力，朱希伟.二重开放、产业集聚与区域协调［J］.浙江大学学报（人文社会科学版），2010，40（5）：104-115.

［101］宋玉华，吴聃.关税升级与垄断竞争产业发展：基于空间经济学的分析［J］.世界经济，2006（7）：15-27.

［102］苏晶蕾，陈明，银成钺.生产性服务业集聚对制造业升级影响的机理研究［J］.税务与经济，2018（2）：41-47.

［103］孙久文，姚鹏.空间计量经济学的研究范式与最新进展［J］.经济学家，2014（7）：27-35.

［104］孙英隽，高泽坤.对外经济开放、区域市场整合与全要素生产率——基于长三角地区的实证分析［J］.上海理工大学学报，2016，38（5）：449-456.

［105］田祖海，郑浩杰，生产性服务业集聚对制造业竞争力的影响研究——基于地区和外部性视角［J］.北京邮电大学学报（社会科学版），2018，20（4）：64-70.

［106］汪斌，余冬筠.中国信息化的经济结构效应分析——基于计量模型的实证研究［J］.中国工业经济，2004（7）：21-28.

［107］汪文姣，陈志鸿.空间计量方法对新经济地理学的实证研究：一个文献综述［J］.兰州学刊，2013（11）：94-98.

［108］王红领，李稻葵，冯俊新.FDI 与自主研发：基于行业数据的经验研究［J］.经济研究，2006（2）：44-56.

［109］王江，魏晓欣.北京与其他世界城市高端服务业发展的比较研究［J］.经济体制改革，2014（3）：53-57.

［110］王晶晶，张昌兵.新经济地理学视角下服务业FDI对服务业集聚的影响——基于面板分位数回归方法分析［J］.国际贸易问题，2015（11）：109-120.

［111］王廉.高端服务业经济研究［J］.经济师，2009（3）：42-44.

［112］王鹏，郑靖宇.科技服务效率对产业结构转型升级的影响及其空间外溢效应［J］.研究与发展管理，2018，30（2）：46-60.

［113］王硕，郭晓旭.垂直关联、产业互动与双重集聚效应研究［J］.财经科学，2012（9）：34-41.

［114］王小平.高端服务业引领经济发展方式转变——基于服务业发展规律的思考［J］.海派经济学，2010，32（4）：117-126.

［115］王许亮，王恕立.中国服务业集聚的绿色生产率效应［J］.山西财经大学学报，2021，43（3）：43-55.

［116］王志平.生产效率的区域特征与生产率增长的分解——基于主成分分析与随机前沿超越对数生产函数的方法［J］.数量经济技术经济研究，2010（1）：33-43.

［117］魏艳秋，和淑萍，高寿华."互联网+"信息技术服务业促进制造业升级效率研究——基于DEA-BCC模型的实证分析［J］.科技管理研究，2018，38（17）：195-202.

［118］吴三忙，李善同.国内市场一体化与制造业地理集聚演变研究［J］.山西财经大学学报，2011，33（8）：60-68.

［119］吴玉鸣.空间计量经济模型在省域研发与创新中的应用研究［J］.数量经济技术经济研究，2006（5）：74-85.

［120］吴玉鸣.县域经济增长集聚与差异空间计量经济实证分析［J］.世界

经济文汇，2007（2）：37-57.

［121］吴玉鸣.中国省域经济增长趋同的空间计量经济分析［J］.数量经济技术经济研究，2006（12）：101-108.

［122］吴远仁，李淑燕.高端服务业的空间分布、空间溢出及对工业升级的影响［J］.商业研究，2019（3）：53-62.

［123］吴远仁，李淑燕.集聚、研发要素流动与产业竞争力——以高端服务业为例［J］.技术经济，2022（6）：21-30.

［124］吴远仁，沈利生，李淑燕.高端服务业集聚形成机理空间计量分析［J］.商业研究，2015（10）：17-23.

［125］吴远仁，沈利生.我国数量经济学学科知识图谱研究——基于CSSCI（2000-2014）数据的文献计量分析［J］.经济学动态，2015（8）：84-96.

［126］夏杰长，李文秀.基于经济控制力的高端服务业发展研究［J］.浙江树人大学学报（人文社会科学版），2012，12（6）：29-36.

［127］夏杰长，熊琪颜.数字技术赋能中国服务业成长：作用机理与实施路径［J］.China Economist，2022，17（6）：26-53.

［128］夏杰长，姚战琪.生产性服务中间投入对中国制造业服务化的影响［J］.社会科学战线，2019（5）：102-110.

［129］肖和英，游攀.湖北省物流产业集聚效应分析［J］.2022,41（9）：59-64.

［130］谢泗薪，侯蒙.经济新常态下科技服务业的产业集聚结构模式与立体攻略［J］.科技管理研究，2017，37（2）：171-175.

［131］谢臻，卜伟.科技服务业集聚、地区创新能力与经济增长——以北京市为例［J］.北京社会科学，2018（6）：108-118.

［132］徐嘉玮．科技服务业界定研究综述［J］.科技管理研究，2013（24）：
40-43.

［133］徐伟金，周世锋，秦诗立．发展高端服务业的重点选择［J］.浙江经
济，2009（8）：46-47.

［134］许培源，魏丹．知识创新的空间分布、空间溢出及其对区域经济发展
的影响［J］.东南学术，2015（4）：88-96.

［135］宣烨，宣思源．论城市服务业集聚与效率提升的空间溢出效应［J］.
山西大学学报（哲学社会科学版），2013（2）：140-144.

［136］宣烨，余泳泽．生产性服务业集聚对制造业企业全要素生产率提升研
究——来自230个城市微观企业的证据［J］.数量经济技术经济研究，
2017，34（2）：89-104.

［137］宣烨．生产性服务业空间集聚与制造业效率提升——基于空间外溢效
应的实证研究［J］.财贸经济，2012（4）：121-128.

［138］严北战．集群式产业链形成与演化内在机理研究［J］.经济学家，
2011（1）：78-85.

［139］阎小培．广州信息密集服务业的空间发展及其对城市地域结构的影响
［J］.地理科学，1999，（5）：405-410.

［140］杨海余，王耀中，刘志忠．新经济地理学视角的中心－外围模型评介
［J］.经济学动态，2004（7）：109-113.

［141］杨蕙馨，李宁．基于内部协调机制的新产业区理论评述［J］.学术研
究，2006（2）：52-53.

［142］杨林生，曹东坡．生产者服务业集聚与制造业低端锁定的突破——基
于俘获型治理视角的研究［J］.商业研究，2017，59（4）：143-153.

［143］杨向阳，徐翔．中国服务业生产率与规模报酬分析［J］.财贸经济，
2004（11）：77-82.

［144］杨勇.中国服务业集聚实证分析［J］.山西财经大学学报，2008（10）：
　　　64-68.

［145］姚战琪.科技服务业集聚对产业升级的影响研究［J］.北京工商大学
　　　学报（社会科学版），2020，35（6）：104-114.

［146］姚战琪.中国服务业开放对区域创新的影响［J］.改革，2020（1）：
　　　48-58.

［147］叶安宁，张敏.基于投入产出方法的信息产业关联分析［J］.统计教
　　　育，2008（4）：12-13.

［148］尹燕霞."黄三角"高效生态经济区发展高端服务业的途径［J］.东岳
　　　论丛，2015，36（5）：130-133.

［149］于斌斌.生产性服务业集聚与能源效率提升［J］.统计研究，2018
　　　（4）：30-40.

［150］余冬筠，魏伟忠.工业化进程中信息产业对产业结构变动的作用［J］.
　　　技术经济，2008（12）：87-92.

［151］俞彤晖.科技服务业集聚、地区劳动生产率与城乡收入差距［J］.华
　　　东经济管理，2018（10）：114-120.

［152］袁海，曹培慎.中国文化产业区域集聚的空间计量分析［J］.统计与
　　　决策，2011（10）：77-80.

［153］詹浩勇，冯金丽.生产性服务业集聚与制造业转型升级的机理与实证
　　　检验［J］.商业研究，2014，56（4）：49-56.

［154］詹浩勇，冯金丽.西部生产性服务业集聚对工业转型升级的影响——
　　　基于空间计量模型的实证分析［J］.技术经济与管理研究，2016（4）：
　　　102-109.

［155］湛军."再工业化"背景下欧盟现代服务业创新及发展我国高端服务业
　　　研究［J］.上海大学学报（社会科学版），2015（1）：126-140.

［156］张慧慧，徐力恒．高技能劳动力对服务业企业增加值的影响——基于技能偏向型生产函数的异质性分析［J］．技术经济，2021，40（8）：63-75．

［157］张建军，赵启兰．生产性服务业集聚对制造业转型升级的影响及对策研究——基于内蒙古10个盟市面板数据的实证分析［J］．北京交通大学学报（社会科学版），2018（3）：15-24．

［158］张平．"结构性"减速下的中国宏观政策和制度机制选择［J］．经济学动态，2012（10）：3-9．

［159］张琴，赵丙奇，郑旭．科技服务业集聚与制造业升级：机理与实证检验［J］．管理世界，2015（11）：178-179．

［160］张清正．"新"新经济地理学视角下科技服务业发展研究——基于中国222个城市的经验证据［J］．科学学研究，2015，33（10）：1464-1470．

［161］张清正．中国科技服务业集聚的空间分析及影响因素研究［J］．软科学，2015（8）：1-4．

［162］张威．转换开放型经济发展动能的路径研究［J］．理论学刊，2018（3）：51-58．

［163］张文武，徐嘉婕，欧习．生产性服务业集聚与中国企业出口生存——考虑异质性和传导机制的分析［J］．统计研究，2020，37（6）：55-65．

［164］张馨之．空间数据分析方法在经济增长研究中的应用述评［J］．宁夏社会科学，2006（2）：45-48．

［165］张颖婕．规模经济、集聚效应与流通产业发展空间差异性研究［J］．商业经济研究，2020（7）：22-25．

［166］张应武．中国省区市场开放：测度、特征及其政策含义［J］．首都经济贸易大学学报，2011（5）：12-18．

［167］张营营，白东北，高煜.生产性服务业集聚促进中国高技术产业出口升级了吗？［J］.经济经纬，2020，37（5）：72-80.

［168］张宇馨.生产性服务业外资对我国制造业升级发展的影响［J］.当代经济研究，2014（6）：50-54.

［169］张玉华，李超.中国创业投资地域集聚现象及其影响因素研究［J］.中国软科学，2014（12）：93-103.

［170］张玉华.中国风险投资地域集聚现象及其驱动因素分析——基于空间面板数据模型的实证研究［J］.上海师范大学学报（哲学社会科学版），2014（6）：51-59.

［171］张志彬.生产性服务业集聚对工业竞争力提升的影响研究——基于珠三角城市群面板数据的分析［J］.2019，40（5）：121-127.

［172］张治栋，黄钱利.产业集聚对产业结构升级的影响——基于空间计量和面板门槛模型的实证分析［J］.当代经济管理，2021（2）：57-64.

［173］赵弘，牛艳华.商务服务业空间分布特点及重点集聚区建设——基于北京的研究［J］.北京工商大学学报（社会科学版），2010（2）：97-102.

［174］赵伟，徐朝晖.测度中国省域经济"二重"开放［J］.中国软科学，2005（8）：81-90.

［175］赵伟，郑雯雯.生产性服务业—贸易成本与制造业集聚：机理与实证［J］.经济学家，2011（2）：67-75.

［176］郑飞虎，史潇潇.新经济地理学视角下的R&D投资集聚与创新研究——来自北京地区的经验数据［J］.国际经贸问题，2010（8）：59-67.

［177］郑英隆.信息产业加速发展与产业结构升级的交互关系研究［J］.经济评论，2001（1）：48-53.

［178］郑长德，谭余夏.金融发展与经济地理［J］.西南民族大学学报（人文社会科学版），2013，34（4）：104-112.

［179］钟小平.科技服务业产业集聚：市场效应与政策效应的实证研究［J］.科技管理研究，2014，34（5）：88-94.

［180］周红，宋晨.中国高端服务业问题梳理及发展对策分析［J］.人民论坛，2012（23）：66-67.

［181］周鹏，余珊萍，韩剑.生产性服务业与制造业价值链升级间相关性的研究［J］.上海经济研究，2010（9）：55-62.

［182］周小亮，宋立.生产性服务业与制造业协同集聚对产业结构优化升级的影响［J］.首都经济贸易大学学报，2019，21（4）：53-64.

［183］朱文涛，顾乃华.科技服务业集聚是否促进了地区创新——本地效应与省际影响［J］.中国科技论坛，2017（11）：83-92.

［184］朱英明.产业集聚研究述评［J］.经济评论，2003（3）：117-121.

［185］卓乘风，邓峰.创新要素流动与区域创新绩效——空间视角下政府调节作用的非线性检验［J］.科学学与科学技术管理，2017，38（7）：15-26.

中文论文类

［1］曹骥赟.知识溢出双增长模型和中国经验数据的检验［D］.天津：南开大学，2007.

［2］陈国亮.新经济地理学视角下的生产性服务业集聚研究［D］.杭州：浙江大学，2010.

［3］陈鹏轩.我国金融服务业集聚及其空间溢出效应的研究［D］.厦门：厦门大学，2017.

［4］韩冰.中国科技服务业集聚研究［D］.长春：吉林大学，2016.

［5］ 黎辉玲.信息服务业发展对装备制造业转型升级的影响研究［D］.湘潭：湘潭大学，2017.

［6］ 石灵云.产业集聚、外部性与劳动生产率［D］.上海：复旦大学，2009.

［7］ 孙青芬.中国生产性服务业的发展及影响因素研究［D］.大连：东北财经大学，2012.

［8］ 谭余夏.新经济地理学视角下金融集聚与区域经济增长：理论与实证研究［D］.成都：西南民族大学，2013.

［9］ 王楠楠.服务业 FDI 与服务业集聚的互动关系研究［D］.济南：山东大学，2009.

［10］ 吴远仁.我国高端服务业集聚形成机理与集聚效应研究［D］.泉州：华侨大学，2016.

［11］ 夏晨芳.信息服务业对中国产业结构转型升级的促进机制研究［D］.北京：北京邮电大学，2013.

［12］ 肖璐.我国文化产业二重开放的集聚效应研究［D］.南昌：南昌大学，2015.

［13］ 徐杨.产业转移背景下的区域发展差距研究——基于新经济地理学的分析［D］.天津：南开大学，2012.

［14］ 杨超.新经济地理学视角下的中国地区差距［D］.南昌：江西财经大学，2006.

［15］ 殷广卫.新经济地理学视角下的产业集聚机制研究——兼论近十多年我国区域经济差异的成因［D］.天津：南开大学，2009.

［16］ 俞婷婷.我国制造业产业安全监测预警系统的开发与应用研究［D］.长春：吉林大学，2010.

［17］ 詹浩勇.生产性服务业集聚与制造业转型升级研究［D］.成都：西南财经大学，2013.

［18］ 张勇.生产性服务业空间集聚的实证研究［D］.沈阳：辽宁大学，2012.

［19］ 赵明霏.知识密集型服务业发展研究［D］.天津：南开大学，2013.

［20］ 宗晓武.中国区域经济增长中的金融集聚因素研究［D］.南京：南京师范大学，2008.

中文报纸类

［1］ 李文秀，夏杰长.促进高端服务业发展［N］.人民日报理论版，2012-06-04.

［2］ 龙继林.发展高端服务业与经济结构优化升级［N］.光明日报理论版，2013-06-23.

外文专著类

［1］ BALDWIN R, FORSLID R, MARTIN P, et al. *Economic Geography and Public Policy*［M］. New Jersey: Princeton University Press, 2003.

［2］ BALTAGI B H. *Econometric Analysis of Panel Data*［M］. John Wiley&Sons, 2005.

［3］ FUJITA M, KRUGMAN P, VENABLES A J. *The Spatial Economy: Cities, Regions, And International Trade*［M］. Cambridge: MIT Press, 1999.

［4］ KOSCHATZKY K, STAHLECKER T. *Structural Couplings of Young Knowledge-Intensive Business Service Firms in a Public-Driven Regional Innovation System*［M］// *Entrepreneurship in the Region*. Boston: Springer, 2006: 171-193.

［5］ KRUGMAN P. *Geography and Trade*［M］. Cambridge: MIT Press, 1991.

［6］ PAELINCK J, KLAASSEN L. *Spatial Econometrics*［M］. Farnborough: Saxon House, 1979.

外文期刊类

［1］ ANSELIN L, SMIRNOV O. Efficient algorithms for constructing proper higher order spatial lag operators ［J］. *Journal of Regional Science*, 1996, 36 (1): 67-89.

［2］ ANSELIN L, SYABRI I, KHO Y. GeoDa : An introduction to spatial data analysis ［J］. *Geographical Analysis*, 2006, 38 (1): 5-22.

［3］ ANSELIN L. Local Indicators of Spatial Association-LISA ［J］. *Geographical Analysis*. 1995, 27 (2): 93-115.

［4］ ANSELIN L. Spatial econometrics: methods and models ［J］. *Palgrave Handbook of Econometrics*, 1988, 85 (411): 310-330.

［5］ ANSELIN L. *Spatial Econometyics* ［A］ // MILLS T C, PATTERSON K. *Palgrave Handbook of Econometrics: Econometric Theory (Volume1)* ［J］. Basingstoke: Palgrave Macmillan, 2006.

［6］ ARNOLD J M, JAVORCIK B, LIPSCOME M, et al. Services reform and manufacturing performance: Evidence Form India ［J］. *The Economic Journal*, 2016, 126 (2): 1-39.

［7］ AUDRETSCH D B, FELDMAN M P. R&D Spillovers and the Geography of Innovation and Production ［J］. *The American Economic Review*, 1996, 86 (3): 630-640.

［8］ BALDWIN R E. Agglomeration and endogenous capital ［J］. *European Economic Review*, 1999, 43 (2): 253-280.

［9］ BATHELT H. The Re-emergence of a Media Industry Cluster in Leipzig ［J］. *European Planning Studies*, 2002, 10 (5): 583-611.

［10］ BERNAT G A. Does manufacutring matter? a spatial econometric view of kaldor's laws ［J］. *Journal of Regional Science*, 2006, 36 (3): 463-477.

[11] BRAUNERHJELM P, DING D, THULIN P. Labour market mobility, knowledge diffusion and innovation [J] . *European Economic Review*, 2020, 123 (9): 103-386.

[12] BRULHART M, TRIONFETTI F. Industrial specialization and public procurement [J] . *Journal of Economic Integration*, 1998, 16 (1): 106-127.

[13] CEGLOWSKI J. Does gravity matter in a service economy? [J] . *Review of World Economics*, 2006, 142 (2): 307-329.

[14] CLARK T E. Employment fluctuations in U. S. regions and industries: the roles of national, region-specific, and industry-specific shocks [J] . *Journal of Labor Economics*, 1992, 16 (1): 202-229.

[15] CZARNITZKI B D, SPIELKAMP A. Business services in germany: bridges for innovation [J] . *The Service Industries Journal*, 2012, 23 (2): 1-30.

[16] DALL' ERBA S, GALLO J L. Regional convergence and the impact of European structural funds over 1989-1999: A spatial econometric analysis [J] . *Papers in Regional Science*, 2004, 87 (2): 219-244.

[17] DAVIS D R, WEINSTEIN D E. Technological superiority and the losses from migration [J] . *Nber Working Papers*, 2002.

[18] DEMIRGÜ-KUNT A, LEVINE R. Finance, financial sector policies, and long-run growth [J] . *Social ence Electronic Publishing*, 2008.

[19] DIXIT A K, STIGLITZ J E. Monopolistic competition and optimum product diversity [J] . *The American Economic Review*, 1975, 67 (3): 297-308.

[20] DOYTCH N, UCTUM M. Globalization and the environmental impact of sectoral FDI [J] . *Economic Systems*, 2016, 40 (4): 582-594.

［21］ DURANTON G, OVERMAN H G. Testing for localization using micro-geographic data［J］. *Review of Economic Studies*, 2002, 72 (4): 1077-1106.

［22］ EHIE I C, OLIBE K. The effect of R&D investment on firm value: an examination of us manufacturing and service industries［J］. *International Journal of Production Economics*, 2010, 128 (1): 127-135.

［23］ ELLISON G, GLAESER E L. Geographic concentration in U. S. manufacturing industries: A dartboard approach［J］. *Journal of Political Economy*, 1997, 105 (5): 889-927.

［24］ ERTUR C, KOCH W. Growth, technological interdependence and spatial externalities: Theory and evidence［J］. *Journal of Applied Econometrics*, 2007, 22 (6): 1033-1062.

［25］ ESWARAN M, KOTWAL A. The role of the service sector in the process of industrialization［J］. *Journal of Development Economics*, 2002, 68 (2): 401-420.

［26］ FINGLETON B, IGLIORI D C, MOORE B R. Employment growth of small high-technology firms and the role of horizontal clusters: evidence from computing services and R and D in Great Britain, 1991-2000［J］. *Urban Studies*, 2004, 41 (4): 773-799.

［27］ FINGLETON B, MCCOMBIE J S L. Increasing returns and economic growth: Some evidence for manufacturing from the european union regions ［J］. *Oxford Economic Papers*, 1998, 50 (1): 89-105.

［28］ FINGLETON B. Externalities, economic geography, and spatial econometrics: Conceptual and modeling developments［J］. *International Regional Science Review*, 2003, 26 (2): 197-207.

［29］FINGLETON B. Spatial econometrics, economic geography, dynamics and equilibrium: a third way? Environ Plan ［J］. *Environment and Planning A*, 2000, 32 (8): 1481‒1498.

［30］FORSLID R, OTTAVIANO G I P. An analytically solvable core‒periphery model ［J］. *Journal of Economic Geography*, 2003, 3 (3): 229‒240.

［31］FORSMAN H. Innovation capacity and innovation development in small enterprises: a comparison between the manufacturing and service sectors ［J］. *Research Policy*, 2011, 40 (5): 739‒750.

［32］FUJITA M, KRUGMAN P. The new economic geography: Past, present and the future［J］. *Regional Science*, 2004: 139‒164.

［33］FUJITA M. Location and Space‒Economy at half a century: Revisiting Professor Isard' s dream on the general theory ［J］. *The Annals of Regional Science*, 1999, 33 (4): 371‒381.

［34］GARCÍA‒QUEVEDO J, MAS‒VERDÚ F. Does only size matter in the use of knowledge intensive services? ［J］. *Small Business Economics*, 2008, 31 (2): 137‒146.

［35］GEARY R C. The contiguity ratio and statistical mapping ［J］. *The Incorporated Statistician*, 1954, 5 (3): 115‒127.

［36］GETIS A, ORD J K. The analysis of spatial association by use of distance statistics ［J］. *Geographical Analysis*, 1992, 24 (3): 189‒206.

［37］GONG H, WHEELER J O. The Location and Suburbanization of Business and Professional Services in Atlanta ［J］. *Growth and Change*, 2002, 33 (3): 341‒369.

［38］GRIMES D, PRIME P B, WALKER M B. Change in the concentration of employment in computer services: Spatial estimation at the U. S. metro county level〔J〕. *Growth and Change*, 2007, 38 (1): 39-55.

〔39〕HEAD K, MAYER T. Regional wage and employment responses to market potential in the EU〔J〕. *Regional Science and Urban Economics*, 2006, 36 (5): 573-594.

〔40〕HUALLACH B O, LESLIE T F. Producer services in the urban core and suburbs of phoenix, arizona〔J〕. *Urban Studies*, 2007, 44 (8): 1581-1601.

〔41〕HUMPHREY J, SCHMITZ H. Developing country firms in the world economy: Governance and upgrading in global value chains〔J〕. *INEF-Institut für Entwicklung und Frieden*, 2002.

〔42〕KEEBLE D, BRYSON J, WOOD P. Small firms, business services growth and regional development in the united kingdom: some empirical findings〔J〕. *Regional Studies the Journal of the Regional Studies Association*, 2006, 25 (5): 439-457.

〔43〕KEEBLE D, NACHUM L. Why do business service firms cluster? Small consultancies, clustering and decentralizationn in London and southern England〔J〕. *Transactions of the Institute of British Geographers*, 2002, 27 (1): 67-90.

〔44〕KOLKO J. Agglomeration and co-agglomeration of services industries〔J〕. *SSRN Electronic Journal*, 2007.

〔45〕KOX H L M, RUBALCABA L. Analysing the contribution of business services to european economic growth〔J〕. *Munich Personal RePEc Archive*, 2007 (2003).

〔46〕KRUGMAN P. Increasing returns and economic geography〔J〕. *Journal of Political Economy*, 1991, 99 (3): 483-499.

〔47〕KRUGMAN P. Increasing returns, monopolistic competition and internation trade [J] . *Journal of International Economics*, 1979, 9 (4): 469-479.

[48] KRUGMAN P. Urban concentration: The role of increasing returns and transport costs [J] . *International Regional Science Review*, 1996, 19 (1-2): 5-30.

[49] LONG G Y. Measuring the spillover effects: Some Chinese evidence [J] . *Papers in Regional Science*, 2000, 79 (1): 75-89.

[50] MA X, LIU Z B. The kernel-based nonlinear multivariate grey model [J] . *Applied Mathematical Modelling*, 2018, 56 (4): 217-238.

[51] MACPHERSON A. Producer services linkages and industrial innovation: results of a twelve-year tracking study of New York State manufacturers [J] . *Growth and Change*, 2008, 39 (1): 1-23.

[52] MARCON E, PUECH F. Evaluating the geographic concertration of industries using distance-based methods [J] . *Journal of Economic Geogeaphy*, 2003, 3 (4): 409-428.

[53] MOULAERT F, GALLOUJ C. The locational geography of advanced producer service firms: the limits of economies of agglomeration [J] . *Service Industries Journal*, 1993, 13 (2): 91-106.

[54] MUSOLESI A, HUIBAN J P. Innovation and productivity in knowledge intensive business services [J] . *Journal of Productivity Analysis*, 2010, 34 (1): 63-81.

[55] O'DONOGHUE D, GLEAVE B. A note on methods for measuring industrial agglomeration [J] . *Regional Studies*, 2004, 38 (4): 419-427.

[56] O'KELLY M E. A geographer's analysis of hub-and-spoke networks [J] . *Journal of Transport Geography*, 1998, 6 (3): 171-186.

[57] PEREIRA Á, VANCE X. The role of KIBS in the transition towards circular

economy [J] . *Book of Abstracts*, 2007 (19) .

[58] PORTER M E. Clusters and the new economics of competition [J] . *Harvard Business Reviews*, 1998, 76 (6): 77‒91.

[59] RAMAJO J, MÁRQUEZ M A, HEWINGS G J D, et al. Spatial heterogeneity and interregional spillovers in the European Union: Do cohesion policies encourage convergence across regions? [J] . *European Economic Review*, 2008, 52 (3): 551‒567.

[60] ROBERT‒NICOUD Y, RAPHAEL B, SMITH I F C, et al. A methodology for model selection using measurements [J] . *Decision Making in Urban and Civil Engineering*, 2002.

[61] ROMER P M. Endogenous Technological Change [J] . *Journal of Political Economy*, 1990, 98 (5): 71‒102.

[62] SASSEN S. The global city: strategic site/new frontier [J] . *American Studies*, 2000, 41 (2‒3): 79‒95.

[63] SIMMIE J, STRAMBACH S. The contribution of KIBS to innovation in cities: An evolutionary and institutional perspective [J] . *Journal of Knowledge Management*, 2010, 10 (5): 26‒40.

[64] SMALL H, BOYACK K W, KLAVANS R. Identifying emerging topics in science and technology [J] . *Research Policy*, 2014, 43 (8): 1450‒1467.

[65] STEIN R. Producer services, transaction activities, and cities: Rethinking occupational categories in economic geography [J] . *European Planning Studies*, 2002, 10 (6): 723‒743.

[66] STERLACCHINI A. R & D, higher education and regional growth‒uneven linkages among European regions [J] . *Research Policy*, 2008, 37 (6‒7): 1096‒1107.

［67］ VALENTINA M, MARIA S. The determinants of regional specialisation in business services: Agglomeration economies, vertical linkages and innovation ［J］. *Journal of Economics Geography*, 2015, 15 (2): 387-416.

［68］ WACKER J, HERSHAUER J, WALSH K D, et al. Estimating professional service productivity: Theoretical model, empirical estimates and external validity ［J］. *International Journal of Production Research*, 2014, 52 (2): 482-495.

［69］ WEN M. Relocation and agglomeration of Chinese industry ［J］. *Journal of Development Economics,* 2004, 73 (1): 329-347.

［70］ ZHAO S X B, ZHANG L, WANG D T. Determining factors of the development of a national financial center: The case of China ［J］. *Geoforum*, 2004, 35 (5): 577-592.

［71］ ZHONG X J, JIANG-TAO L I. Foreign direct investment in service industry and economic growth: A theoretical and empirical study ［J］. *International Business Research*, 2016 (5): 35-44.

外文报告类

［1］ ARKELL J. The essential role of insurance services for trade growth and development: A primer from the geneva association's program on regulation and supervision ［R］. Geneva Association, 2011.

外文报纸类

［1］ HAALAND J I, KIND H J, Torstensson J, et al. What determines the economic geography of Europe ［N］. C. E. P. R. Discussion Papers, 1999.

附　录

附录A　企业产品需求函数

经济体中消费者对工业品组合进行消费的子效用遵循 CES 函数的形式，具体表示为：

$$C_M = [\int_0^{n^W} c_i^{\frac{\sigma-1}{\sigma}} di]^{\frac{\sigma}{\sigma-1}}, 0<\mu<1<\sigma$$

式中，c_i 代表消费者对第 i 种工业品组合的消费量；σ 表示任意两种工业品组合之间的替代弹性。工业品消费的预算约束为 $\sum_{i=1}^{n^w} p_i c_i = \mu E$（其中，$p_i$ 为第 i 种工业品的价格），为求得最大化的子效用，建立拉格朗日函数：

$$L = [\sum_{i=1}^{n^w} c_i^{\frac{(\sigma-1)}{\sigma}}]^{\frac{\sigma}{(\sigma-1)}} + \lambda[\sum_{i=1}^{n^w} p_i c_i - \mu E]$$

对 c_i 求导并令其为 0，可得：

$$[\sum_{i=1}^{n^w} c_i^{\frac{(\sigma-1)}{\sigma}}]^{\frac{\sigma}{(\sigma-1)}} c_i^{\frac{-1}{\sigma}} = -\lambda p_i \qquad （A.1）$$

取式（A.1）两边 $-\sigma$ 次方得到

$$[\sum_{i=1}^{n^w} c_i^{\frac{(\sigma-1)}{\sigma}}]^{\frac{\sigma}{(\sigma-1)}} c_i^{\frac{-1}{\sigma}} = -\lambda p_i \qquad （A.2）$$

式（A.2）其实代表了 N 个式子，通过对 N 个式子两边同乘以 p_i（i 从 1 到 N）并进行累加，可以得到

$$[\sum_{i=1}^{n^w} c_i^{\frac{(\sigma-1)}{\sigma}}]^{\frac{\sigma}{(\sigma-1)}} \mu E = -\lambda^{-\sigma} \sum_{i=1}^{n^w} p_i^{1-\sigma} \qquad (A.3)$$

将式（A.2）和式（A.3）相除，并将 i 换作 j 可得：

$$c_j = \frac{(p_j^{-\sigma} \mu E)}{\sum_{i=1}^{n^w} p_i^{1-\sigma}} \qquad (A.4)$$

假设工业品种类是一种连续的变量，则上式分母中离散变量的求和可以改为连续变量求和（即将其换作积分形式 $\sum_{i=1}^{n^w} p_i^{1-\sigma} \approx \int_0^{n^w} p_i^{1-\sigma} di$），就可以得到所要证明的关系式：

$$c_j = \mu E \frac{p_j^{-\sigma}}{p_M^{1-\sigma}} = \mu E \frac{p_j^{-\sigma}}{\Delta n^w}$$

$$\Delta n^w = \int_{i=0}^{n^w} p_i^{1-\sigma} di$$

附录 B　企业产品定价

由附录 A 中推导的式（A.4）$c_j = \frac{(p_j^{-\sigma} \mu E)}{\sum_{i=1}^{n^w} p_i^{1-\sigma}}$ 可知，对第 j 种工业品来说，如果忽略第 j 种工业品价格 p_j 对 $\sum_{i=1}^{n^w} p_i^{1-\sigma}$ 的影响，也就是说，某种工业品价格的变动对整体工业品价格指数几乎没有影响，则 $\sum_{i=1}^{n^w} p_i^{1-\sigma}$ 和 μE 均为常数。第

j 种工业品的产量和价格之间的关系可以写成：

$$x_j = c_j + c_j^*; \ c_j = kp_j^{-\sigma}; \ c_j^* = k^*(p_j^*)^{-\sigma} = \tau^{-\sigma} k^* p_j^{-\sigma}$$

$$x_j = kp_j^{-\sigma} + \tau^{1-\sigma} k^* p_j^{-\sigma} = (k + \tau^{1-\sigma} k^*) p_j^{-\sigma} \qquad （B.1）$$

其中，$k = \dfrac{\mu E}{\sum\limits_{i=1}^{n^w} p_i^{1-\sigma}}$；$k^* = \dfrac{\mu E^*}{\sum\limits_{i=1}^{n^w} (p_i^*)^{1-\sigma}}$

生产工业品 j 的企业的利润为：$p_j x_j - (\pi + wa_m x)$

式中，π 为一单位的高端资源资本，是固定成本。在式（B.1）的约束下，生产企业的利润的拉格朗日函数为：

$$L = p_j x_j - (\pi + wa_m x) + \lambda [x_j - (k + \tau^{1-\sigma} k^*) p_j^{-\sigma}] \qquad （B.2）$$

分别对 x_j 和 p_j 求导并令其等于 0，有：

$$\frac{dL}{dx_j} = p_j - wa_m + \lambda = 0 \qquad （B.3）$$

$$\frac{dL}{dp_j} = x_j + \lambda(k + \tau^{1-\sigma} k^*)\sigma p_j^{-\sigma-1} = 0 \qquad （B.4）$$

把式（B.1）代入式（B.4）得 $\lambda = -\dfrac{p_j}{\sigma}$，将其代入式（B.3）得：

$$p_j = \frac{wa_m}{1 - \dfrac{1}{\sigma}}$$

由于假设 N 个企业均相同，每个生产企业的产出和价格都一样，因此可以把下标 j 去掉，则：

$$P = \frac{wa_m \sigma}{\sigma - 1}$$

附录 C　高端资源收益率

在整个经济体中，假设一个位于东部的企业，其在本地市场的销售价格为 p，销售率为 c；在西部市场的销售价格为 $p^*=\tau p$，销售率为 c^*。企业的总产出为 $x=c+\tau c^*$，销售收入为 $pc+p^*c^*=p(c+\tau c^*)=px$。由于企业处于垄断竞争的市场条件下，所得利润为零超额利润，所以企业的销售收入等于生产成本，即 $px=\pi+wa_m x$。又 $p=\dfrac{\sigma wa_m}{\sigma-1}$，所以 $\pi=\dfrac{px}{\sigma}$。

又由于 $c=\mu Ep^{-\sigma}p_M^{-(1-\sigma)}$，$c^*=\mu E^*(p^*)^{-\sigma}(p_M^*)^{-(1-\sigma)}=\mu E^*(\tau p)^{-\sigma}(p_M^*)^{-(1-\sigma)}$ 因此，$px=\mu p^{1-\sigma}[Ep_M^{-(1-\sigma)}+E^*\tau^{1-\sigma}(p_M^*)^{-(1-\sigma)}]$。其中，$p_M$ 和 p_M^* 分别为两个区域的工业品价格指数。

$$
\begin{aligned}
p_M^{1-\sigma} &= \int_0^{n^w} p^{1-\sigma}d_i = np^{1-\sigma}+n^*(\tau p)^{1-\sigma} \\
&= n^w p^{1-\sigma}[s_n+(a_M^*)^{1-\sigma}\Phi(1-s_n)]/(a_M^{1-\sigma})
\end{aligned}
\tag{C.1}
$$

$$
\begin{aligned}
(p_M^*)^{1-\sigma} &= \int_0^{n^w} p^{1-\sigma}di = n(\tau p)^{1-\sigma}+n^* p^{1-\sigma} \\
&= n^w p^{1-\sigma}[\Phi s_n+(a_M^*)^{1-\sigma}(1-s_n)]/(a_M)^{1-\sigma}
\end{aligned}
\tag{C.2}
$$

式中，$\Phi=\tau^{1-\sigma}$，$s_n=\dfrac{n}{n^w}$ 表示东部区域所占份额，$1-s_n=\dfrac{n^*}{n^w}$ 表示西部区域所占份额，令 $\chi=(\dfrac{a_m}{a_m^*})^{1-\sigma}$。把式（C.1）和式（C.2）代入 $\pi=\dfrac{px}{\sigma}$ 得：

$$
\begin{aligned}
\pi &= \frac{px}{\sigma} = \frac{\mu p^{1-\sigma}}{\sigma}\Big[\frac{E^w s_E}{n^w p^{1-\sigma}(\chi s_n+\Phi(1-s_n))}+\frac{E^w(1-s_n)\Phi}{n^w p^{1-\sigma}(\chi\Phi s_n+(1-s_n))}\Big]\chi \\
&= \frac{\mu}{\sigma}\frac{E^w}{n^w}\Big[\frac{s_E}{\chi s_n+\Phi(1-s_n)}+\Phi\frac{(1-s_E)}{\chi\Phi s_n+(1-s_n)}\Big]
\end{aligned}
\tag{C.3}
$$

式中，$s_E = \dfrac{E}{E^w}$ 表示东部支出占总支出的份额，$1-s_E = \dfrac{E^*}{E^w}$ 表示西部支出占总支出的份额。由于东部和西部均使用单位高端资源，因此 $n^w = F^w$。而

$\Delta = \dfrac{p_M^{1-\sigma}}{n^w} = p^{1-\sigma}[\chi s_n + \Phi(1-s_n)]$，$\Delta^* = \dfrac{(p_M^*)^{1-\sigma}}{n^w} = p^{1-\sigma}[\chi \Phi s_n + (1-s_n)]$。为了简化，将在本地生产又在本地销售的产品价格标准化为 1，这样可以将 Δ 和 Δ^* 分别简化为 $\Delta = Xs_n + \Phi(1-s_n)$，$\Delta^* = Xs_n + \Phi(1-s_n)$，再令 $b = \dfrac{\mu}{\sigma}$。因此，东部企业的利润函数式（C.3），也即高端资源的收益率可以写成：

$$\pi = bB\frac{E^w}{F^w}\,,\quad B = (\frac{s_E}{\Delta} + \Phi\frac{1-s_E}{\Delta^*})\chi\ \,,\ b \equiv \frac{\mu}{\sigma}$$

$$\Delta = \chi s_n + \Phi(1-s_n)\,,\quad \Delta^* = \chi \Phi s_n + (1-s_n)$$

$$\chi = (\frac{a_m}{a_m^*})^{1-\sigma} = \frac{s_n + f(\lambda)(1-s_n)}{(1-s_n) + f(\lambda)s_n}$$

同理，西部企业的利润函数也即高端资源的收益率可写成：

$$\pi^* = bB^*\frac{E^M}{F^w}\,,\quad B^* = (\Phi\frac{s_E}{\Delta} + \frac{1-s_E}{\Delta^*})\chi\,,\ b \equiv \frac{\mu}{\sigma}$$

$$\Delta = \chi s_n + \Phi(1-s_n),\ \Delta^* = \chi \Phi s_n + (1-s_n)$$

$$\chi = (\frac{a_m}{a_m^*})^{1-\sigma} = \frac{s_n + f(\lambda)(1-s_n)}{(1-s_n) + f(\lambda)s_n}$$

附录 D　命题 1 推导过程

命题 1：当 $f(\lambda) \neq 1$，即高端知识不完全扩散时，$H(r_L)$ 是一条以 $r_L = 1/2$ 为对称轴的 U 形曲线，并且有 $H(0) = H(1) = 1$。

证明：由式（3.38）：$H(r_L) = \dfrac{\dot{M}}{M} \equiv r_L g(r_L) + (1 - r_L) g^*(r_L)$，我们有 $H'(r_L) = g\left[r_L + f(\lambda)(1 - r_L)\right] - g\left[1 - r_L + f(\lambda) r_L\right] + r_L\left[1 - f(\lambda)\right] g\left[r_L + f(\lambda)(1 - r_L)\right] - (1 - r_L)(1 - f(\lambda)) g\left[1 - r_L + f(\lambda) r_L\right]$

不妨设 $N = g\left[r_L + f(\lambda)(1 - r_L)\right] - g\left[1 - r_L + f(\lambda) r_L\right]$，$V = r_L\left[1 - f(\lambda)\right] g'\left[r_L + f(\lambda)(1 - r_L)\right] - (1 - r_L)(1 - f(\lambda)) g'\left[1 - r_L + f(\lambda) r_L\right]$，由于 g, g' 单调递增，则显然有：$Sgn(N) = Sgn\left[r_L + f(\lambda)(1 - r_L) - \left[1 - r_L + f(\lambda) r_L\right]\right] = Sgn\left[(2r_L - 1)(1 - f(\lambda))\right]$。

那么，当 $r_L > 1/2$ 时，若 $0 < f(\lambda) < 1$，则 $(2r_L - 1)\left[1 - f(\lambda)\right] > 0$，必有 $N > 0$；而对于 V，分别有 $r_L > 1 - r_L$，$g'\left[r_L + f(\lambda)(1 - r_L)\right] > g'\left[1 - r_L + f(\lambda) r_L\right]$，故也有 $V > 0$，则 $H'(r_L) = N + V > 0$。反之当 $r_L < 1/2$ 时，显然有 $H'(r_L) < 0$。当 $r_L = 1/2$ 时，$H'(r_L) = 0$。这便说明了 $H(r_L)$ 关于 $r_L = 1/2$ 对称。同时，易得 $H(0) = H(1) = 1$。另外，还可容易证明，当 $r_L \in (0,1)$，$H''(r_L) > 0$。证毕。

附录 E　命题 2 推导过程

命题 2：在 r_L 固定情况下，$f(\lambda)$ 提高，将促进 $H(r_L, f(\lambda))$ 的提升。当 $f(\lambda) = 1$ 时，无论 r_L 取何值，$H(r_L, f(\lambda)) = 1$。

证明：我们将 H 视为高端服务业集聚状态 r_L 和区域间高端知识外溢程度 $f(\lambda)$ 的函数，有：

$$H(r_L, f(\lambda)) = r_L g\left[\, r_L + f(\lambda)(1-r_L)\,\right] + (1-r_L)f(1-r_L+f(\lambda)r_L)$$

所以，

$$\frac{\partial H}{\partial f(\lambda)} = r_L(1-r_L)g' + r_L(1-r_L)g' = 2r_L(1-r_L)g'$$

因为 $0 \leqslant r_L < 1$，同时 $g' > 0$，因此有：$\dfrac{\partial H}{\partial f(\lambda)} \geqslant 0$。

其中，当 $0 < r_L < 1$，$\dfrac{\partial H}{\partial f(\lambda)} > 0$，$f(\lambda)$ 提高导致 $H(r_L, f(\lambda))$ 上升；当 $r_L = 0$ 或 1 时，$\dfrac{\partial H}{\partial f(\lambda)} = 0$，$H(r_L, f(\lambda)) = 1$，其值达到最大且与 r_L 无关，证毕。